주자학과 토미즘의 철학적 협연

주자학과 토미즘의 철학적 협연

찍은날 / 2006년 3월 7일
펴낸날 / 2006년 3월 15일

지은이 / 소병선
펴낸이 / 궁리나
디자인 / 디자인 클립
편 집 / 정윤미, 김진희, 황웅
인쇄감리 / 신영 윤홍주

펴낸곳 / 도서출판 **동과서**
411-804
경기도 고양시 일산서구 대화동 2173-2 102호
등록번호 / 제22-405호

D.K.S. Publishing Co.
1F 2173-2 Daehwa-Dong, IlsanSeo-Gu,
Goyang City, Gyunggi-Do, Korea 411-804

전화 / (02)333-7533, (031)914-3033
팩스 / (02)849-4429, (02)6280-2353
이메일 / master@book-dks.com
홈페이지 / www.book-dks.com

값 15,000원

ISBN 89-87304-67-1 (93100)

주자학과 토미즘의 철학적 협연

소 병 선 지음

동과서

소병선 :

한국외대 철학과 졸업. 한국학중앙연구원 부설 한국학대학원 철학박사. 현재 양명학陽明學과 스코티즘Scotism의 비교연구에 몰두하고 있다.
논문으로는 「주자학과 토미즘의 윤리학 비교연구」, 「주자학과 토미즘의 형이상학적 사유구조와 원리」, 「주자학과 토미즘의 인식론 비교」 등이 있다.

국립중앙도서관 출판시도서목록(CIP)

주자학과 토미즘의 철학적 협연 : 중국의 사상가 주자와
서양 중세시대의 사상가 토마스 아퀴나스의 만남 / 지은이
: 소병선. -- 고양 : 동과서, 2006
p. ; cm

참고문헌과 색인수록
ISBN 89-87304-67-1 93100 : ₩15000

152.416-KDC4
181.11-DDC21 CIP2006000527

머리말

오늘날의 시대적 상황은 과거보다 훨씬 더 빠르게 변하고 있다. 지난 2500여 년 동안 철학이 인류문명의 정신을 이끌어왔음에도 불구하고 오늘날의 사람들에게 철학은 그들 자신으로부터 더욱 멀어져가며 잊혀져가는 것만 같다. 또한 오늘날의 시대정신은 끊임없이 새로운 것을 추구하며, 또 새것이 나와도 금방 헌것이 되어버리는 그런 조류 속에 있는 것처럼 보인다. 사람들은 어떻게 하면 경제적 풍요를 더 잘 누릴 수 있을까를 고민하기에 바빠, 현실과 동떨어져 있다고 느끼는 철학에 대해서는 안중에도 없는 것처럼 보인다. 그렇다면 도대체 이런 시대적 상황 속에서 현대에 유행하는 철학사조도 아니며 더욱이 중세라는 낡은 시대를 대표했던 주자학과 토미즘이 오늘날에 어떤 의미를 가질 수 있다는 말인가?

이에 대한 대답은 단연코 '의미가 있다!'는 것이다. 나는 단순히 낡은 것이 새것에 비해 때로는 더 의미를 가질 수 있다는 소박한 주장을 하기 위하여 주자학과 토미즘이라는 중세기의 철학을 고찰하려는 것이 아니다. 지금 주자학과 토미즘을 탐구하려는 것은 '진리'라는 이름으로 그 이전의 전통철학들을 두루 섭렵하여 하나의 새로운 철학의 전거를 마련한 주희와 토마스 아퀴나스라는 두 철학자에 주목하여 다시금 그들의 철학정신과 그 진리를 열어 밝히려는 것이다. 주희와 토마스 아퀴나스는 각각 동양과 서양이라는 각기 다른 공간에서 또 서로 다른 시간대에 중세기의 한 시대를 살다 간 철학자들이다. 그들은 한 마디로 천재였으며 더욱이 종합의 천재였다. 그들이 살던 시대는 변화와 개혁의 시기였다. 12세기의 중국 송宋나라는 대외적으로는 거란족의 요遼나라와 여진족의 금金나라의 침입을 받았으며, 인도로부터 수입된 불교의 사상적 영향이 지대했다. 송나라는 시대적으로나 정신적으로 상처받은 자존심을 회복하고 자기 문화를 다시 재정립할 필요성을 절실하게 느끼고 있었다. 이런 사정은 13세기의 유럽도 마찬가지였다. 십자군전쟁으로 선진적인 아랍문명과 고대 그리스문명의 수입은 새로운 충격을 가져다주었다. 그래서 변화와 개혁을 통해 이런 충격을 극복할 필요성이 요청되던 시대였다. 이러한 시대적 상황 속에서 그들은 철학이라는 전통의 한 계승자로서 또 동시에 한 개혁가로서 그 이전의 전통철학의 개념에 의존하면서도 시대정신을 대표하는 새로운 철학을 탄생시켰다. 그리고 주자학과 토미즘이라는 이름으로 오늘날에까지 공명共鳴을 불러일으키고 있다. 그런데 지금 절실하게 와 닿는 철학의 한 문제는 이런 그들의 철학이 너무나도 유사하다는 것이다. 도대체 주자학과 토미즘이 너무나도 유사하다는 것은 어떤 철학의 정신으로부터 유래하는 것인가?

역사적으로 주자학과 토미즘이 서로 학문적인 교류를 하였다는 흔적은 전혀 없으며, 단지 주희와 토마스는 각각 자신의 시대 속에서 살며 고뇌하였으며, 철학사상을 집대성하여 하나의 철학전통을 수립하였을 뿐이다. 그러므로 주자학은 주자학이고, 토미즘은 토미즘일 뿐이다. 그런데 주자학과 토미즘에 관한 앞으로의 고찰과정에서 우리는 주자학이 토미즘이며, 토미즘이 주자학이라는 것을 깨닫게 될 것이다. 이것은 무엇을 의미하는 것인가? 흔히 사람들은 동·서 철학의 비교에 대하여 부정적 태도를 취하는 경향이 있으면서도 흔히 동·서 철학을 비교하기도 한다. 그런데 비교가 단순히 수평적 차원에서 이것이 저것과 같거나 다르다는 것을 말하려고 한다면, 당연히 이런 비교는 비판받아야 할 것이다. 그런 딜

레탕트dilettante한 비교는 지양되어야 한다. 여기서 하려고 하는 것은 '주자학과 토미즘의 철학적 비교'이다. 그렇다면 주자학과 토미즘의 철학적 비교라는 말을 통해 무엇을 말하려고 하는 것인가? 제일차적으로 목표하는 것은 '도대체 주자학이 무엇이고, 토미즘이 무엇인가?'라는 것이다. 즉 주자학과 토미즘의 철학정신을 밝혀내는 것이다. 이 점에 관해서는 많은 사람들이 지난 7~8백 년 동안 연구해 왔다. 그런데도 아직 주자학과 토미즘은 우리에게 자신의 정체를 모두 드러내지 않은 것처럼 보인다. 그런 까닭에 다시금 주자학과 토미즘의 철학정신이 무엇인가를 묻게 되는 것이다. 그런데 주자학과 토미즘이 상당히 유사한 철학의 노정을 걷고 있음에 주목하게 된다. 어째서 서로 교류한 흔적이 없는 주자학과 토미즘이 서로 유사한 노정을 걷는 것처럼 보이는가? 주자학과 토미즘을 철학적으로 비교하여 이 문제에 대한 한 해답을 찾고자 한다.

내가 '철학적 비교'라는 말을 사용하는 데는 이유가 있다. 햄린 D. W. Hamlyn은 자신의 『서양철학사History of Western Philosophy』 서두에서 이런 말을 한다. "철학사도 하나의 철학이어야 한다(History of philosophy should also be philosophy)."* 햄린의 이 말은 우리에게 주자학과 토미즘의 철학적 비교가 단순히 이것이 저것과 같거나 다르다는 것을 말하는 것이 아니라, 주자학과 토미즘을 비교하는 그 자체가 하나의 철학적 탐구여야 함을 의미한다. 주자학과 토미즘을 철학사적 관점에서 비교하는 것은 서로의 철학을 보다 풍부하게 해주며, 또한 상호 보완하도록 해준다. 그렇게 되면 동·서양의 철학적 사유가 보다 더 풍부해지고 그만큼 생각의 지평이 더욱 넓어지게 된다. 서로 회통한 적이 없었던 두 철학이 거의 유사한 생각을 했다는 것 자체가 인간에게 철학이 무엇인가를 알려주고 있다. 동·서 철학사는 단순히 다양한 철학자들의 묘비명으로서 이

---

* D. W. Hamlyn, *History of Western Philosophy*(Pelican Books, 1988), p. 11.

질적인 것들만이 아니라, 인간이 시공을 초월하여 보편적이며 유사한 철학적 사유를 할 수 있으며, 하고 있다는 것을 보여준다. 이것이 주자학과 토미즘의 철학적 비교를 통해 입증될 수 있다. 사실 주자학과 토미즘에 관한 철학적 비교는 우리 시대 이전에는 가능한 일이 아니었다. 어쩌면 이것은 시대적 요청이다. 과거에는 서양이 동양을 잘 몰랐고, 동양이 서양을 잘 몰랐다. 그래서 서양은 서양이고, 동양은 동양이었다. 우리가 주자학과 토미즘에 국한하여 말한다면, 확실히 그러하다. 그러나 이제 상황은 달라졌다. 지금 우리는 21세기를 살고 있다. 과거는 지금일 수 없고, 지금은 과거일 수 없지만 지금이라고 말하는 이 '지금'은 과거로부터의 단절에서 나온 것이 아니라, 과거와의 연속선상에 있다. 과거가 없다면 지금도 없다. 이전에는 동양과 서양은 서로 대화하지 않았다. 주희는 토마스를 몰랐고, 토마스 또한 주희를 몰랐기에 서로 대화할 필요성을 느끼지 못했지만 지금 우리는 어떠한가? 우리는 주희도 알고 있고, 토마스도 알고 있다. 어떤 사람들은 주희는 주희이고 토마스는 토마스이기 때문에 주희를 알기 위해서 토마스를 알 필요가 없고, 토마스를 알기 위해서 주희를 알 필요가 없다고 생각한다. 그렇다! 우리가 주희를 알기 위해 토마스를 알 필요가 없고, 또 토마스를 알기 위해 주희를 알 필요는 없다. 그렇지만 주희도 알고 토마스도 알 필요는 있다. 토마스는 맹자孟子를 알지 못했고, 알 필요도 없었다. 그에게는 아리스토텔레스만으로도 충분했다. 마찬가지로 주희는 맹자를 알았지만, 아리스토텔레스는 알지 못했고, 알 필요도 없었다. 그러나 지금 우리의 사정은 다르다. 우리는 이 모든 철학자들을 알 필요가 있다. 지금 우리가 서 있는 철학의 전통이 바로 여기에까지 와 있기 때문이다. 따라서 우리는 주희가 자기 이전의 거의 모든 철학에 정통하였으며, 어떤 의미에서 12세기 이전의 중국철학을 집대성한 것처럼, 또 토마스 아퀴나스가 자기 이전의 거의 모든 철학에 정통하였으며, 어떤 의미에서 13세기 이전의 서양철학을 종합하여 하나의 철학으로 완결한 것처럼, 우리는 우리 이전의 모든 철학에 정통하여 그것을 주희나 토마스가 했던 것처럼, 할 수만 있다면 동·서 철학 전체를 집대성할 필요가 있다. 이것이 역사 속에서 우리가 처한 위상이다. 이 일은 마치 불가능한 것처럼 보이지만 보에시우스는 "사물이 성취되기 전까지 그것이 불가능한 것으로 여겨진 적이 얼마나 많았던가!"라고 하였다.

이런 점에서 중세 12~13세기 철학인 주자학과 토미즘을 철학적으로 비교할 필요가 있다. 두 철학의 정신이 무엇인지를 알고 또한 두 철학이 왜 유사한지를 앎과 동시에 무엇이 다른지를 알아야 할 것이다. 우리가 어떤 것이 같다는 것을 안다는 것은 사실 그것이 다르다는 것을 동시에 안다는 것을 의미한다. 대낮이 밝다고 하는 것은 밤이 어두운 줄을 알고 있다는 것을 전제한다. 노자老子가 이미 오래 전에 이 점을 『도덕경道德經』에서 밝힌 바 있다.*

이 책은 철학을 공부하는 사람으로서 나의 첫 번째 작품이다. 그리고 현재 내가 알고 있는 주희와 토마스 철학의 전부이다. 나는 그들이 매우 유사한 철학정신의 소유자라는 것을 확실히 알게 되었다. 나는 인류의 보편 정신이 몇 가지로 분류되는 상당히 유사한 패턴을 지니고 있다고 생각한다. 오늘날의 철학자들은 과거의 철학자들과 다른 운명을 타고났으며, 그 운명은 철학의 모든 역사를 더욱 새롭고 풍부하게 해석해내어야 한다는 것이다. 이 책은 그것에 대한 나의 작은 소망이다. 이 결실에 김형효 선생님이 함께 해 주셨으며, 어떤 의미에서 이 책은 그분과 나의 공동작품이다. 그리고 박정근 선생님은 내가 철학공부를 시작하던 때부터 나에게 철학적 성장의 밑거름을 제공해 주셨다. 두 분의 선생님들

---

* 『道德經』, 第2章 참조.

로부터 나는 강한 철학적 영향을 받았다.

이제 나는 다시금 양명학陽明學과 스코티즘Scotism의 연구에 몰두하고 있다. 주희와 토마스도 내겐 쉽지 않았지만, 왕양명과 둔스 스코투스의 철학은 더더욱 어려운 것처럼 보인다. 그러나 나는 소망한다. 주자학과 토미즘을 연구할 때, 주희와 토마스의 영혼이 내 영혼 속에 들어와 주기를 바랐던 것처럼, 왕양명과 둔스 스코투스의 철학정신도 내 영혼 속에 들어와 내가 그들을 진정으로 알 수 있기를 바란다.

나는 한국외대에서 강성위, 장욱, 이기상, 이좌용, 김영정, 박정근, 박희영, 임일환, 성염 선생님께 철학을 배웠고, 한국학중앙연구원에서는 김형효, 정해창, 최진덕, 한형조, 이종철 선생님께 철학을 배웠다. 선생님들의 가르침을 소중하게 생각하며, 또 그 분들의 가르침이 오늘의 나를 있게 했다고 믿는다. 그리고 나와 어떤 인연으로든 서로의 삶 속에서 철학의 동지로서 함께 길을 가고 있는 한국외대와 한국학중앙연구원의 모든 선·후배님들께 고마움을 표하고 싶다. 또 이 책이 더욱 잘 나올 수 있도록 건전한 비판과 교정을 해주신 황병기 박사님과 동과서의 편집부 여러분께 감사드린다. 언젠가는 이 세상을 떠나게 될 유한한 존재이지만, 후회 없는 철학의 길을 가다가 미련 없이 삶을 마감할 수 있기를 바라며 철학의 첫걸음을 조심스럽게 내딛어본다.

끝으로 한국에서 훌륭한 철학의 길을 가시는 모든 분들의 아낌없는 조언과 비판을 아울러 소망한다.

2006. 2. 21.
파주에서 소병선

차 례

제1장

왜 주자학과 토미즘인가

1. 왜 주자학朱子學과 토미즘Thomism인가

주자학과 토미즘[1]은 동·서양의 중세기를 대표하는 철학이다. 주자학은 주희朱熹(1130~1200)에 의해 12세기에 형성되었고, 토미즘은 토마스 아퀴나스Thomas Aquinas(1225?~1274)에 의해 13세기에 형성되었다. 주희는 북송오자北宋五子[2]의 철학을 집대성하여 주자학을 탄생시켰고, 토마스 아퀴나스는 플라톤과 아리스토텔레스, 아우구스티누스와 신플라톤주의, 아랍철학과 유태철학 등 당대의 거의 모든 철학을 섭렵하여 그리스도교 신학에 접목시키고 종합하여 토미즘을 탄생시켰다. 주자학은 약 800년 간 동아시아 철학에 강력한 영향력을 행사하였으며, 토미즘은 약 700년 동안 그리스도교 철학을 대표하여 왔다. 새천년을 맞이한 오늘날에도 주자학과 토미즘은 그 철학의 위치를 굳건히 하고 있다.

그렇다면 두 철학은 어떻게 비교되어야 하는가? 주자학과 토미즘에 관한 철학적 비교를 개진하는 출발점에 서서 다음의 세 가지 점을 고려해야 한다. 첫째, 주자학과 토미즘의 철학적 사유의 유사성은 두 철학이 모두 제일원인이라는 철학적 전제를 상정하고 있다는 점에서 비롯한다. 주자학은 만물의 궁극원인으로서 태극太極을 말하였고, 토미즘은 모든 존재자들의 창조주로서 신神(Deus)을 말하고 있다. 따라서 우주만물은 그 기원을 가지고 있고, 또 그 궁극원인으로 돌아가야 하는 목적성을 갖게 된다. 이런 철학적 사유의 틀이 주자학과 토미즘의 유사성을 이미 예고하고 있다는 것이다. 둘째, 주자학과 토미즘은 실재론Realism의 성격을 띠고 있다.

주자학과 토미즘의 철학적 사유와 인식의 출발은 무엇보다도 눈앞에 실재하는 만물萬物과 모든 존재자ens들이다. 둘 다 실재론이라는 공통점을 가지고 있다는 것이다. 셋째, 주자학과 토미즘은 인간 이성의 능력을 가장 높게 평가한 주지주의 철학의 정점에 서 있다는 것이다. 따라서 주자학과 토미즘의 철학을 '실재론적 주지주의 Realistic Intellectualism'라는 관점에서 비교할 것이다.

주자학과 토미즘의 비교 범위는 인식론, 존재론, 윤리학이다. 그 까닭은 주자학과 토미즘의 철학체계가 이것들을 모두 다루어야 비로소 전체의 철학 그림Philosophical Picture을 그려낼 수 있기 때문이다. 주자학과 토미즘에서 '인식론·존재론·윤리학'은 모두 불가분적 관계를 맺고 있다. 따라서 비교를 통하여 주자학과 토미즘의 철학적 대화를 소통시킬 것이다. 이런 주자학과 토미즘의 철학적 대화의 가능성은 진리의 보편성에 있다. 서양의 하이데거 M. Heidegger(1889~1976)와 동양의 육구연陸九淵(1139~1192)은 진리의 보편적 가능성을 이미 말해주고 있다. 먼저 20세기 독일의 하이데거의 말이다.

> "철학의 역사 속에서 모든 철학자들이 근본적으로 동일한 것에 대해서 말하고 있다고 단언한다면, 이것은 또 다시 통상적인 이해방식에 대한 터무니없이 이상한 소리가 될 것이다. 만일 모든 철학자들이 동일한 것에 대해서 말하고 있다면, 그렇다면 무엇 때문에 그리고 무엇을 위해서 그처럼 다양한, 복잡한 서양철학사라는 것이 존재하는 것인가? 단 하나의 철학으로 충분하지 않은가? (또) 모든 것은 이미 말해졌던 것이 아닌가? 그러나 바로 이 '동일한 것dasselbe'이라는 것은 매일 매일이 그것의 첫날인 것처럼, 그 내적 진리에 있어서 무한한 풍성함을 지니고 있는 것이다."[3)]

또 12세기 중국 남송南宋의 육구연은 다음과 같이 말했다.

"동쪽 바다에서 성인聖人이 나와도 이 마음(心)과 같고, 이 이치(理)와 같다. 서쪽 바다에서 성인이 나와도 이 마음과 같고, 이 이치와 같다. 남쪽 바다·북쪽 바다에서 성인이 나와도 이 마음과 같고, 이 이치와 같다. 천백 세 전에 성인이 나왔어도 이 마음과 같고, 이 이치와 같다. 천백 세 후에 성인이 나와도 이 마음과 같고, 이 이치와 같다."4)

하이데거와 육구연의 생각은 동·서 철학의 유사성에 대한 하나의 이유가 된다. 그런데 우리는 다음의 글에서 동·서 철학의 유사성에 대한 보다 구체적인 이유 제시와 주자학과 토미즘이 그 철학적 유사성의 한 예임을 볼 수 있다.

"주자학을 공부하던 중 그의 사유가 토미즘과 너무도 흡사하다는 것을 보았다. 서로 간에 아무런 횡적 연관도 없었는데 어떻게 이 두 사상이 이토록 유사할 수 있을까 하는 의문이 일어났다. 그런 의문과 함께 동서고금의 사상 가운데 서로 유사한 것들이 너무도 많음을 깨달았다. … 철학은 동서고금을 통해 무한히 다양하게 펼쳐지는 것이 아니라, 일정한 범주소範疇素들이 구조적으로 재생 반복되어 나오는 주기율과 유사하다는 점이다. 겉으로 보면 철학이론들이 엄청나게 다양해서 공동묘지의 무덤처럼 무질서해 보이나, 구조적으로 통찰하면 몇 개의 범주로 모인다는 것이다."5)

이와 같은 주자학과 토미즘에 대한 철학적 비교를 통하여, 그 두 철학사상의 유사성을 보다 극명하게 드러내어 동·서 철학의 대화의 장場을 마련하고자 한다. 이와 같은 시도는 인류의 철학전통에 하나의 새로운 길을 내어 앞선 철학자들의 가르침을 새롭게 하고자 하는 의도를 지니고 있다. 진리란 태양이 날마다 새롭듯이 그 새로움 속에서 과거의 인류철학의 정신을 계승하는 것이라고 생각하며, 인류철학의 전통을 이어가고자 한다. 이것이 공자가 말한 '온고이지신溫故而知新'과 '술이부작述而不作'의 의미라고 생각된다.

2. 주자학과 토미즘의 시대적 배경

주자학과 토미즘은 무엇보다도 철학사상에 있어서 상당히 유사하지만, 그 시대적 배경에 있어서도 비슷하다. 주자학과 토미즘은 각각 당대에 어떤 위기 상황을 맞이하였다. 위기의식 속에서 주희와 토마스 아퀴나스는 돌파구를 찾을 필요가 있었다. 어떤 의미에서 이런 시대적 위기의식이 주희와 토마스로 하여금 철학사상의 집대성으로 향하게 하였다. 먼저 주자학의 시대적 배경부터 살펴보자.

송宋나라는 960년, 5대10국이라는 크고 작은 나라들로 분열되어 있던 중국을 통일하고 건국한 나라이다. 송나라에서 꽃피었던 문명과 문화는 당대 최고의 수준이었다. 그렇지만 송나라는 건국 초기부터 북방 거란족이 세운 요遼나라(917~1125)의 압력을 받고 있었다. 송은 요와 불평등 평화조약을 맺게 된다. 이러한 평화관계는 장기간에 걸쳐 지속되었는데 12세기에 와서 백여 년 간에 걸친 평화관계는 급변하기 시작한다. 금金나라의 등장 때문이었다. 요의 동북 변방에 한반도 북쪽에서 연해주 일대의 내륙에는 여진족이 흩어져 살고 있었는데 여기서 아골타라는 자가 요에 반기를 들고 스스로 황제에 올라 연호를 수국收國으로, 국호를 대금大金으로 하는 나라를 세웠다. 이것이 금나라이다. 송, 요, 금 삼국의 대치관계 속에서 송나라는 처음에 요로부터 당하다가 나중에는 금으로부터 끊임없는 시련을 겪게 된다. 송나라는 마침내 남송南宋(1127~1298)이 건국되면서 북송北宋(960~1127)과 구별된다. 주희는 이런 시기에 태어났다. 그는 1130년에 태어났으므로 남송 사람이다.

주희가 살던 12세기 송나라는 건국 이후 전통적으로 한족에게 속해 있던 영토를 거란족이 세운 요나라와 여진족이 세운 금에게 빼앗긴 채 지내왔다. 그러한 상황은 10세기 중엽 몽고로부터 내려온 요가 북경과 그 주변을 둘러싸고 있는 북방의 16개 현縣으로 자신의 지배권을 확장하면서 시작되었다. 12세기 초엽에는 만주 지방의 금이 점차 요의 세력을 밀어냈다. 그러나 요가 머물던 북방의 영토에 만족하지 못한 금의 군대는 중국 북부를 정복하면서 남진을 계속하였다. 결국 1125년부터 왕조가 멸망할 때까지 중국에 대한 송나라의 지배력은 회수淮水 남쪽 지역에만 한정되었다. 이러한 상황에 대해서 주희는 원래 한족의 영토였던 북쪽 지역에 대한 지배권을 상실하고도 금에게 평화조약을 체결하려는 조정의 결정(1141~1142)을 극구 반대하였다.

이민족의 북방 지배는 한족에 대한 정치적 위협과 함께 영토 차원의 위협이라는 분명한 형태로 나타났다. 주희에게 이러한 상황은 문화적이고 도덕적인 위협으로 여겨졌다. 여진족(金)이 한족(宋)을 점령했다는 사실은 한족의 우월성을 다른 민족으로부터 구별시켜 주었던 그 위대한 도道, 즉 맹자 이래 끊겨버린 유학의 도가 이제는 중국 문화의 심장부인 중원中原에서 사라졌다는 사실을 말해 주었다. 그래서 주희는 중원을 다시 회복해야 한다는 강한 의지를 가지고 있었다. 이런 주희의 생각은 『주자어류朱子語類』에도 나타난다. 주희는 소강절의 말을 인용하면서까지 다음과 같이 말하고 있다.

> "소요부邵堯夫는 『격양집擊壤集』 「경세음經世吟」에서, '복희伏羲와 헌원軒轅, 당요唐堯와 우순虞舜, 은탕殷湯과 주무周武, 제환齊桓과 진문晉文은 삼황三皇과 군왕君王과 제왕帝王과 패자覇者들이다. 아버지

와 아들, 임금과 신하 네 도道는 이치적으로는 진秦나라에까지 이어지고, 시기적으로는 양한兩漢까지 이른다. 그러나 삼국시기를 거치고 동서남북이 혼란해져 다섯 오랑캐와 열 성씨姓氏의 시기가 되면서 하늘의 기강이 거의 무너져버렸다. 당나라가 아니라면 구제하지 못했을 것이고, 송나라가 아니라면 보존하지 못했을 것이니, 영원하라! 중원사람들이여.'라고 하였다. 아마도 한 번 다스려지면 반드시 한 번 어지러워지고, 한 번 어지러워지면 반드시 다시 한 번 다스려질 것이다. 오랑캐는 오랑캐일 뿐이니, 반드시 그들이 차지한 중원을 회복해야 한다."[6)]

당시 오랑캐가 중국 북부를 정복했다는 사실이 주희에게 던진 물음은, 단순히 중국의 군사력 강화방안이 아니었다. 비록 그 문제도 그의 관심사 가운데 하나였지만, 오히려 그는 약화된 문화적·도덕적 전통을 어떻게 부흥시킬 수 있는지를 묻고 돌파구를 찾으려고 하였다. 그는 만약 도가 쇠퇴하고 있다면 그 책임은 분명히 황제와 집권층에게 있다고 봐야 한다고 생각하였다. 주희는 그러한 상황을 초래한 조정의 무능력을 지적하였다. 그가 제시한 해결책은 위정자가 자기 자신을 올바르게 교화시켜 나가는 것이었다. 일단 위정자가 교화되면 곧 권위 있는 모범으로서 그 주위 사람을 고무시키고 교화시키게 된다. 그리고 모든 백성이 도덕적 완성을 이룰 때까지 그 도덕적 모범은 한 사람 한 사람에게 확실한 영향력을 확대해 나간다. 그래야 맹자 이래 끊겨버린 유학의 도, 즉 도학道學이 다시 번창할 수 있는 것이다.

어쨌든 주희는 영토상실이라는 치욕적인 상황 속에서, 또 다른 한편으로 사상적 위기를 맞이한다. 그것은 불교가 번창하고 있다는 사실이다. 불교가 번창하고 있는 상황 역시 주희에게는 세상이 혼란스럽다는 증거였다. 유학의 도는 한족의 문화적 전통 가운데 가장 중요한 부분을 차지하는 것인데, 이미 불교에게 자리를 빼앗

기고 있는 처지였다. 특히 주희가 우려한 것은 불교의 가르침이 사대부에게 갖는 호소력이었다. 주희의 이런 염려는 『주자어류』에도 나타나 있다. 즉 "어른, 아이, 관리, 농부, 상인, 남자, 여자 누구든지 모두 불교의 문하로 들어가고 있다."[7] 주희의 판단으로 오랑캐의 득세와 정부의 무능력 그리고 불교의 융성은 심각한 도덕적·정신적 침체 상황을 반영하는 일이었다. 주희는 그러한 침체 상황을 극복하기 위해, 또 도학을 부흥시키기 위해 자신의 생애를 바쳤다. 학문을 바로 세우고 전달하는 것이 주희의 평생에 걸친 시대적 소명이었다.[8]

12세기 중국의 학풍은 주희에게 '다른 사람에게 보이기 위한 학문(爲人之學)'인 것처럼 보였다. 주희는 다음과 같은 것들을 우려하였다. 첫째, 지식인들은 고원함과 독창성을 통해 명성만을 추구하였고, 참된 학문의 깨우침을 추구하지 않는 듯이 보였다. 그래서 주희는 항상 제자들에게 사물에 관한 '현묘하고 심원한(玄妙深遠)' 설명에 빠져들지 않도록 경고하였다. 왜냐하면 다른 사람이 그 말을 알아들지 못할 것이고, 말하는 자신도 잘 알지 못하고 하는 소리일 것이기 때문이다.[9] 둘째, 주희는 문사文詞만 너무 강조하는 당시의 추세 또한 해로운 것이라고 여겼다. 그는 사람들이 미사여구美辭麗句에 너무 집착하여 그 내용을 놓칠까봐 우려하였다. 왜냐하면 좋은 문장이란 이치의 완전한 깨달음으로부터 저절로 나오는 것이기 때문이다. 셋째, 당시의 과거제도는 참된 학문의 길을 가는 데에 방해요소로 작용하였다. 왜냐하면 과거제도가 보장하는 입신양명의 미래는 학인學人으로 하여금 학문의 진정한 목적으로부터 멀어지게 할 수 있기 때문이다. 넷째, 주희는 당시의 학인들이 대부분 참된 학문에 몰두하지 않는다고 여겼다. 주희에게 불교는 참된 깨달음에 도달하는 지름길이 있다고 믿게끔 하는 것으로 보였다. 그래서 그는 불교를 비판한다. "우선 불교의 법은 책을 읽거나 이치(理)를 탐구하는 것을 금한다. 항상 배우는 이로 하여금 영원히 모호하고 신비한 것에 마음을 고정하게 만들고, 어느 날 우연히 갑작스런 깨달음에 이르게 된다고 말한다."[10] 이런 주희의 말을 통해 우리는 그가 참된 깨달음을 얻는 데에는 지름길이 없다고 여겼음을 알 수 있다. 다섯째, 주희는 당대의 인쇄 혁명이 가져다 준 결과에 대해 근심하였다. 송대의 인쇄 혁명은 12세기에 인쇄 기술이 각지에 보급될 때까지 더욱 가속화되었다. 조정에서부터 개인 인쇄업자에 이르기까지 서로가 앞 다투어 책을 만들었다. 따라서 거의 모든 곳에서 인쇄된 책을 구해 볼 수 있었다. 사실 주희 또한 생계 때문에 출판업에 관계하였었다. 그렇지만 주희는 지금은 인쇄된 책이 많기 때문에 사람들이 마음으로 읽지 않는다고 개탄하였다. 그는 한漢나라(B.C. 206~ A.D. 220) 때, 여러 유학자들이 경서經書를 전수할 수 있었던 것은 단지 암송했기 때문에 가능했다고 하였다.[11] 주희는 당대의 인쇄 혁명으로 인한 사람들의 부주의한 독서습관을 걱정하였던 것이다. 이와 같이 주희가 살던 12세기는 안팎으로 시대적 위기가 초래되던 시기였다. 이런 위기의 시대에 주희는 유학의 도를 정립함으로써 시대적 위기를 극복하고자 하였던 것이다.

12세기의 중국을 지나 13세기의 서양으로 건너가서, 토미즘의 시대적 배경은 어떠한지를 살펴보자. 토마스는 문화적으로 중요한 시기에 태어났다. 교황 호노리우스 3세는 인노첸시우스 3세의 쇄신 운동과 특전들을 계속 유지하였고, 프리드리히 2세는 시칠리아에서 독일에 이르는 신성로마제국의 황제로서 통치하였으며, 루이 9세는 프랑스 왕으로서 그의 오랜 통치를 막 시작하려던 참이었다. 이슬람교도들은 계속하여 스페인의 여러 지역들로 세를 확장해나갔고, 십자군에 의해 설립된 예루살렘의 라틴왕국Latin Kingdom of Jerusalem은 점차로 약해지고 있었다. 서방의 십자군 총수들은 지중해 동부 연안들을 차지하였고, 멀리 북쪽과 동쪽에서는 몽고인들이 침략하여 아시아 민족들의 위세를 떨치고 있었다. 토마스의 한평생은 당시 막 시작된 고대 그리스 작품들에 대한 연구와 그로부터 수용한 새로운 학문들의 통합, 그리고 교회를 건설하고 장식하는 새로운 기술을 특징으로 하는 중세의 전성기와 대략 일치한다.[12] 13세기는 대부분의 유럽 지역에서 경제가 부흥하고 사회가 변혁을 겪는 시기였다. 요셉 피퍼Josef Pieper는 오늘의 서양은 그야말로 13세기에 이루어졌지만, 13세기는 결코 조화라고만 할 수 없는, 인류 역사상 일대 전환기였다고 말한다.[13] 또한 13세기는 서양을 가장 서양답게 한 세기로 특별히 강조하고 있다. 이 시기는 '그리스도교 지성의 위기'라고 표현되기도 한다. 즉 그리스도교 문화는 이때 이미 수세기에 걸친 이슬람의 침입을 받고 있었을 뿐만 아니라, 아시아에서 온 기마 유목민족의 위협도 겪고 있었다. 13세기의 그리스도교 문화는 단지 거대한 비-그리스도교 세계의 한가운데에 던져진 조그만 집단에 지나지 않았다. 그리스도교 문화는 그들 자신이 가진 한계를 강렬하게 체험하게 되었으며, 이러한 체험은 영토에만 국한된 것이 아니었다. 이미 오래 전부터 고대 유럽으로 밀려오던 아랍 세계는 그들의 군사적·정치적 세력뿐만 아니라, 나아가서 그들의 철학과 학문을 통하여 유럽 전체에 큰 위용을 떨치고 있었다. 그들의 철학과 학문은 아랍어에서 라틴어로 번역되면서, 파리대학과 같은 그리스도교 문화의 심장부에 정착하게 되었으며, 그냥 지나칠 수 없는 것이 되고 말았다. 여기서 말하는 새로운 철학은 바로 고대 그리스의 이성, 즉 아주 드물고 기이한 경로를 통하여 유럽 그리스도교의 정신세계에 파고들어 온 아리스토텔레스의 철학을 말한다. 그러나 이때 처음 도입된 아리스토텔레스의 철학은 어쨌든 생소하고 혁신적인 것이었으며, 위험하고도 이단적인 것이었다.[14] 이와 동시에 13세기의 그리스도교는 정치적으로도, 말하자면 대내적으로도, 그 바탕에서부터 흔들리고 있었다. 그리스도교는 하나의 유일한 신정주의神政主義를 스스로 포기해야 하는 시대에 결정적으로 접어들게 된다. 1214년에 이르러서야 비로소 일국의 왕이 초국가적 황제를 상대로 한 부빈느Bouvines 전투에서 최초의 승리를 거두게 된다. 바로 이 시기와 더불어 잔인하기 이루 말할 수 없는 종교전쟁이 처음으로 그리스도교 문화권 자체 안에서 불붙기 시작한다. 프랑스 남부와 북부 이탈리아 전체는 몇 십 년에 걸친 전쟁을 통하여 마치 그리스도교 본토에서 완전히 유실되는 것처럼 보였다.

이와 같은 13세기를 겪으면서 그리스도교는 매우 적극적인 자세로 대응한다. 13세기의 그리스도교는 대성전만 짓고 있던 것이 아니다. 나아가 최초의 대학들 역시 이 시대에 설립되었다. 이들 대학은 다른 업적들 가운데서도 고대 그리스의 현세적 지혜를 소화하고 실현하는 일에 착수하며, 실제로 수많은 분야에 이르기까지 두드러진 업적을 성취한다. 13세기의 그리스도교가 가진 또 하나의 창조적 대응책은 바로 탁발 수도회라는 이름 속에 숨겨져 있다. 이들 새로운 공동체는 예상과는 전혀 달리 곧장 대학이라는 조직과 결합하게 된다. 13세기의 파리대학을 위시하여 옥스퍼드대학교에서 가장 큰 비중을 차지하던 교수들은 예외 없이 이러한 탁발 수도회의 회원들이었다. 이들 수도회에게는 아무것도 종말에 이를 것처럼 보이지 않았으며, 모든 것은 이들의 역사적 흐름을 타고 이루어져 나갔다. 이렇게 시대적 자극을 불러일으키고, 한계를 극복하면서 세계 저편으로 뻗어나가려는 사람들이 바로 탁발 수도회의 회원들이었다.

이러한 일련의 역사적 사태와 소요 자체는 오히려 13세기라는 전환기가 조화의 세기라는 사실을 분명히 한다. 바로 나열한 모든 복합음에도 불구하고 짧은 순간이나마 하나의 화음과도 같은 고전적 풍요를 실현했던 것이다. 토마스 아퀴나스의 운명과 생애는 모순으로 가득 찬 저 13세기의 모든 요소와 밀접하게 천착되어 있는 일종의 실존적 종합을 이루고 있다.[15]

이와 같이 12세기의 주자학과 13세기의 토미즘은 각각 그 시대적 위기 상황과 그에 대한 자각으로부터 현실 당면문제를 해결하려는 과정에서 그 철학사상의 씨앗을 돋아나게 하였다.

3. 주자학과 토미즘의 사상적 배경

동·서 철학사에서 철학의 천재는 대체로 두 가지 부류가 있는 것처럼 보인다. 즉 전대미문前代未聞의 천재들과 기존 사상들을 모으면서 새롭게 정리한 종합의 천재들이다. 전대미문의 철학자들로는 동·서 철학사에서 니체F. W. Nietzsche나 육구연 같은 철학자들을 들 수 있다. 그리고 종합의 천재들로는 바로 우리가 지금 다루고 있는 주희와 토마스 아퀴나스가 그 자리를 차지한다. 주희와 토마스 아퀴나스는 그 유래를 보기 드물 정도로 매우 많은 분량의 저술을 남겼으며, 끊임없이 사유하고 집필한 철학자들이다. 아마도 주희는 중국철학사에서 하루에 평균적으로 글을 가장 많이 쓴 철학자일 것이고, 토마스 역시 서양철학사에서 가장 많은 분량의 저작을 남긴 철학자 중 하나일 것이다. 그들은 지칠 줄 모르고 사유하며 집필하였다. 또한 주희와 토마스는 각각 그들이 처한 시대적 상황 속에서, 그것에 대한 위기의식과 극복의 의지를 가지고, 전통에 근거하여 새로운 철학으로 나아갔다. 그러므로 주희와 토마스에 의해 탄생한 주자학과 토미즘의 정신은 한 마디로 '온고이지신溫故而知新'[16]의 철학이라고 표현할 수 있다. 왜냐하면 주자학은 멀리는 공자孔子의 학學을 이은 것이고, 가까이는 북송 이후의 신유학Neo-confucianism을 집성한 철학이며, 또 토미즘은 신플라톤주의Neo-Platonism와 아리스토텔레스주의Aristotelianism를 적극 수용하고 창안하여 그리스도교 복음과 조화를 이루어 탄생한 새로운 철학이라고 할 수 있기 때문이다. 주자학과 토미즘은 둘 다 '진리라면 그 무엇도 배척하려고 하

지 않고 수용한 철학'이라고 할 수 있다.[17)]

주희는 중국철학사에서 신유학의 전망을 새로 열었다. 리理 개념을 태극太極으로 해석하여 리에 대한 새로운 의미를 부여하였으며, 태극 개념을 더욱 발전시켰다. 또 리理와 기氣의 관계로써 우주만물을 설명하였고, 인仁의 가르침을 더욱 고양시켰다. 11세기 초 송나라의 주요한 철학체계로는 유儒·불佛·도道의 세 가지 사상적 경향이 있었는데, 주희는 이 세 가지를 하나로 통합하는 정신적 통일을 이룩하였다. 주희는 무엇보다도 도학자였지만, 그의 수행론修行論은 다분히 불교적이고, 또한 그의 자연철학의 분위기는 도가적이다. 주희는 이 모든 사상적 통일을 신유학이라는 틀 안에서 성취하였다.

주희는 북송오자北宋五子, 즉 주돈이周敦頤, 장재張載, 소옹邵雍, 정호程顥, 정이程頤의 영향을 받았다. 이 중에서 그는 특히 정이의 리학을 선택하였다. 만약 주희가 정이의 리학이 아니라 주돈이나 장재 또는 소옹의 철학으로 기울었다면, 주자학의 사상적 방향은 다른 쪽으로 흘러갔을지도 모른다. 그러나 비록 주희가 정이를 선택했지만, 그는 북송오자를 모두 그의 철학체계에 흡수하였다. 주희는 처음으로 『통서通書』와 『태극도설太極圖說』의 주해註解를 지어 주돈이의 저작을 정리하고 밝혀내었다. 또 주돈이의 생애와 학문을 알도록 한 사람 또한 주희이다. 주희는 장재 또한 높이 받들었다. 그는 장재의 '심통성정心統性情'의 설을 대단히 높이 평가하였다. 주희가 이와 같이 주돈이와 장재를 높이 받든 것은 그가 죽기 이틀 전에는 주돈이의 『태극도太極圖』를 강의하고, 또 죽기 하루 전에는 장재의 『서명西銘』을 강의한 것을 미루어보면 알 수 있다. 또 주돈이·장재·정호·정이의 네 사람에다가 소옹·사마광을 포함시켜 『육선생화상찬六先生畫像贊』을 지은 것을 보면, 그가 소옹과 사마광을 함께 존경하였음을 알 수 있다. 주희는 소옹의 수학을 좋아했으며,

특히 그의 사학史學을 좋아하였다. 그런데도 주희가 『이락연원록伊洛淵源錄』을 쓰면서 소옹을 넣지 않은 까닭은 단지 소옹의 학문이 이락과 그 취지가 같지 않았기 때문이다.

주자학의 성립은 주희가 도통의 계보를 세우는 과정과 깊은 연관을 지니고 있다. 도통의 계보를 세울 때, 오로지 주희의 관심은 역사적이라기보다는 철학적이었다.[18] 주희는 주돈이를 맹자 이래 끊긴 유학의 도를 이은 도학자로 여겼다. 그래서 맹자 이래 도통의 계보가 '주돈이-이정 형제-주희' 자신으로 이어진다고 보았다. 무엇보다도 주희는 정이의 리학을 적극 수용하였다. 그는 11세라는 어린 나이에 자신의 아버지 주송朱松을 통하여 정이의 가르침에 친숙해지기 시작했다. 그러나 그의 철학적 기질상 거기에 만족할 수 없었던 주희는 지적인 호기심을 가지고 그 후 30여 년 동안 진정한 학문의 길을 추구하면서 불가와 도가를 포함한 여러 학문을 두루 섭렵하였다. 그는 39세가 되어서야 다시 정이의 학문으로 돌아왔고, 그 후 다른 학문의 길로 떠나지 않았다.

정이의 학문에 관해 말하자면, 그는 자연세계와 인간세계를 포함한 우주전체를 떠받치고 있는 도덕적 질서가 존재한다고 생각했다. 자연세계는 저절로 그리고 언제나 도덕질서를 구현하고 있는 반면에, 인간세계는 그것을 실현하기 위해 노력해야 한다. 다시 말해 인간세계는 우주적 질서를 반영하도록 만들어져 있지만, 그것은 인간이 노력을 통해 그 질서를 공부하고 자신의 삶 속에서 실현시키겠다고 단호히 결심했을 때 비로소 이루어진다. 정이의 우주에 대한 생각과 인간에 대한 희망은 주희에 의해 수용되었고, 주희는 곧 정이의 가르침을 이어받게 되었다. 주희는 우주 안의 이치를 탐구하게 하는 정이의 주장을 아주 중요하게 여기고, 그것을 그의 철학적 구도의 토대로 삼았다.[19]

그러나 주희의 철학의 출발점은 어디까지나 주돈이의 『태극도설』이라고 해야 할 것이다. 주희의 철학체계와 북송오자의 관계를 비유로 들면, 주돈이의 철학이 그 뿌리에 해당하고, 정호와 정이의 철학은 그 줄기에 해당하며, 그리고 장재와 소옹의 철학은 그 가지에 해당한다고 말할 수 있다.[20] 그러므로 주자학은 북송오자의 학을 기반으로 유학의 도통의 계보를 형성함으로서 탄생한 신유학을 대표하는 철학사상이다.[21]

그러면, 이제 토마스 아퀴나스에 의해 탄생한 토미즘Thomism의 사상적 배경을 살펴보자. 로마 제국 시대에서 13세기의 위대한 종합의 시기에 이르기까지 그리스도교 세계의 철학의 전개는 신학과의 관계에서 고찰될 수 있다. 다시 말해 그리스도교 시대의 처음 몇 세기는 근대적 의미의 철학, 즉 신학과 구별되는 자율적인 학문으로서의 철학은 거의 존재하지 않았다. 이런 말은 교부 철학자들에게도 해당된다. 교부들은 계시의 내용을 이해하고 올바르게 표현하기 위해서 이성을 사용했고 또 그리스 철학자들이 생각한 주제들을 다루었기 때문에, 그들은 신학을 발전시킬 뿐만 아니라, 그리스도교 신학과 일치하는 철학을 수립하기 위한 자료를 마련하는 데도 공헌하였다. 그러나 교부들은 어디까지나 신학자였으며 성서 주석자였다. 그들은 때때로 임시적인 철학자였을 뿐이지 엄밀한 의미의 철학자들은 아니었다. 그들은 철학의 한 분야를 정립하려고 했던 것이 아니라, 그리스도교적인 예지를 완성하려고 하였다. 이것은 아우렐리우스 아우구스티누스Aurelius Augustinus에게도 해당된다. 왜냐하면 그는 무엇보다도 신학자였으며, 철학체계 자체를 수립하는 일에는 특별한 관심을 가지지 않았기 때문이다.

이러한 교부들의 일반적인 태도는 아우구스티누스주의Augustinianism로 불리는 것을 기조로 삼고 있다. 교부들의 저작에서 생겨난 아우구스티누스주의의 정신은 '지성을 요구하는 신앙fides quaerens intellectum'이라고 할 수 있다. 그리스도인들은 무엇보다도 먼저 믿고, 그 다음으로 믿었던 것을 옹호하고 설명하며 이해할 욕망에서 신학을 전개하고, 이 신학에 종속시켜 철학을 전개하였던 것이다. 어떤 의미에서 이러한 태도는 교부들의 태도일 뿐만 아니라, 본래 신학자들이었던 중세철학자들 모두의 태도이기도 하다. 그들은 먼저 믿었고, 그리고 나서 이해하려고 하였다. 이 점에 있어서 토마스도 예외는 아니다. 그러나 토마스는 철학과 신학을 분명히 구별하였다. 그럼에도 '지성을 요구하는 신앙'은 토마스의 태도이기도 하다. 따라서 이런 점에서 토마스는 '아우구스티누스주의자'라고 말할 수 있다. 그러나 다른 한편으로 일반적으로 아우구스티누스주의적이라고 인정되는 보나벤투라Bonaventura의 학설을 거부했다. 이런 점에서는 토마스의 철학을 비-아우구스티누스주의적이라고 할 수 있을 것이다.[22)]

사실상 교부시대의 철학은 신플라톤주의를 의미한다. 그러므로 교부들이 그리스 철학을 사용한다는 것은 신플라톤주의를 의미했다. 아우구스티누스조차도 신플라톤주의와는 다른 아리스토텔레스의 철학에 대하여 아는 것이 별로 없었다. 더욱이 신플라톤주의가 지니고 있는 영성적인 성격은 교부들의 마음을 사로잡았다. 게다가 아리스토텔레스의 작품들이 희랍어나 아랍어로부터 라틴어로 번역되어 이용할 수 있게 되었을 때에도 아리스토텔레스 철학과 신플라톤주의는 차이가 분명하게 인식되지 않았다. 당시에 『원인론*Liber de causis*』과 프로클레스의 『신학요강*Elementatio theologica*』이 아리스토텔레스의 것으로 잘못 간주되고, 특히 이슬람의 주석가들이 신플라톤주의에 충실히 의존하고 있는 한, 아리스토텔레스주의와 신플라톤주의를 구별하기는 쉽지 않았다. 그러므로 아리스토텔레스를 수용하고 이용했다는 것이 모든 신플라톤주의를 거부했다는 의미는 아니다. 따라서 토마스가 아리스토텔레스를 그리스도교와 일치하는 방법으로 해석한 것은 보다 좋은 방법으로의 해석일 뿐만 아니라, 당시의 아리스토텔레스에 관한 일반적인 사고방식을 따른 것이라고 볼 수 있다. 그 당시 아리스토텔레스는 적어도 어느 정도까지는 순수한 아리스토텔레스주의자가 아닌 주석가와 철학자의 눈을 통하여 보여진 아리스토텔레스였다. 이런 관점에서 보면, 토마스가 아리스토텔레스의 철학을 그리스도교화 했을 때, 그는 단순히 신플라톤주의를 아리스토텔레스의 철학으로 대체하고 있었을 뿐만 아니라, 그리스도교 초기 시대에 시작되었던 그리스 철학의 흡수과정을 완성하고 있었다는 것을 뜻한다. 그러므로 어떤 의미에서 토마스의 철학은 신플라톤주의, 아우구스티누스주의, 아리스토텔레스주의, 이슬람과 유태인의 철학이 어울려서 종합되었다고 말할 수 있다.

이와 같이 토마스는 여러 철학자들로부터 다양한 관점과 진리들을 수용하였다. 우리는 토마스가 받은 사상적 영향을 두 가지 관점에서 설명할 수 있다. 즉 그것은 토마스에 끼친 '철학적 영향'과 '지적인 영향'이다.

먼저 토마스가 받은 철학적 영향의 계열을 살펴보도록 하자. 우선 토마스는 신플라톤주의의 영향을 받았다. 이러한 영향은 직접적으로는 포르피리Porphyry를 통해서, 간접적으로는 보에티우스Boethius[23]와 아리스토텔레스의 텍스트에 대한 신플라톤주의 해석을 통해서 이루어졌다. 그리고 무엇보다도 토마스는 아리스토텔레스에 대해서 직접적이고 충분한 지식을 흡수하였다. 그래서 그는 자주 "이성과 아리스토텔레스에 따라서According to reason and Aristotle"[24]라고 말하였다. 플라톤에 대해서는 그 당시 라틴어로 된 플라톤의 『티마에우스*Timaeus*』, 『파이돈*Phaedo*』, 『메논*Meno*』과 같은 작품을 접했을 가능성이 있으며, 플라톤에 관한 많은 간접적인 지식을 섭취하였다.[25] 이것이 토마스가 받은 '철학적 영향'이다.

그가 받은 '지적 영향'에 관하여 말하자면 다음과 같다. 토마스는 스코투스 에리우게나Scotus Eriugena뿐만 아니라, 스코투스 에리우게나의 번역을 통하여, 아우구스티누스·보에시우스·위-디오니시우스Pseudo-Dionysius·프로클루스Proclus·막시무스Maximus를 접하였으며, 이들을 통하여 신플라톤주의로 접근하였다. 또한 그리스 교부들을 연구함으로써, 토마스는 신플라톤주의의 다른 자료들을 접하였다. 뿐만 아니라 토마스는 아랍철학자들인 아비첸나Avicenna와 아베로에스Averroes와 유태철학자인 모세스 마이모니데스Moses Maimonides로부터도 영향을 받았다. 토마스가 성서聖書로부터 받은 엄청난 영향은 스콜라 문헌 속에 알려져 있지 않지만, 토마스가 성서의 영향을 받은 것은 너무나도 당연한 일이다.[26] 따라서 토마스가 받은 철학적·지적 영향을 통하여, 그가 성서의 복음을 비롯하여 플라톤과 아리스토텔레스, 그리고 아우구스티누스와 신플라톤주의뿐만 아니라, 아랍철학과 유태철학에까지 이르는 광범위한 철학적·지적 섭취를 하였다는 것을 알 수 있다.

토마스는 이 모든 철학을 흡수하여 그리스도교 신학과 결합시켰다. 결국 그리스도교 신학과 그리스 철학과의 종합이라고 할 수 있다. 토마스가 성취한 이 종합에서 철학은 그리스도교 신학에 비추어서 고찰되었고, 또한 그리스도교 신학은 상당한 정도로까지 그리스 철학, 특히 아리스토텔레스주의로 표현되었다. 뿐만 아니라 토마스의 종합은 단순히 이질적인 요소들의 종합이 아니라, 하나의 참된 종합이었다.

그리스도교 신학과 그리스 철학과의 거대한 종합을 이룩한 토마스의 정신은 단순히 어떤 철학자의 권위에 의존하여 논의를 전개하는 것이 아니다. 비록 그가 "그 철학자(즉, 아리스토텔레스)에 의해 밝혀진 바와 같이sicut patet per Philosophum"라고 하더라도, 그는 "사물을 있는 그대로 보는 방식secundum quod huisusmodi sunt"의 정신을 추구하였다. 왜냐하면 철학적 논증이란 '그렇게 말하는 권위 때문이 아니라, 그렇게 말한 근거 때문에 타당한 것이 되기' 때문이다. 다시 말해 토마스가 아리스토텔레스에게 관심을 가진 것은 아리스토텔레스 때문이 아니라, 진리 때문이었다.[27)]

4. 주희와 토마스 아퀴나스의 철학적 삶

어떤 철학자를 알고 이해하며, 그의 철학을 통해 세계에 관하여 논하는 것은 결코 쉬운 일이 아니다. 더군다나 중세 12~13세기 동·서양의 최고 철학자들인 주희와 토마스 아퀴나스의 경우에는 더더욱 그러하다. 주자학과 토미즘의 철학사상을 본격적으로 비교하기 전에 먼저 주희와 토마스가 어떤 철학적 삶을 살았으며, 그 삶 속에서 그들의 철학이 어떻게 형성되어 나갔는지를 알 필요가 있다. 그래야만 그들의 철학을 보다 철저하게 알고, 더욱 정당하게 비교할 수 있을 것이다.

논의의 범위를 두 가지 점으로 한정시킬 것이다. 첫째, 주희와 토마스의 삶 속에서 밝혀지는 그들의 철학적 기질의 유사성이다. 어떤 철학자의 기질과 성향은 그의 철학적 성격을 설명해줄 수 있다고 보여지는데, 주희와 토마스는 서로 비슷한 철학적 기질을 소유했던 것으로 보이기 때문이다. 둘째, 주희와 토마스의 사승師承관계를 각각 고찰하는 것이다. 어떤 철학자도 자기 스승의 영향을 받지 않는다는 것은 불가능해 보이기 때문이다. 앞에서 주희와 토마스의 사상적 배경을 고찰한 바 있지만, 실은 그 사상적 배경을 직접적으로 가져다 준 이들은 그들의 스승들일 것이다. 그러므로 주희와 토마스의 사승관계를 고찰함으로써 주희와 토마스의 철학적 성격의 방향을 가늠해볼 수 있다.

먼저 주희와 토마스의 철학적 기질의 유사성을 고찰해보자. 주희는 1130년 9월 15일 정오에 남검우계南劍尤溪의 우사寓舍에서 태어났다. 휘諱는 희熹이고, 자字는 중회仲晦이다. 어려서부터 영리하고 정중하였다. 주희 나이 4살 때, 위재韋齋가 손가락으로 가리키면서 "하늘이다(天也)"라고 하자, 반문하기를 "하늘 위에는 무엇이 있지요(天之上何物)?"라고 하였다. 위재는 이를 기특하게 생각하였다.[28] 주희는 어려서부터 철학적 기질을 갖고 있었던 것으로 보인다. 또한 그의 다음과 같은 말이 그것을 암시하고 있다.

> 나는 5·6세 때에 마음속으로 천체는 무엇이며, 그 바깥 세계는 무엇인가를 번뇌하였다.[29]

뿐만 아니라, 여덟 살 때 다른 아이들과 놀다가 혼자 모래 위에 뭔가를 그렸는데, 다름 아닌 팔괘八卦였다고 한다.[30] 이러한 말들을 통하여 주희가 어려서부터 매우 호기심과 탐구심이 많았음을 알 수 있다. 이런 주희의 철학적 기질은 어린 시절의 토마스에게서도 보인다.

> 토코의 굴리엘무스와 구이의 베르나르도나가 "토마스는 다른 사람보다도 더 열심히 또 보다 일찍 신을 찾았다"는 막연한 말을 하고 있음에 대해, 그들보다 조금 늦게 전기를 쓴 페트루스 카르스는 "(토마스는) 열심히 그리고 자주 교사에게 '신이란 무엇인가(Quid est Deus)?'하고 물었다"고 적고 있다. … 토마스는 나중에 "철학의 거의 모든 것을 들어 그 고찰은 신의 인식으로 질서지워져 있다"고 명언하고 있는데, 그의 생애를 통한 사색과 탐구는 어린 시절의 단순함과 동시에 근본적인 물음의 계속이자 심화였다고 할 수 있기 때문이다.[31]

어린 시절의 주희가 "하늘 위에는 무엇이 있는가?"라고 물었듯이, 토마스 또한 "신은 무엇인가?"라고 물었던 것으로 보아, 이 두 철학자는 어려서부터 지적 호기심이 매우 강했으며, 또 이들이 질문한 물음이 각각 하늘 위와 신인 것으로 볼 때, 이들의 철학이 이미 근원으로부터 사유하는 철학이 될 것임을 어떤 의미에서 예고한 것이라고 보여진다.

이제 주희와 토마스의 사승관계가 그들의 철학에 어떤 영향을 미치며, 그들의 철학이 어떻게 형성되어져 나가는지를 고찰해보자.

주희는 어려서부터 부친인 주송으로부터 가르침을 받았다. 그런데 주송은 북송의 주돈이나 정호, 정이 형제의 흐름을 잇는 낙학洛學의 영향을 받아 면학에 힘쓴 사람이다. 다시 말해 주송이 전념했던 학문은 주돈이가 맹자 이래 끊긴 유학의 도통을 부활시키고 제자인 정호, 정이 형제가 발전시켰다는 '도학道學'이었다. 주송은 이정二程 형제의 가르침을 받은 양시楊時(1053~1135)의 수제자인 나종언羅從彦(1072~1135)에게 가르침을 받았으므로 이정 형제가 발전시킨 학문을 직계의 학자로부터 배운 셈이다.

9세 때 『맹자』를 배운 주희는 13, 14세가 되자 주송에게 『논어』를 배우기 시작하였다. 당시 주송은 병중이었고, 급기야 1143년 47세의 나이로 세상을 떠났다. 그때 주송은 주희에게 다음과 같은 유언을 남겼다. "적계籍溪의 호원중胡原中, 백수白水의 유치중劉致中, 병산屛山의 유언충劉彦沖의 세 분은 나의 친우들로서 이분들의 학문은 그 연원이 깊기도 하거니와, 내가 존경하는 분들이기도 하다. 만약 내가 죽거든 너는 이분들을 찾아가 섬겨라. 이분들의 말만 잘 들어준다면 죽어서도 한이 없을 것이다"라고 하였다.[32] 그래서 주희는 아버지의 유언을 받들어 세 명의 스승들에게서 학문을 배우게 되었다. 이때 주희의 나이가 14세였다.

주희가 세 명의 스승 중 제일 먼저 사사받은 스승은 유자휘劉子翬(자字는 언충彦沖, 1101~1147)이며 동시에 가장 오랫동안 가르침을 받았다. 당시 유자휘는 무이산에서 연구와 후진 양성에 매진하고 있었다. 주희는 15세부터 17세까지 약 2년 동안 유자휘의 가르침을 받았다. 유자휘는 젊은 시절부터 불교에 관심을 가지면서도 유학의 경전인 『역경易經』을 공부하여 '유·불 일치론'을 주장한 학자이다. 주희는 하루 종일 유자휘의 집에서 돈수頓首의 가르침을 받았다. 유자휘의 영향을 받은 주희는 선종禪宗에 조예가 깊어 숭안의 선승 도겸道謙(1067~1127)과도 긴밀히 교유하였다.

유면지劉勉之(자는 치중致中, 1091~1149) 또한 주희에게 중요한 스승이었다. 그는 이정의 수제자였던 양시楊時 밑에서 학문을 닦은 사람이다. 주송의 부탁을 받은 유면지는 주희를 친자식처럼 가르치고 자신의 딸까지 주희에게 출가시켰다. 주송이 주희를 부탁한 세 명의 학자 중에서 유면지가 가장 연장자였고 그 당시 가장 유명한 학자였지만, 일찍 사망한 까닭에 주희가 가르침을 받은 기간은 대략 5년 정도이다. 그러나 훗날 주희가 완성시킨 주자학의 출발점은 유면지의 가르침이었다고 할 정도로 주희는 많은 영향을 받은 것으로 보인다.

주희의 세 번째 스승인 호헌胡憲(자는 원중原中, 1086~1162)은 숭안 출신으로, 백부인 호안국胡安國(자는 강후康侯, 1074~1138)과 함께 정씨의 학문을 배우고 남송 초기에 태학으로 들어갔다. 그러나 태학에 들어온 지 얼마 안 되어 정학程學이 금지되자 몰래 유면지와 함께 정학을 연구하고 또 선생을 찾아가 『역易』에 대해서도 공부했다고 한다. 호헌은 불교의 영향을 깊게 받았고, 한편으로 유학, 특히 『논어』를 깊이 있게 연구했다.

주희는 이 세 명의 스승으로부터 가르침을 받아 물 뿌리고 비질하는 일부터 착실하게 배워나갔다. 이로 보아 주희는 세 명의 스승에게 사사하며 도제 수업처럼 학문을 연마했다고 볼 수 있다. 그런데 이 세 사람은 모두 유학자이다. 그들은 모두 정호, 정이의 학문에 전념한 학자들이었다. 다시 말해 성리학자였던 것이다. 그런데도 그들은 불교에 대해서, 특히 선종에 대해서 호의적이었으며 상당한 조예를 갖고 있었다. 주희 자신도 젊은 시절의 자기 학문에 관해 배우지 않은 것이 없을 정도로 넓게 공부했다. 그래서 이때만 해도 주희는 노·불, 특히 선종에 상당한 관심을 가지고 있었다. 그러나 주희는 유자휘, 유면지, 호헌과 첫 번째 사승관계를 가진 이후, 두 번째 사승관계를 형성하게 되는 이동李侗(자는 원중愿中, 1093~1163)을 만나고서부터 노·불을 버리고 유학으로의 사상적 전환을 하게 된다. 주희는 24세가 되던 여름에 부친의 친우인 이동을 처음 만났으나, 31세가 되던 겨울에서야 비로소 이동의 밑에서 정식으로 학문을 배웠다. 주희는 11년 동안 네 차례 이동을 만났다.

이동은 주희의 부친 주송과 함께 나종언羅從彦에게 사사한 적이 있다. 그는 수년 간 나종언에게 『춘추』, 『중용』, 『논어』, 『맹자』 등을 배웠다. 나종언에게서 '스승의 가르침을 모두 전수했다(免許皆傳)'는 칭찬을 들은 이동은 시골에 은거하며 초라한 집에서 속세와 인연을 끊고 지냈다. 그는 불교와 도교를 이단으로 여기고 유학이 참된 학문이라고 생각하였다. 이동이 말하는 유학은 주돈이로부터 이정 형제를 거쳐 전해진 리학 또는 도학이라고 불리우는 송대에 새롭게 발흥한 신유학을 말한다. 주희가 불교를 버리고 유학으로 전환한 것은 이동의 가르침과 영향 때문이었다. 주희의 다음과 같은 말을 통하여 알 수 있다.

> 내가 이전에 이李 선생을 뵈었을 때, 무한한 도리를 말씀해주셔서 일찍이 선학을 공부하던 것을 버렸다. 이 선생은 "자네는 어째서 허공 중의 리만을 이해하고자 하고 바로 앞의 일에 대해서는 도리를 알고자 하지 않는가? 도에는 현묘함이 없으니, 다만 일상생활 중에 착실히 공부하는 곳에서 이해하면 곧 스스로 얻게 될 것이다"라고 하셨다.[33)]

주희는 이동을 처음 만났을 때는, 이동의 말을 의심했으나, 나중에 이동이 옳다는 것을 깨달았다. 이동의 요지는 '리일분수理一分殊'였다. 이동은 주희에게 리일만을 강조하는 것은 어리석고, 오히려 분수를 이해하기가 더 어렵다고 하였다. 이동은 리일과 분수를 동시에 파악하는 것이 유자儒者가 지녀야 할 기상이라고 강조하였고, 주희는 이 가르침을 받아들였다. 스승의 이런 영향으로 주희 또한 학문의 방법이 격물格物에서 시작해야 한다고 보았다. 그래서 궁리窮理라는 개념으로 말하지 않고 격물이라는 용어를 사용했던 것으로 보여진다.

주희는 이동과의 세 번째 만남인 1160년 10월, 남검주로 찾아가 이동의 집 옆에 있는 서림원에 머물면서 밤낮을 가리지 않고 가르침을 받았다. 이것은 몇 개월에 걸친 장기간의 교유였으며, 이때 이동은 주희에게 이정 형제가 말한 신유학의 진수를 전수했다. 황간黃幹의 『주자행장朱子行狀』에 의하면, 이동은 주희에 대하여 "선善을 즐기고 의義를 좋아함에 있어서 그 비슷한 부류를 보기가 드문 자이다"라고 하였고, "두뇌의 명철함은 겨눌 바 없고, 힘써 실행함은 경외할 만하다"라고 하였으며, "그의 의론은 체험을 기반으로 하여 적절함이 있다"라고 칭찬하였다. 스승 이동은 주희의 재능과 노력을 정확하게 평가하였고, 그 평가가 틀리지 않았음을 역사가 증명하고 있다.

토마스의 경우는 어떠한가. 토마스도 주희처럼 두 번의 사승관계를 맺는다. 첫 번째는 나폴리대학 시절, 아일랜드 사람인 히베르니아의 페트루스Petrus von Hibernia와의 만남이고, 두 번째는 파리대학 시절, 알베르투스 마뉴스Albertus Magnus와의 만남이다.

토마스는 14살의 나이로 1239년 가을에 나폴리대학에 입학했으며, 그 후 5년 동안 이 대학 교수들의 지도 아래 진지하게 학문을 연구했다. 서양의 그 어디에서보다도 아리스토텔레스와의 만남

이 더욱 진지하고 폭넓게 이루어질 수 있었던 곳은 나폴리였다. 그 첫 번째 이유는 동방과 서방의 경계 지역이자 전투 지역이 곧 시칠리이며, 나폴리는 바로 시칠리에 속하기 때문이다. 두 번째 이유는 교회와 교회의 특권층에 종속되어 있지 않은 순수 국립대학인 나폴리대학은 로마 교황청의 공식적인 아리스토텔레스 금지령을 곧이곧대로 지키지는 않았기 때문이다. 따라서 그리스도교의 신학적 세계관 안에 아리스토텔레스를 도입하려는 그 첫 번째 시도가 바로 나폴리에서 가능할 수 있었다. 나폴리대학은 성직을 희망하는 자들의 교육장이라기보다는 장차 제국의 인재가 될 젊은이들을 양성하는 곳이었다.

토마스가 나폴리대학으로 간 것은 신학을 공부하기 위해서가 아니라, 인문학과 철학을 공부하기 위해서였다. 토마스가 나폴리에서 수강한 인문학부 과정은 대체로 당시의 중세대학들의 모델을 따른 것이었는데, 한 가지 예외가 있었다. 그것은 7개의 자유 교과목에 덧붙여진 아리스토텔레스의 형이상학을 포함한 자연철학이었다. 그 당시 파리대학 학생들에게는 금지되어 있던 아리스토텔레스의 자연철학과 형이상학을 토마스는 배울 수 있었던 것이다. 토마스는 나폴리대학에서 개설된 페트루스의 아리스토텔레스 강의에 참석했다. 페트루스는 언제나 아리스텔레스주의자였으며, 시간이 흐를수록 더더욱 그러했다. 따라서 토마스는 그후 20살이 되어 파리대학에서 알베르투스 마뉴스를 만나기 이전에 이미 페트루스를 통하여 아리스토텔레스의 철학을 알았다.

토마스의 두 번째 사승관계는, 그가 1245년 파리대학에서 알베르투스 마뉴스Albertus Magnus(1193~1280)를 만나면서 시작된다. 알베르투스는 매우 비범한 인물이었다. 그는 동시대인들에게서 '보편적 박사Doctor universalis' 또는 '전문가 박사Doctor expertus'라고 불렸다. 아리스토텔레스의 철학을 라틴 사람들에게 소개한 사람은 어느 누구보다도 알베르투스였다. 토마스에게 아리스토텔레스에 관한 학식을 심화시킨 사람도 알베르투스였다. 알베르투스는 인간 지식의 모든 분야를 라틴 사람들이 이해할 수 있도록 하려는 의욕을 지니고 있었으며, 이런 의욕이 달성되는 데 약 20년이 걸렸다. 그리고 그것은 중세 스콜라철학의 위대한 업적이 되었다. 무엇보다도 철학에 대한 알베르투스의 관점은 근본적으로 아리스토텔레스적이었다. 그는 자신의 세계관 속에 아리스토텔레스 철학의 핵심을 받아들였으며, 이것을 동료 라틴 사람들이 알아들을 수 있도록 설명할 수 있었다. 그러나 그는 무조건 아리스토텔레스주의를 받아들인 것이 아니라, 비판적으로 받아들였다. 뿐만 아니라, 그는 자신의 신학에서 아우구스티누스, 위-디오니시우스 아레오파기타, 아비첸나, 그리고 『원인론』 등에서 발견되는 플라톤주의의 많은 요소들을 받아들였다. 특히 알베르투스는 위-디오니시우스 아레오파기타의 연구에 몰입하였다. 그래서 토마스는 그의 스승 알베르투스를 통해 신플라톤주의와 마주하게 되었던 것이다.

토마스는 1248년 23살 때에 알베르투스와 함께 쾰른으로 간다. 그는 이 시기 그 어느 때보다도 침묵과 근면으로 연구에 몰두했다. 그런 까닭에 동료들로부터 '벙어리 황소bovis mutus'라고 불리게 되었다. 어느 날 알베르투스는 토마스의 능력을 알아보기 위해, 토마스에게 '학사 응답자baccaaureus respondens'의 역할을 맡겼는데, 토마스의 능력에 감명을 받은 알베르투스는 "우리는 그를 벙어리 황소라고 부른다. 그러나 그는 학문에서 커다란 황소울음을 낼 것이고, 전 세계가 그의 소리를 듣게 될 것이다"라고 하였다. 토마스가 알베르투스와 함께 공부하던 4년이라는 기간(1248~1252)은 젊은 토마스에게는 매우 유익한 시간이었으며, 그것은 알베르투스에게도 그러했다.

주희와 토마스는 각각 두 번의 사승관계를 형성하였고, 스승들의 영향을 통해 철학사상의 방향이 그들의 철학적 기질과 함께 조화를 이루어나갔다. 이렇게 하여 역사 속에 등장한 철학이 주자학과 토미즘이다.

주자학과 토미즘이 갖는 철학적 의미는 무엇인가? 주자학과 토미즘은 현존의 철학이다. 현존이란 이 세상의 진리가 차등적인 차이는 있지만, 원칙적으로 그 진리가 늘 변하지 아니하는 현재로서 만물에 또는 피조물에게 다 존재한다는 것이다. 우주만물에 차등이 있기 때문에 제일원인에서 아래로 멀어질수록 존재론적 실체가 희미하고 결핍되지만, '리상간理上看(de jure)'으로는 모두에게 다 존재한다. '사상간事上看(de facto)'으로 보면, 이 세상은 그리스도교적 창조설이든 성리학적 제조설이든 원인보다는 결과로서 타락되어 있다. 현실의 철학이 해야 할 일은 다시금 이 세상을 제일원인에 접근하도록 하는 것이다. 그 주체는 바로 이성이고 지성이며 도덕적 선의지이다. 그러나 토미즘은 결국 신앙에 의존할 수밖에 없었다. 반면에 주자학은, 토미즘과 같은 신앙이 없으므로, 성인이 되는 길을 택하여 도덕적 불의를 극복하여 다시 요순지치堯舜之治를 회복하기위해 성인이 되는 길을 택하였다. 그리스도교는 이성의 힘으로 어느 정도 회복할 수 있다고 여기지만, 원죄 때문에 나머지는 신앙에 의존한다. 하지만 주자학은 이성의 힘으로 요순지치를 회복할 수 있다는 신념을 가지고 있다. 주자학과 토미즘은 세상을 에덴의 낙원 또는 요순지치의 무염無染한 상태, 즉 순수함을 회복하고자 하는 철학이다. 그래서 주자학과 토미즘은, "진리는 리얼real하게 현존한다. 현존하는 진리를 이성에 의존하여 빛내보자!"라는 신념을 간직하고 있다.

제2장

주자학과 토미즘의 인식론

1. 인식주체로서의 인간의 마음과 지성

1) 주자학과 토미즘의 철학적 단초

철학은 왜 그리고 어떻게 해서 인간의 사유 안으로 들어온 것인가? 다시 말해 왜 인간은 철학적으로 사유하는가? 인간이 철학적으로 사유한다고 할 때, 철학적으로 사유한다는 것은 무엇을 의미하며, 또한 인간에게 있어 철학이란 무엇인가? 단 한 번이라도 '철학이 무엇인가'라는 질문을 스스로에게 던지고 그 해답을 찾으려고 했던 사람에게는 이 물음이 절실한 물음이 아닐 수 없다.

플라톤Plato과 아리스토텔레스Aristotle는 철학적 사유가 존재하는 세계에 대한 경이驚異로부터 시작되었다고 한다. 그렇다면 철학적 사유의 단초인 경이는 구체적으로 무엇을 말하는가? 경이는 단순히 감상적 차원의 개인적 감정을 말하는 것이 아니라, 체험된 존재의 경험이 경이로움을 자아내어 인간에게 사유의 씨앗을 잉태시키는 그런 것이다. 다시 말해, '왜?'라는 물음의 시작이 철학적 사유의 단초가 된다. 우리는 이러한 경이를 주자학과 토미즘에서 살펴볼 수 있다. 존재하는 세계에 대한 경이가 주자학과 토미즘의 철학적 사유의 단초인 것이다.

먼저 주자학의 자연에 대한 경이를 고찰해보자.

> 솔개는 하늘에서 날고, 물고기는 연못에서 뛴다.[34)]

『시경詩經』「대아大雅」편의 '연비려천鳶飛戾天, 어약우연魚躍于淵'이라는 시구는 양기陽氣와 음기陰氣의 발랄한 생명의 기운을 노래하고 그 기의 운행과 비약을 찬미한 노래이다. 이런 기의 대변화를 긍정하는 사상은 역철학의 사유로 이어진다.[35] 역철학은 기의 생생生生의 덕을 음양이라는 부호를 사용하여 상징적으로 나타낸 것이지만, 그 기의 작용으로서의 생생의 역은 곧 우주의 선善과 다르지 않다. 그러므로 『역경易經』의 「계사전繫辭傳」에서는 "음양이 서로 교차하는 것을 도道라 하고, 이 도를 이어가는 것을 선이라고 하며, 이 선을 이루어가는 것을 성性이라고 한다"[36]고 하였다. 이것은 솔개가 하늘을 날고, 물고기가 연못에서 뛴다는 생명이 약동하는 자연에 대한 경이를 말한 것이다. 공자의 '사문斯文의 도'라는 긍지는 기의 이러한 생동에 힘입어 생겨났다. 공자는 위魏나라 광匡지방에서 그 지방 사람들에게 포위당하여 죽을 고비를 넘기면서, 사문의 도에 관하여 다음과 같이 말했다.

> 문왕은 이미 돌아가셨지만, 그가 남긴 글이 여기에 있지 아니한가? 하늘이 사문을 없애려고 했다면, 후세 사람들이 사문에 관여하지 못했을 것이다. 하늘이 사문을 없애지 않으니 광지방 사람들이 나를 어찌하겠는가![37]

여기서 공자가 말하는 사문이란 천도를 발현하고 있는 진리를 말한다. 따라서 사문의 도는 천이 아니면 폐할 수 없는 권위를 갖고 있다. 다시 말해 공자의 사문에 대한 믿음과 긍지도 자연의 생동하는 기의 유행에서 발생한 것이다. 이러한 맥을 잇고 있는 주자학은 이와 같이 '왜 솔개가 하늘을 날고, 물고기는 연못에서 뛰는가'라는 자연에 대한 경이를 그 철학적 사유의 단초로 삼았다. 주희는 '연비어약鳶飛魚躍'이라는 문구를 대단히 좋아했던 것으로 보인다.[38] 주희에게 연비어약이 지니는 의미를 우리는 그의 『논어』

주석에서 찾아볼 수 있다. 『논어』의 “가는 것이 이 물과 같구나. 밤낮을 가리지 않는다.”는 공자의 말에 대해, 주희는 다음과 같이 말한다.

> 천지의 조화는 가는 것은 지나가고, 오는 것은 (끊임없이) 이어져, 한 순간의 그침도 없으니, 바로 도체道體의 본연本然이다.39)

이 말을 통해 주희가 세계의 본연의 모습을 생명의 흐름이 끊임없이 이어짐에 있다고 보았으며, ‘연비어약’이라는 문구가 지니는 의미도 생명의 끊임없는 흐름에 주목하고 그것을 크게 긍정한 데서 비롯한 것임을 알 수 있다. 주자학의 관점에서 보면, 자연의 세계는 그 자체로 선한 것이며 좋은 것이다. 주희는 생명의 흐름이 연속하는 것이 좋은 것(善)이며, 또 그 좋은 것을 이루게 하는 어떤 원리(性)가 있다고 보았다. 이런 철학적 사유가 가능했던 것은 자연에 대한 경이에서 비롯한다.

토미즘의 철학적 사유의 단초로서의 경이는 무엇인가? 주자학의 경이가 ‘연비어약’이라고 한다면, 토미즘의 경이는 ‘왜 무無가 아니라, 오히려 어떤 것이 존재하는가Why is there something rather than nothing?’라는 물음에서 시작된다.40) 다시 말해 토미즘의 경이는 존재에 대한 경이이다. 이 물음은 다시 ‘어떤 것이 있다Aliquid est’는 말로 표현된다. 토미즘의 시원인 그리스도교는 신의 창조설을 신봉하는 그런 종교이다. 세계 창조의 신앙은 그 문화에 젖은 사람들에게 어떤 경이를 불러일으켰다. 그 경이는 ‘왜 무가 아니라 오히려 어떤 것이 존재하는가?’라는 것이다. 토마스 아퀴나스는 바로 이 점에 주목하였다. 질송E. Gilson에 의하면, 구약의 창세기에서 신은 모세에게 “나는 스스로 존재하는 자이다Ego sum qui sum”라고 계시했는데, 이것을 토마스는 ‘이 성스러운 진리haec sublimis veritas’

라고 언명하였다고 한다. 토마스는 신이 스스로를 '존재하는 자'라고 계시한 것에 주목하여, 신의 본질을 존재 자체Ipsum Esse라고 여겼다. 왜냐하면 모든 이름은 어떤 것의 본질을 나타내려는 의도를 지니고 있는데, 신은 스스로의 이름을 '존재하는 자'라고 계시함으로써 자신의 본질을 존재 자체로 드러내었다는 것이다.[41] 그런데 존재 자체인 신은 이 세계를 '무로부터 창조creatio ex nihilo'하였다. 다시 말해 "창조한다는 것은 무에서 어떤 것을 만드는 것이다."[42] 이렇게 하여 우리는 '어떤 것이 있다'는 것을 경험하게 된다. 토마스에 의하면, "사실 인간의 자연적 성향은 결과를 볼 때 원인을 알려는 욕망이 내재해 있다. 그렇기 때문에 인간 안에는 경이가 생겨난다"고 한다.[43] 즉 우리는 '어떤 것이 있다'는 것을 통해 '그것이 왜 있는가?'라는 원인을 알려고 함으로써 어떤 경이를 불러일으키게 된다는 것이다.

그런데 이 '어떤 것이 있다'는 존재의 경험은 두 가지 경험을 동시적으로 발생시킨다. 그것은 '어떤 것이 존재한다'는 것과 '의식도 존재한다'는 것이다. 그런데 이 두 가지 경험 중에서 전자의 '어떤 것이 존재한다'는 것이 후자의 '의식도 존재한다'라는 것보다 논리적으로 앞선다. 왜냐하면 아무것도 없다면, 아무런 의식도 없기 때문이다. 그렇지만 역으로 아무런 의식도 없다면, 어떤 것이 존재한다는 것도 무의미해질 것이다. 왜냐하면 어떤 것이 존재한다는 것은 의식의 긍정을 통해서 비로소 그 의미를 가질 것이기 때문이다. 그러므로 어떤 것의 '실재'와 어떤 것에 대한 '의식'은 상호성을 띠고 있다. 즉 이것들은 서로를 포함하고 있다.[44] 어떤 것의 실재와 어떤 것에 대한 의식은 이렇듯 서로 분리될 수 없다. 그러므로 이 두 경험은 동시적으로 발생하는 하나의 사실이며, 인간이 경험하는 것 중에서 최초의 경험이다. 그래서 어떤 것에 대한 '실재'는 '최초의 기표primum notum'이고 어떤 것에 대한 '의식'

은 '최초의 인식primum cognitum'이다. 이런 점에서 토미즘은 실재와 의식이 이원적인 요소가 아니라, 단지 하나의 사실이라고 여긴다. 그런데 실재와 의식이 동일한 사실을 말하고 있긴 하지만, 실재가 의식보다 더 시원적이라고 본다. 왜냐하면 어떤 것의 실재가 없으면 의식은 인식의 눈을 뜨지 못하기 때문이다. 그러므로 의식은 늘 존재를 전제하지만, 존재가 반드시 의식을 전제하는 것은 아니다. 왜냐하면 지금 우리가 의식하지 못하는 존재가 있기 때문이다.45)

> 존재는 무엇이든 가장 원초적인 여건이고 참으로 '최초의 기표'이다. 그보다 더 기초적인 무엇으로 분석할 수도 환원시킬 수도 없다. 존재, 즉 엄밀하게 말하면 '스스로의 기표'는 인식의 원칙이며 다른 사물에 의하여 알려지는 것이 결코 아니다. 말하자면 모든 최초의 경험 또는 의식에 있어서 이 존재보다 더 명백하고 단순하며 분명한 것은 없다. 왜 존재의 본질 또는 성질이 어떠한가를 묻는 것이 무의미한 질문인 까닭이 여기에 있다. 즉 '본질'과 '본성'은 이미 '존재의 양태'이다. 존재의 본질은 모든 본질을 초월하고 포함하면서 아무것도 갖고 있지 않다. 요컨대 존재 이외의 다른 것에서 출발하여 존재를 구성하고 연역하며 환원하고 정의하는 것은 불가능하다.46)

이런 관점에서 토미즘은 '어떤 것이 있다'는 실재론에서 출발한다. 그리고 동시에 의식이 어떤 것의 실재를 지각한다. 어떤 것이 있다는 것을 인식하는 것은 인간에게 하나의 경험으로 다가오며, 이 실재에 대한 경험은 실제로 의식이 지각하기 때문에 가능하다. 따라서 토미즘의 인식론은 '실재론적 경험과 의식의 지각의 상관성'에 있다.

이 점에 있어서 주자학도 마찬가지의 입장에 서 있다. 주자학에서 말하는 '격물치지格物致知'가 바로 그것을 나타내고 있다. 격물은 의식이 사물에 다가감을 말한다. 다시 말해 의식의 지각은 먼저 사물의 실재를 전제한다. 그리고 이런 의식의 지각적 경험이 인간의 마음에 전달된다. 그러므로 주자학의 격물치지론은 토미즘과 마찬가지로 '실재론적 경험과 의식의 지각의 상관성'이라는 사실에 그 기반을 두고 있다.

2) '마음'과 '영혼'의 지성적 능력

주자학은 넓은 의미로 인간의 마음(心)이 인식과 관련한 모든 능력을 행사한다. 주자학의 이 넓은 의미의 마음에 해당하는 것이 토미즘에서의 영혼Anima이다. 그런데 토미즘에서는 영혼의 능력을 좀 더 세분하여 말하고 있다. 영혼의 한 능력으로서 지성이 있다. 그러나 주자학에서는 토미즘처럼 영혼과 지성이라는 세분된 구분이 없고 마음이 토미즘의 영혼과 지성의 의미를 다 포괄하고 있다. 그렇기 때문에 우리는 어떤 경우에는 마음과 영혼을 함께 논하고 또 다른 경우에는 마음과 지성을 함께 논하게 될 것이다. 먼저 마음과 영혼에 관하여 고찰해보자.

주자학과 토미즘은 각각 마음과 영혼의 능력을 절대적이라고 보았다. 이런 마음과 영혼의 절대적 능력을 주자학에서는 "유심무대惟心無對"[47]라는 말로 나타내었고, 토미즘에서는 "영혼은 어떤 의미에서 모든 것이다Anima est quodammodo omnia"[48]라는 말로 나타내었다. '유심무대'라는 말의 의미는 그 밖의 존재하는 모든 것은 상대하는 짝을 이루고 있지만, 마음만은 상대할 짝이 없는 절대라는 것이다. 또 '영혼은 어떤 의미에서 모든 것이다'라는 말의 의미도 인간의 영혼이 존재하는 모든 것을 어떤 방식으로 지각할 수 있으면서 동시에 지성적으로 인식할 수 있기 때문에 절대적 능력을 소유하고 있다는 것이다. 이런 영혼의 능력과 유사한 뜻의 표현을 주자학에서는 "모든 일은 마음이 하는 바가 아닌 것이 없다"라고 하였다.49)

그렇다면 이런 마음과 영혼의 절대적 능력을 좀 더 심층적으로 마음과 지성의 인식능력에 초점을 맞추어 고찰해보자. 논의를 전개해가면서 때로는 주자학의 마음과 토미즘의 지성을 하나로 묶어, 이성이라고 통합하여 말할 것이다. 왜냐하면 주자학의 마음은 오늘날의 용어로 표현하면 이성이라고 볼 소지가 있고, 또 토미즘에서는 지성과 이성을 거의 같은 의미로 사용하고 있기 때문이다. 이 점에 대해 토마스는 다음과 같이 말하고 있다.

> 이성Ratio과 지성Intellectus은 인간에게 각각 다른 능력들일 수 없다. 이것은 양자의 작용을 고찰하면 명백하게 인식된다. 사실 인식한다는 것은 단적으로 가지적 진리를 파악하는 것이다. 그런데 추리한다는 것은 가지적 진리를 인식하기 위해 인식된 하나에서 다른 것으로 나아가는 것이다. … 인간은 하나에서 다른 것으로 나아감으로써 가지적 진리 인식에 도달한다. 그러므로 인간은 이성적인 존재라고 불린다. 따라서 추리한다는 것이 인식한다는 것에 대한 것은 마치 운동하는 것이 정지하는 것에 대한 것과 같으며, 혹은 또 얻는 것이 소유하는 것에 대한 것과 같다는 것이 분명하다. … 그렇다면 더욱더 우리는 동일한 능력을 통해 인식하며 추리하는 것이다. 이렇게 인간에게 있어 이성과 지성은 동일한 능력인 것이 분명하다.50)

이와 같이 토마스는 이성과 지성을 동일한 능력으로 간주하였다. 그러나 지성과 이성 사이에도 자세한 구분은 있다. 즉 토마스에 의하면, 지성은 인식하는 것이고 이성은 추리하는 것이다. 그러므로 엄밀하게 말한다면 지성보다는 이성이 인식의 질서에서 한 단계 더 나아간 것이다. 그렇지만 운동과 정지가 한 사물의 동일한 본성에 속하는 것처럼, 지성과 이성도 한 인간 영혼의 동일한 능력에 속하는 것이다. 토마스는 인식한다는 것이 가지적 진리를 파악하는 것이고, 추리한다는 것은 가지적 진리를 인식하기 위해 인식된 하나에서 다른 것으로 나아가는 것이라고 하였다.

그런데 주자학에서는 토미즘처럼 이런 지성과 이성의 구분이 없을 뿐만 아니라, 이런 용어를 사용한 적도 없다. 그러나 우리는 주자학에서도 토미즘이 말하는 것과 같은 뜻을 취할 수 있다. 주자학에서 이성 또는 지성이라는 용어가 표면상에는 없지만 내용상에서 이성 또는 지성을 의미하는 용어가 있다. 주희의 용어로 말하면 '인심지령人心之靈'이나 '심지허령心之虛靈'이 이에 해당한다. 주희에 의하면, 인심지령이나 심지허령은 "일상생활에서 일을 처리하고 사물과 접촉하면서 바로 옳게 판단하여 명석판명함을 얻어서 그것을 추리하여 사람에게 일반화하는 능력"을 말한다.[51] 또한 그것은 "학문의 요체는 다른 것이 아니라 일의 대소大小와 이치의 심천深淺을 막론하고 눈앞에서 정밀하게 살펴서 리와 일치하는 단계에 이르는 능력"[52]을 말하거나, 또는 "학문의 요체는 오직 일마다 그 진리를 심사숙고해서 구하고, 그릇됨을 단연코 제거하여 이런 습관이 오래 쌓여 마음과 이치가 하나로 만나는 것을 가능하게 하는 능력"[53]을 말한다. 그러므로 주희가 말한 마음의 능력은 토미즘에서 말하는 이성 또는 지성의 능력과 다르지 않다.

이런 이성의 능력은 만물 중에서 인간만이 지니고 있는 탁월한 능력이다. 그래서 인간은 만물 중에서 가장 우월한 존재자이다. 이 점에 대해 토마스는 다음과 같이 말하고 있다.

식물들은 그들의 물질성 때문에 앎을 소유하고 있다고 말할 수 없다. 그러나 감각들은 가지적이다. 왜냐하면 감각들은 물질 없이도 사물의 유사성을 수용할 수 있기 때문이다. 그리고 지성은 훨씬 더 많이 알 수 있다. 왜냐하면 지성은 물질로부터 더 자유로우며 섞여있지 않기 때문이다.54)

이와 같이 토마스는 식물보다는 감각을 소유한 존재자가 더 지성적으로 우월하고, 또 감각적 존재자보다는 지성을 소유한 존재자가 훨씬 더 지성적으로 우월하다고 본다. 그런데 인간이 이런 지성적 존재자이기 때문에 인간은 식물이나 동물보다도 더 탁월한 인식능력을 가지고 있는 것이다. 주자학에서도 인간이 다른 존재자보다 탁월한 이유를 말하고 있다.

하늘이 사물을 생할 때 혈기·지각이 있는 것은 사람과 날짐승이고, 혈기·지각이 없지만 생기가 있는 것은 초목이며, 생기가 이미 끊어졌지만 형形·질質·취臭·미味가 있는 것은 말라 죽은 초목이다.55)

사람이 다른 존재자보다 더 뛰어날 수 있는 것은 혈기와 지각이 있기 때문이다. 그러나 혈기와 지각은 사람뿐만 아니라, 날짐승에게도 있다. 그러나 사람은 날짐승보다 더 빼어난 기를 품부받았기 때문에 다른 어떤 존재자보다도 탁월한 능력을 지니고 있다. 그래서 주희는 "마음은 기의 정상精爽"56)이라고 하였다. 이 기에 의해서 만물에 차등이 있다. 즉 "그 기를 가지고 말하면, 바르고 통하는 것은 사람이고 그 치우치고 막힌 것은 사물이 된다. 이 때문에 혹은 고귀하고 혹은 비천하여 동일할 수 없다"는 것이다.57)

그런데 마음과 지성은 어떻게 하여 사물을 인식할 수 있는 것인가? 토미즘에서 지성적 작용의 근원인 영혼은 비물질적이면서 자립하는 근원이다. 인간이 영혼의 한 능력인 지성을 통해 모든 사물의 본성을 인식할 수 있는 것은 그 지성의 본성 안에 사물들 중 그 어떤 것도 가지고 있지 않기 때문이다. 다시 말해 지성적 근원이 자신 안에 어떤 사물의 본성을 가지고 있다면, 그것은 모든 사물의 본성을 인식할 수 없게 될 것이다. 이와 마찬가지로 지성이 신체적 기관을 통해 인식한다는 것도 불가능하다. 왜냐하면 신체적 기관이 가지고 있는 특정한 본성이 모든 사물의 인식을 방해할 것이기 때문이다. 그러므로 지성적 근원 자체는 신체가 그것과 공통될 수 없는 그 자체의 작용을 갖는다. 이것은 지성적 근원이 그 자체로 자립적임을 의미한다. 따라서 지성의 능력을 소유한 인간의 영혼은 비물질적이며 자립적인 어떤 것이다.[58] 이와 같이 영혼의 비물질적이고 자립적인 의미를 주자학에서는 다음과 같이 말하고 있다.

> 마음의 광대함은 천지와 같고, 마음의 허명함은 해와 달과 같다.[59]

> 마음은 사람의 신명으로서 모든 리를 갖추고 만사에 응한다.[60]
>
> 성인의 마음은 지극히 비어있고 지극히 밝아서 혼연한 가운데 모든 리가 다 갖추어져 있다. 감촉하자마자 매우 빨리 응하여 통하지 않는 것이 없다.[61]

주희는 마음이 지극히 비어있다(至虛)고 말하고 있는데, 마음이 지극히 비어있다는 말을 통해서 우리는 마음이 비물질적이라는 철학적 해석을 할 수 있다. 그리고 또한 마음이 모든 리를 갖추고 있다는 것은 사물의 본성을 가지고 있다는 의미가 아니라, 모든 사물에 대해 가지적이라는 의미로 해석된다. 다시 말해 마음이 모든 리를 갖추고 있기에 마음이 사물과 접촉하게 되면, 그 사물을 인식할 수 있게 되는 것이다. 이런 의미에서 볼 때, 마음은 토미즘의 영혼처럼 그 자체로 자립적이라고 해석할 수 있다.

이와 같이 비물질적이고 자립적인 마음과 지성적 영혼은 인식하기 위해서 가지적인 것들에 대해서 가능태에 있다. 그래서 토마스는 아리스토텔레스를 따라, 지성은 "그 안에 아무것도 쓰여지지 않은 공백서판과 같은 것sicut tabula rasa in qua nihil est scriptum"[62)]이라고 하였다. 인간의 지성은 처음에는 가능태에 있다가 나중에 가서 현실태로 있게 된다. 주자학에서도 지성의 이런 공백서판tabula rasa과 같은 뜻을 마음에 대해 나타내고 있다.

> 사람의 마음은 거울과 같아서 하나의 영상도 없다가, 사물이 다가오면 비로소 아름다움과 추함을 비추어 보인다. 만약 어떤 영상이 먼저 그 안에 있었다면 어떻게 비출 수 있었겠는가.[63)]

이와 같이 주희도 마음을 거울에 비유하여 처음에는 가능태에 있다가 사물이 오면 비로소 그 사물을 비춤으로써 인식하게 된다는 뜻을 나타내었다. 이 점을 통해서 주자학과 토미즘에서 마음과 지성의 인식은 가지적인 것들에 대해서 가능태에 있다가 현실태로 이행하게 된다는 것을 알 수 있다. 인간의 마음과 지성은 사물을 인식할 수 있는 능력을 갖추고 있다가, 사물과 접하게 되면 비로소 그 사물을 인식하게 된다는 것이다. 그렇기 때문에 마음과 지성은 사물과의 만남 이전에는 단지 사물을 인식할 수 있는 가능태에 있지만, 일단 사물과 접촉한 후에는 가지적인 가능태에서 인식의 현실태로 이행하게 된다. 이런 주자학의 '마음(心)'과 토미즘의 '지성Intellectus'을 '이성'이라는 한 용어로 치환한다면, 인간의 이성이 실재하는 사물을 인식하게 되는 것이다. 주자학과 토미즘은 인간의 능력 중 이성의 능력을 가장 높이 여겼다. 그들의 철학적 사유는 먼저 눈앞의 실재를 전제한다는 측면에서 실재론적인 성격을 띠고, 또 이런 실재를 이성이 비로소 인식하여 그 실재가 의미를 갖게 된다는 측면에서 주지주의적 성격을 띠고 있다. 그러므로 주자학과 토미즘의 철학적 특성을 '실재론적 주지주의'라고 명명할 수 있다.

2. 격물치지格物致知와 감각적·지성적 인식

주자학과 토미즘은 인식론적 사유지평에서 공통의 출발점을 지니고 있다. 그것은 인간의 인식이 감각에서 출발한다는 것이다. 그 이유는 인간이 '마음과 신체', 또는 '영혼과 육체'의 합성체임에 주목했기 때문인 것으로 여겨진다. 인간은 단적으로 마음 또는 영혼의 존재인 것만이 아니라, 육체적인 존재자이다. 인간은 비물질적인 이성적 인식능력을 지니고 있지만, 이런 이성적 능력은 그 자체로 물질적인 개별 사물을 인식할 수 없다. 인간이 이런 물질적 구체 사물을 인식할 수 있는 것은 인간 자신 또한 육체로 구성된 존재자이기 때문이다. 이런 까닭에 인간은 감각과 지성의 협력에 의해 구체적 개별 사물을 인식할 수 있다. 그렇지만 인간의 인식목표는 단순히 '이 컵', 또는 '저 나무'를 인식하는 데 그치는 것이 아니라, 개별 사물을 통해 보편을 인식하려는 데 있다. 이런 보편을 주자학에서는 '리理'라고 말하였고, 토미즘에서는 '형상forma'이라고 하였다. 인간은 개별 사물의 존재를 넘어서서 모든 사물에 보편적으로 있는 리 또는 형상을 인식하고자 하는 것이다. 인식의 궁극 목적은 주자학에서는 '천리天理'를 인식하는 것이고 토미즘에서는 '신Deus'을 인식하는 것이다. 인간이 개별 사물을 통해 천리 또는 신의 인식에까지 이를 수 있는 힘은 인간의 이성적 능력 때문에 가능하다. 그러므로 주자학과 토미즘에서 이성적 능력으로서의 마음(心)과 지성Intellectus 또는 이성Ratio은 인간이 지닌 가장 탁월한 능력이다. 이성적 능력으로 말미암아 인간은 만물 중에서 가장 우월한 존재자로 위치하게 된다. 주자학과 토미즘의 이런 인식론적 사유지평을 주자학의 격물치지론과 토미즘의 감각적·지성적 인식론을 통해 비교·고찰해 보자.

1) 격물格物과 감각적 지각

먼저 주자학의 격물치지론을 고찰해 보자. 주자학의 인식론적 사유의 핵심은 『대학大學』 「보망장補忘章」에 있다.

> 이른바 치지가 격물에 있다는 것은, 나의 앎을 이루고자 함이 사물에 나아가 그 리를 궁구함에 있음을 말한 것이다. 사람 마음의 영험함은 앎이 있지 않음이 없고, 천하의 사물은 리가 있지 않음이 없다. 단지 리에 대하여 궁구하지 않음이 있기 때문에 그 앎이 다하지 못함이 있는 것이다. 이 때문에 대학의 가르침은 반드시 배우는 이로 하여금 무릇 천하의 사물에 나아가 그 이미 알고 있는 리로 말미암아 더욱 궁구하여 그 다함에 이르도록 하는 것이다. 힘쓰기를 오래하여 하루아침에 활연관통함에 이르면, 모든 사물의 겉과 속, 정미함과 거침이 이르지 않음이 없을 것이고, 내 마음의 전체와 대용이 밝지 않음이 없을 것이다. 이것을 물격物格이라고 하고, 이것을 앎의 지극함이라고 한다.[64)]

주희는 사물에는 리理가 있고, 마음에는 지知가 있다고 한다. 그렇다면 마음의 인식대상은 사물에 있는 리가 된다. 그런데 왜 주희는 격물을 강조한 것인가?

> 격물할 때 궁리를 말하지 않고 오히려 격물이라고 말한 것은, 대개 리로 말하면 잡을 수가 없어서 사물과 분리될 때가 있지만, 사물로 말하면 리가 본래 사물에 있어서 분리되어 있지 않기 때문이다.65)

주희에 의하면, 궁리는 격물을 통해서 가능하다. 리는 반드시 사물에서 궁구할 수 있기 때문이다. 이런 관점에서 주자학의 인식론적 사유는 격물에서 출발하며 격물은 주희의 인식론을 이해하는 핵심개념이다. 그렇다면 치지가 격물에 있다는 말은 무엇을 의미하는가? 주희는 격물의 의미에 대해 다음과 같이 말하고 있다.

> 격格은 지至이다. 물物은 사事와 같다. 사물의 리를 궁구함을 극진하게 하며 그 극진한 곳에 이르지 않음이 없고자 하는 것이다.66)

격물은 인식주체가 사물에로 나아가 그것의 리를 극진하게 궁구함을 말한다. 왜냐하면 인간의 인식은 사물과의 접촉 없이는 불가능하기 때문이다. 다시 말해 인간의 모든 인식은 사물과의 접촉을 통해 가능하다. 바로 이 점이 주자학과 토미즘의 인식론적 사유의 출발점이다. 주희가 치지는 격물에 있다는 말로 뜻하는 것은 사물의 현전이 마음의 자각을 잉태한다는 것이다. 즉 사물의 존재가 마음의 치지를 가능하게 한다는 것이다. 그런 점에서 격물은 '심격물心格物'로서 마음이 사물에로 나아감을 의미한다. 즉 마음은 사물의 현전에 의해 비로소 활동하기 시작한다. 사물이 존재하기 때문에 그 사물이 마음에 인식되어 앎이 생기는 것이지, 마음에 인식되어지기 때문에 그 사물이 존재하는 것은 아니다. 격물格物이라고 할 때, 격格은 곧 마음의 활동성으로서 사물에로 향하는 의식의 지향성과 같다. 여기서 지향성이란 의식이 다른 것에로 향하는 기능을 말한다. 그런데 격물에서 물物을 사실(事)이라고 보는 것은 마음이 사물에로 지향하는 행위가 곧 사물이 마음에 경험되는 지각의 순간과 같기 때문이다.

이런 격물의 의미를 다음과 같이 세 가지로 추려낼 수 있다. 첫째는 즉물卽物이고, 둘째는 궁리窮理이며, 셋째는 지극至極이다.[67) 우선 즉물은 사물로 나아가 그 사물과 접촉하는 것을 의미한다. 인식은 사물과의 접촉 없이는 불가능하기 때문이다. 그래서 즉물이 인식의 제1단계이다. 그리고 사물과 접촉하여 본래 인식하고자 하는 것은 사물에 있는 리이다. 따라서 이것이 궁리가 되며, 궁리는 인식의 제2단계이다. 이 궁리는 철저하게 궁구하여 그 사물의 극처에까지 가야 한다. 이것의 의미가 지극이며 인식의 제3단계이자 완성을 의미한다. 그렇기 때문에 주자학에서의 인식과정의 순서는 '즉물-궁리-지극'이 된다. 그렇다면 격물은 사물에 나아가 그 사물의 리를 궁구함에 극처에 이르도록 궁구하여야 한다는 것이다.

마음이 사물로 향하는 이 '즉물'이 바로 감각이 발동하는 단계이다. 그러므로 주자학에서 인식의 출발점으로 격물을 말한 것은 인식이 감각경험에서 출발한다는 의미를 내포하고 있다. 이 즉물의 단계가 토미즘에서 감각적 지각에 해당한다.

토미즘에서도 주자학의 격물처럼 '지성'은 먼저 사물로 향한다. 그런데 인식의 과정에서 맨 먼저 개별 사물을 포착하는 것은 지성이 아니라, 감각이다. 인간 지성은 개별 사물을 직접 인식할 수 없다. 왜냐하면 지성은 비물질적인 것이고 개별 사물은 개별화의 원리인 물질로 되어 있기 때문이다. 그러나 개별 사물은 감각기관을 통하여 인간에게 직접 인식된다. 그래서 토마스는 '지성적 인식은 감각할 수 있는 사물로부터 갖게 되는 것인가utrum intellectiva cognitio accipiatur a rebus sensibilibus'라는 물음을 제기하면서, 아리스토텔레스의 이론을 수용한다. 그 요점을 한 마디로 말하면, '우리들의 모든 인식의 근원은 감각이다'라는 것이다.

> 그(아리스토텔레스)는 플라톤과 함께 이성은 감각과 다르다고 생각한다. 그러나 감각은 몸과 상통하지 않고서는 자신의 고유한 현행을 가질 수 없다고 생각한다. 그리하여 감각은 영혼만의 현행이 아니라, (몸과 영혼의) 합성체의 현행이다. 더구나 모든 감각적 부분의 작용도 마찬가지로 합성체의 현행이다. 따라서 영혼 밖에 있는 감각적 대상이 합성체 안에서 어떤 것을 일으킨다고 말해도 안 될 이유가 없기 때문에, 감각적 부분의 작용은 감각적 대상이 감각에 미치는 인상에 의해서 일어난다고 생각한다.68)

토마스에 의하면, 인간의 인식은 감각 작용과 지성 작용 둘 다를 필요로 한다. 그런데 이성은 스스로가 비물질적이기 때문에 그 자체로 물질적인 사물을 지각할 수 없고, 비물질적인 것만을 인식할 수 있을 뿐이다. 그래서 인식은 신체를 지닌 인간의 감각에서부터 시작된다는 것이다. 다시 말해 토마스는 "감각한다는 것은 신체 없이는 있을 수 없다"69)고 하면서 감각적 지각을 중요시하고 있다.

토미즘에 의하면, 감각이 사물과 접촉하여 감각상phantasma을 만들어낸다. 감각은 외적 감각과 내적 감각이 있다. 외적 감각은 시각·촉각·청각·미각·후각의 다섯 감각(五官)을 말한다. 그리고 내적 감각은 '상상력 또는 환상imaginatio sive phantasia, 기억력vis memorativa, 평가능력vis aestimativa, 공통감각sensus communis'의 네 가지를 말하는데, 감각한 것을 하나로 통합하는 것은 공통감각이다. 이러한 감각의 작용을 통하여 감각상이 발생한다. 이 감각상 없이는 영혼은 아무것도 이해할 수 없다. 토마스는 감각상의 필요성에 대해 다음과 같이 말하고 있다.

> 우리들의 이성은 부패할 수 있는 신체와 결합되어 있는 현존의 삶의 상태에서는, 감각상에로 되돌아가지 않고서는 활동하는 것이 불가능하다. 이것은 두 징표를 보고 확인할 수 있다. 첫째로, 이성이 신체의 기관을 사용하지 않는 기관이기 때문에, 이성의 활동이 신체적 기관을 필요로 하는 능력행사를 필요로 하지 않는다면, 이성은 신체적 기관의 상해에 결코 장애를 받지 않을 것이다. 그런데 이성의 활동은 감각과 감각상 등 모든 감각부분과 관계되는 다른 능력을 사용한다. 그러므로 이성이 새로운 지식을 획득할 뿐만 아니라, 이미 획득된 지식을 활용하면서 활동할 때, 감각상과 다른 능력을 필요로 한다는 것은 명백하다. … 둘째로, 각자 무엇인가를 이해하려고 할 때, 이해하려고 하는 것을 예로 드는 방식으로 감각상을 만들어서, 그 감각상 안에서 말하자면, 이해하고자 하는 것을 들여다보는 것을 각자 반성하여 알 수 있다. 이와 마찬가지로, 우리들이 다른 사람에게 무엇인가를 이해시키려고 할 때, 그에게 예를 들어 감각상을 만들게 하여 이해하도록 한다. … 그러므로 지성이 그의 고유한 대상을 인식하기 위해서는, 즉 지성이 개별적 사물 안에 존재하는 보편적 본성을 고찰하기 위해서는, 감각상에로 되돌아가야 한다.[70)]

토마스는 인간이 육체를 지닌 존재자라는 점에 특히 주목하여 인식론의 문제에 접근하고 있다. 마찬가지로 주희 또한 '몸을 마음의 집(區宇)'이라고 말하고 있는 점을 보면, 인간이 마음과 신체의 합성체임을 잊지 않았음을 알 수 있다. 인간이 육체적 존재자라는 점이 인식에 있어서 무엇보다도 중요하다. 왜냐하면 인간 스스로가 육체를 소유한 존재자이기 때문에, 인간은 물질적 대상을 통해서만 인식이 가능하다. 그러므로 인간의 지성은 물질적인 사물의 본질을 통하여 비물질적인 존재의 인식으로 비상한다. 인간 지성의 목표는 비물질적인 실재에 대한 인식이다. 즉 이러한 인식이 바로 보편인식이 된다. 이런 보편인식이 가능하려면 인간의 지성은 사물과의 접촉을 통한 감각상이 필요하다. 감각상은 개별 사물들에 대한 유사상이다. 다시 말해 감각상은 내적 감각의 산물로서 감성이 최대한 도달하여 지성에 제시할 수 있는 대상을 말한다.

그러므로 주자학에서의 격물과 토미즘에서의 감각적 지각의 의미는 다음과 같이 말할 수 있다. 첫째, 인식은 감각에서 출발한다. 둘째, 사물은 감각에 의해 포착되고, 감각은 단지 사물만을 포착한다. 셋째, 감각은 신체적인 어떤 능력으로서 물질적 사물들만을 인식할 수 있다. 넷째, 감각이 물질적 사물들만을 인식할 수 있다는 것은 인식 주체인 인간 또한 신체를 지니고 있기 때문이다. 다섯째, 그러므로 어떠한 인간의 인식도 감각 경험에서 출발하지 않을 수가 없다는 것이다.

2) 궁리窮理와 추상 및 판단작용

주자학과 토미즘이 모두 인식은 감각에서 출발한다는 생각을 가지고 있지만, 인식의 목표는 어디까지나 사물의 리 또는 존재자의 형상을 인식하는 데 있다. 그래서 주자학에서는 격물이 곧 궁리라고 말하며, 토미즘에서는 지성의 인식대상은 형상이라고 말한다. 왜냐하면 리는 사물에 있고, 형상 또한 개별 사물에 있기 때문이다. 다시 말해 주자학이나 토미즘은 둘 다 개별 사물을 통해서 리 또는 형상을 인식하게 된다. 즉 개별자를 통하지 않고 보편자를 인식할 길이 없다고 보는 것이다. 보편자를 인식하는 과정을 나타내는 것이 주자학에서는 '궁리'이고, 토미즘에서는 능동지성의

'추상 및 판단작용'이다. 추상 및 판단작용은 지성적 인식의 구체적 과정을 의미한다. 그러면 먼저 궁리에 관하여 고찰해보자.

주자학에서 궁리를 말하는 까닭이 무엇인가? 단지 사물에 리가 있다는 말로만으로는 이 물음에 대한 답이 될 수 없다. 그 단서를 주희의 다음과 같은 말에서 찾아볼 수 있다.

> 천지가 생기기 이전에는 틀림없이 리뿐이었다. 리가 있기 때문에 곧 천지가 있는 것이다. 만약 이 리가 없다면, 또한 천지도 없을 것이고, 사람도 사물도 없을 것이니 아무것도 싣지 못할 것이다.71)

주희에 의하면, 리가 없으면 우주만물도 없다. 그렇다면 주희가 말하는 이 리는 우주만물의 존재근거가 된다. 구체적인 개물個物이 있고 나서, 이 리가 있는 것이 아니라 이 리 때문에 우주만물이 존재하게 되는 것이다. 만물 가운데 이 리가 없는 것은 아무것도 없다. 만물에는 반드시 이 리가 있다. 그렇다면 이 리는 존재하는 모든 것들에 있는 보편이다. 주희에 의하면, 사사물물事事物物마다 있는 이 보편의 리를 구체적인 개물을 떠나서는 도저히 포착할 길이 없기 때문에 구체적인 개물을 통하여 이 리를 인식해야 한다. 왜냐하면 이 리가 바로 만물의 존재근거이기 때문이다. 주희는 이런 뜻을 다음과 같이 말하고 있다.

> 심신心身의 성정性情의 덕과 인륜의 일용日用의 상常에서 천지귀신의 변화와 조수 초목의 마땅함에 이르기까지, 하나의 사물 속에서 마땅히 그러해서 그침이 없는 것과 그러한 까닭이 바뀔 수 없는 것을 보지 못함이 없다.72)

> 천하의 사물에는 반드시 각각 소이연지고와 소당연지칙이 있

고, 이것이 이른바 리이기 때문이다.[73]

주희에 의하면, 궁리해야 하는 까닭은 소이연지고와 소당연지칙을 알고자 함이다. 왜냐하면 그 소이연을 알면 뜻이 미혹되지 않고, 그 소당연을 알면 행동에 어긋남이 없기 때문이다.[74] 그런데 인간이 이런 궁리를 할 수 있는 것은 다음과 같은 이유에서이다.

> 한 마음은 모든 리를 갖추고 있다. 마음이 있은 후에야 궁리할 수 있다.[75]

> 마음은 모든 리를 포함하고 모든 리는 한 마음에 갖추어져 있다. 마음을 보존할 수 없으면 이 리를 궁구할 수 없고, (또한) 마음을 궁진할 수 없다.[76]

마음이 리를 궁구할 수 있는 것은 이미 마음에 모든 리가 갖추어져 있기 때문이다. 마음이 모든 리를 갖추고 있다는 말의 의미는 마음이 사물의 리를 가지고 있다는 의미가 아니라, 모든 사물에 대해 가지적인 가능태에 있다는 의미이다. 즉 마음은 만물을 인식할 수 있는 가능태에 있다가, 실제 사물과의 접촉이 있게 되면, 마음의 허령통철虛靈洞徹한 능력이 발동되어, 비로소 가지적인 가능태에서 인식의 현실태로 이행하게 된다. 그래서 마음은 사물마다 있는 리를 궁구할 수 있는 것이다. 이런 마음의 성격은 앞서 말했듯이 비물질적이고 자립적임을 의미한다. 그런데 마음이 있은 후에야 궁리할 수 있다는 말의 의미는 무엇인가? 그것은 마음이 지극히 비어 있고, 또 지극히 밝다는 것을 의미한다. 마음이 지허至虛하고 지명至明하기에 이런 마음은 마치 거울처럼, 다가오는 모든 사물의 리를 궁구할 수 있게 되는 것이다.

궁리는 마음의 허령통철한 능력 때문에 가능한 것인데, 그렇다면 궁리를 어떤 방법으로 해야 하는 것인가?

> 위로 무극無極과 태극太極에서부터 아래로 풀 한포기와 나무 한 그루, 곤충과 같은 미미한 것에 이르기까지 각각 리가 있다. 한 권의 책을 읽지 아니하면 그 책의 도리를 알지 못하고, 한 가지 일을 궁리하지 아니하면 그 일의 도리를 알지 못하며, 하나의 사물을 탐구하지 아니하면 그 사물의 도리를 알지 못한다. 모름지기 하나를 추구해서 다른 것을 이해해 가야 한다.[77]

궁리를 해나가는 방법은 모든 사물에 리가 있기 때문에, 한 사물을 접하면 그 사물을 철저하게 궁구하여 완전한 인식에까지 도달한 다음, 다른 사물로 나아가는 것이다. 만약 한 사물이라도 그 극에 이르도록 탐구하지 못한 상태에서 다른 사물로 나아가게 된다면, 그것은 온전한 궁리의 방법이라고 볼 수 없다. 오늘 한 사물을 격하고 내일 한 사물을 격한다고 할 때, 격물은 그 사물의 리를 궁구함에 있어 그 극처로까지 밀고 나아가야 한다는 것이다. 주희는 이와 같이 사사물물마다의 궁리가 바로 진리로 가는 지름길이라고 생각하였다.

이제 토미즘의 인식과정을 고찰해보자. 주자학의 궁리에 해당하는 인식과정은 토미즘에서 보다 구체적이다. 토미즘에서도 주자학의 격물의 제1단계인 즉물처럼, 인식주체가 인식대상을 맨 먼저 포착하는 기능은 감각sensus이다. 이런 감각이 감각상을 떠올리게 한다. 능동지성intellectus agens은 이 감각상에서 가지상intelligibiles을 추상해내어 개념을 형성하고, 이 형성된 개념을 합성과 분리라는 판단과정을 거쳐 참 또는 거짓을 가려낸다. 이렇게 형성된 개념을 능동지성은 오직 가능지성intellectus possibilis인 수동지성에게 맡긴다. 그리고 수동지성의 역할은 이 개념을 저장하고 표현하는 것이다. 이렇게 하여 수동지성 속에 형성된 완전한 형태의 유사상이 표현상species expressa이다. 이것이 대체로 토미즘의 감각에서부터 출발한 지성의 인식과정이다.

토미즘에 의하면, 감각은 구체적 사물을 파악할 뿐 보편개념을 형성하지 못한다. 그러나 인간은 구체적 사물을 떠나서는 어떠한 인식에도 도달할 수 없다. 그래서 인간 지성은 개별 사물로부터 그 형상을 추상하여 그 사물을 보편개념으로서 파악한다. 그러므로 토마스는 지성적 인식에로 나아가기 전에 두 가지 점을 고찰해야 한다고 말한다.

> 우리들의 지성적 인식에는 두 가지 고찰할 것이 있다. 첫째, 지성적 인식은 어떤 방식으로는 감각적 인식으로부터 시작되었다. 그런데 감각은 개별적인 것을 대상으로 하고, 지성은 보편적인 것을 대상으로 한다. 개별적인 것의 인식이 우리에게는 보편적 인식보다 선행되어야 할 것이다. 둘째, 우리들의 지성은 가능적인 것에서 현실적인 것에로 나아간다. 그렇게 해서 변화하는 모든 것은 우선 불완전한 현실태에 이른다. 이 상태는 가능태와 현실태의 중간이다. 뒤에 완전한 현실태에 이른다. 이 완전한 현실태가 완성된 앎으로, 이 앎에 의해 현실존재를 판명하고 정확한 방식으로 인식한다. … 결론적으로, 우리들에게 개별적인 것의 인식은 보편적인 것의 인식에 선행한다. 이것은 감각적 인식이 이성적 인식에 선행하는 것과 같다.[78)]

토마스가 말하는 두 가지 점은, 우리의 인식은 감각 인식에서 시작된다는 것이고, 또 모든 인식은 가능태에서 시작하여 현실태에 이른다는 것이다. 즉 인간의 지성적 인식은 개별자를 통하여 보편자의 인식에 이르고, 이러한 인식의 과정은 가지적인 가능태에서 인식의 현실태에 도달한다는 것이다. 그런데 구체적 개별 사물에 있는 가지적·보편적인 것을 감각적·개별적인 것에서 추상해내어 수동지성에게 제시하는 역할을 하는 것이 바로 능동지성이다.

토마스는 지성을 능동지성과 수동지성intellectus passivus으로 구분하며 동시에 능동지성의 추상작용abstractio을 제시함으로써 정신적인 것이 어떠한 의미에서는 물질적인 것에 의해 움직여질 수 있다는 것을 보여주었다. 또한 능동지성의 추상작용으로 인해 보편자가 개별적 감각상에서 이끌어질 수 있다는 것을 보여줌으로써 지적 작용과 감각 작용이 상호적으로 영향을 주고받는다는 것을 의미하였다.

> 인식가능한 대상은 인식능력에 비례한다. … 인간의 지성에 고유한 것은 질료 안에 있는 형상을 인식하는 것인데, 이 형상은 물체적 질료 안에 개별화되어 존재함에도 불구하고, 개별화된 그 질료 안에 있는 그 형상을 인식하는 것은 아니다. 개별화된 질료 안에 있는 것을 인식한다는 것은 그 질료 안에 있는 것이 아니라 개별적 질료로부터 형상을 추상한다는 것이며, 감각상이 이 형상을 표상한다. 이것을 보더라도, 우리들의 지성은 감각상으로부터 추상하여 물질적인 것을 인식한다고 말하는 것이 필요하다. 그리고 우리들은 이 질료적인 것을 통하여 비물질적인 존재의 무엇인가를 인식하는 데 이른다.[79]

능동지성은 인간 고유의 이해과정인 추상작용의 원리이다. 추상작용이란 감각적 사물로부터 보편적인 요소를 추려내는 작용을 말한다. 감각적 개별 사물은 외적인 감각인 오관을 통해 포착된다. 포착된 정보는 내적 감각에 의해 재형성되고 통일된다. 즉 감각적 경험은 공통감각으로 인해 하나의 경험으로 통일된다. 능동지성은 감각상을 '조명'하여 가지적 차원으로 고양시키며 동시에 그것을 수동지성에 각인한다. 그리고 수동지성은 그 각인된 것을 확인하고 표현한다. 그렇게 표현된 것이 개념이다. 이런 인식과정에서 지성에게 제일 먼저 포착되는 것은 존재자ens 개념이다. 모든 존재자에는 두 가지 요소가 합성되어 있다. 즉 그것은 본질essentia과 존재esse이다. 존재자가 본질과 존재의 합성으로 구성되어 있다는 말은 간단히 모든 존재자는 '무엇임으로 있다'라는 말로 표현할 수 있다. 이 '무엇임으로 있다'는 것은 구체적으로 예를 들면, '여기 사과가 있다'는 말과 같다. 이 문장에서 '사과'가 무엇임quidditas 또는 본질을 나타내고, 술어로서 '있다'는 존재를 의미한다. 이 경우에 능동지성이 구체적 개별 사물로부터 첫 번째로 추상해내는 것은 바로 그 사물의 '무엇임', 즉 '본질'이다.

그런데 능동지성의 추상작용은 사물의 본질을 포착하여 개념을 형성하는 데만 그치지 않는다. 능동지성은 그 개념을 지각된 대상에게 술어화함으로써 되돌려준다. 이 작용이 실제적 개별자와 보편적 개념을 연관시키는 실제적 판단작용judicium이다. 이런 판단작용은 구체적으로 합성과 분리의 형태를 띤다. 그래서 토마스는 다음과 같이 말한다.

> 인간의 지성은 나누고 결합하면서 인식하는 것을 필요로 한다. 인간의 지성은 가능태에서 현실태로 이행하면서, 즉시 모든 완성이 완료되어 있지 않은 생성 속에서, 완성을 획득해 가는 생성과 비슷한 점이 있다. … 우선 사물이 무엇인가를 알고, 이 사물의 실체가 제일차적으로 지성의 고유한 대상이다. … 지성은 알려진 요소를 결합하고 분리하여, 긍정적 또는 부정적 판단을 내리며, 이로부터 다른 판단으로 추리하여 나아간다. … 인간의 지성은 결합하고 분리하며 추리함으로써, 그가 가지고 있는 기능과 수단에 따라 인식한다는 것을 알게 된다.[80)]

그러므로 지성의 작용은 두 가지 형태로 나타난다. 첫 번째는 지성이 사물에서 그 사물의 '무엇임', 즉 본질을 포착하는 것이다. 두 번째는 지성이 사물의 유사상인 개념에 대해 실제로 합성하고 분리하는 과정이다. 합성이란 지성이 한 개념을 다른 것과 비교할 때, 동일성을 표상하는 경우를 말한다. 그래서 합성은 긍정을 의미한다. 예를 들어 탁자 위에 장미꽃이 한 송이 있다고 한다면, 지성은 '장미꽃'이라는 개념을 형성하게 될 것이다. 이때 '장미꽃'이라는 개념이 탁자 위의 '장미꽃'과 일치하는 경우에 합성이 있게 되고, 지성은 긍정의 판단을 내리게 된다.

이와 반대로 분리란 사물이 다르다는 것을 포착하기 위해서 지성이 하나의 개념을 다른 것과 연관시킬 때 발생한다. 즉 지성이 표상한 개념이 튤립인데, 탁자 위에 있는 것이 장미꽃일 경우가 이에 해당한다. 이때 지성은 탁자 위에 있는 것은 튤립이 아니라, 장미라는 부정의 판단을 내리게 될 것이다. 그래서 분리는 부정을 의미한다. 따라서 합성과 분리는 사물에 대한 긍정과 부정을 나타낸다. 그렇기 때문에 진리를 실재와 인식의 일치라고 한다면, 진리는 지성의 합성과 분리 속에 있는 것이다. 인간의 지성은 이와 같이 두 가지 지성작용, 즉 추상작용과 판단작용을 하며 지성이 처음 포착하는 존재자에게서 먼저 추상작용을 통해 그 존재자의 '본질'을 파악하고, 그 다음 합성과 분리라는 판단작용을 통해 그 존재자의 '존재'를 파악한다.

주자학과 토미즘의 '궁리'와 '추상 및 판단작용'은 인간 이성의 구체적 인식과정을 나타낸다. 이러한 이성의 사물 또는 존재자에 대한 개념적 동화과정이 주자학에서는 토미즘처럼 명시적으로 드러나 있지 않다. 그렇지만 '궁리'와 '추상 및 판단작용'의 목적이 사물의 보편, 즉 '리' 또는 '형상'의 인식이라는 점에서 주자학과 토미즘은 유사한 실재론적 주지주의의 인식론을 전개하고 있다. 이런 까닭은 두 철학이 모두 인식의 출발점을 감각에 두고 있으며, 이성이 감각의 공조를 통해 처음 포착하는 것은 사물 또는 존재자 개념이며, 여기서 이성은 구체적 개물을 통해 그 사물의 리 또는 형상을 인식한다는 것이다. 다시 말해 주자학의 '마음'과 토미즘의 '지성'은 개별적 구체사물을 넘어서서 만물 또는 모든 존재자에 있는 보편을 인식한다는 것을 의미한다. 이러한 인식의 구체 과정을 나타내는 것이 '궁리'와 '추상 및 판단작용'의 역할이다.

3) 치지致知와 지성적 인식

주자학과 토미즘에서 각각 '치지'와 '지성적 인식'은 인식주체의 측면에서 인식의 결과를 의미한다. 우리는 여기서 '치지'와 '지성적 인식'에 대한 고찰을 통해 주자학과 토미즘의 인식론의 결론에 이르게 될 것이다. 그러나 최종 완결은 아니다. 왜냐하면 그것은 인심지령의 활연관통과 능동지성의 보편인식이 그 자리를 차지할 것이기 때문이다.

먼저 치지의 뜻부터 살펴보자. 치지란 무엇인가?

> 치致는 추지推知이고, 지知는 식識과 같다. 나의 지식을 끝까지 밀고나가 그 앎이 다하지 못함이 없도록 하려는 것이다.[81]

즉 이미 알고 있는 지식을 기반으로 완전한 인식에 도달하고자 하는 것이다. 이때 치지의 '지'의 의미를 두 가지 점에서 생각해 볼 수 있다. 즉 지는 '알 수 있는 능력(能知)'과 '지식知識'을 의미한다.[82] 이런 의미는 이미 『대학』 「보망장」에 드러나 있다.

> 이른바 치지가 격물에 있다는 것은, 나의 앎을 이루고자 함이

사물에 나아가 그 리를 궁구함에 있음을 말한 것이다. 사람 마음의 영험함은 앎이 있지 않음이 없고, 천하의 사물은 리가 있지 않음이 없다.83)

'나의 앎을 이루고자 한다면(欲致吾之知)'에서 나의 앎이란 지식의 측면을 말하는 것이다. 또 '사람 마음의 영험함은 앎이 있지 않음이 없고(蓋人心之靈, 莫不有知)'라는 말은 마음의 알 수 있는 능력을 말하는 것이다. 그러므로 치지는 인식주체로서의 인간 마음의 인식능력을 통하여 인식대상에 대한 철저한 앎에 도달하는 것을 말한다. 이런 인식의 도달은 격물을 통하지 않고서는 불가능하기 때문에 주희는 치지가 격물에 있다고 함으로써 그 뜻을 나타내었다. 그는 치지와 격물의 관계를 다음과 같이 밝히고 있다.

오직 내가 아는 것을 미루어 극진히 하여 사물에 나아가 이해해야 한다. 치지는 나로부터 말하는 것이고, 격물은 사물에 나아가 말하는 것이다. 만약 사물에 나아가지 않는다면 무엇으로써 앎을 얻겠는가.84)

격물은 치지하는 것인데, 이 한 사물에서 하나의 리를 궁구하여 얻게 되면 나의 앎도 또한 하나를 얻게 되고, 두 사물에서 두 가지 리를 얻게 되면 나의 앎도 두 가지 리를 얻게 된다. 말하자면 사물의 리를 많이 궁구하여 얻게 될수록 나의 앎도 더욱 넓어지게 되는 것이다.85)

치지는 인식주체의 측면에서 말한 것이고, 격물은 인식대상인 사물의 측면에서 말한 것이다. 그러므로 치지와 격물의 관계는 인식주체와 인식대상의 상호작용을 통한 인식과정을 의미한다. 먼저 주체가 대상으로 향한다. 그래서 격물이다. 그리고 이제 대상이 주체로 향한다. 그래서 치지이다. 치지는 격물의 결과이다. 왜냐하면 치지로부터 격물을 말할 수 없고, 오직 격물로부터만 치지를 말할 수 있기 때문이다. 격물의 결과로서 치지는 마음의 인식대상에 대한 개념의 동화작용을 말한다. 마음의 이런 개념의 동화작용은 마음의 허령통철한 능력이 사물의 리를 발견할 수 있기 때문에 가능하다. 그러므로 마음이 치지하는 것은 사물(物)이 아니라, 사물의 리(物之理)이다. 그래서 치지는 사물의 리에 대한 개념적 파악과 그 판단에 이르게 된 것을 말한다. 주희는 마음을 인심人心과 도심道心으로 구분하여, 인심은 감각지각을 하고 도심이 사물의 리를 파악한다고 하였다. 즉 인심은 '감각작용'을 의미하고 도심은 '지성작용'을 의미한다. 따라서 치지는 도심에 의해 가능하다. 그러나 인심과 도심은 두 마음이 아니라 한 인간에 속한 한 마음(一心)이다. 주희는 이 점을 분명히 했다.

> 도심은 사물의 본질적인 리를 지각하는 것이고, 인심은 사물의 감각적인 속성을 지각하는 것이다.[86)]

> 귀나 눈으로 좋은 것을 듣고 보려는 욕심, 즉 감각적 욕심의 측면에서 지각하는 것이 인심이고, 의리라는 도의적인 측면에서 지각하는 것이 도심이다.[87)]

> 인심과 도심은 원래 단지 하나의 마음일 뿐이다.[88)]

주자학에서 마음이 비록 허령통철한 능력을 지니고 있다고 하더라도, 마음은 그 자체로 비물질적이기 때문에 물질적인 개물을 직접 인식할 수 없다. 왜냐하면 물질적인 사물은 물질적인 것을 통하여 지각되기 때문이다. 이런 기능을 담당하는 것은 감관인데, 이런 감각의 기능을 주희는 인심이라고 하였다. 그런데 마음의 직접적 인식대상은 사물의 리이기 때문에 마음의 '지성작용'인 도심을 인정할 수밖에 없다. 그래서 주자학에서는 도심이라는 '지성적 능력'을 통하여 마음이 사물의 리를 파악할 수 있게 되는 것이다. 주자학에서는 이와 같이 도심이 그 지성적 능력을 행사한다.

그렇다면 토미즘에서 지성적 인식은 어떻게 해서 가능한 것인가? 인간이 인식할 수 있기 위해서, 지성은 처음에는 가지적인 것들에 대해 가능태에 있다가 나중에 가서는 현실태에 있게 된다. 인간의 인식이 가능태에서 현실태로 이행한다는 점에서 인간의 인식작용은 수동적인 것임에 분명하다. 따라서 지성은 수동적 능력이다.[89] 그러나 지성은 단지 수동적인 능력인 것만은 아니다. 플라톤은 현실적으로 가지적인 것들인 보편들이 영혼 밖에 자립적으로 존재하는 것이라고 생각하였다. 그러므로 플라톤은 능동지성을 인정할 필요성이 없었다. 그러나 아리스토텔레스의 생각은 플라톤과 달랐다. 토마스는 아리스토텔레스가 인정한 능동지성의 필요성을 다음과 같이 말하고 있다.

> 아리스토텔레스는 자연적 사물들의 형상들이 질료 없이 자립한다고 생각하지 않았으며 질료 안에 존재하는 형상들은 현실적으로 가지적이 아니기 때문에 우리가 인식하는 감각적 사물들의 본질들과 형상들은 현실적으로 가지적이 아니라는 결론에 이르렀다. 그런데 그 어떤 것도 어떤 현실적인 존재자에 의하지 않고서는 가능태에서 현실태로 이행하지 않는다. 그것은 예를 들어 감각이 현실태에 있는 감각적인 것에 의해 현실태에 있게 되는 것과 같다. 그러므로 지성에 대해서 어떤 힘을 인정할 필요가 있었다. 즉 질료적 조건들에서 형상들의 추상을 통해 현실태 안에서 가지적인 것들로 만드는 지성쪽에서의 어떤 힘을 인정할 필요가 있었다. 이것이 바로 능동지성을 인정해야 할 필연성인 것이다.[90]

토마스는 아리스토텔레스의 생각을 수용하여, 보편들이 감각적인 것들 안에서가 아니면 자립적으로 존재하지 않는다고 생각하였다. 토마스는 보편을 인정하되, 그 보편의 거처를 마련하였다. 그 거처가 다름 아닌 모든 존재자들이다. 즉 보편은 그 자체로 자립하여 존재하지 않고 존재자 안에 걸쳐 있는 것이다. 이런 토마스의 근본 생각은 아리스토텔레스의 생각과 함께하지만, 근본적으로 플라톤 철학과 결별하는 지점이다. 이런 관점이 그로 하여금 모든 존재자가 존재와 본질의 합성이라는 사유를 가능하게 한 것으로 보인다. 토마스는 존재를 부각시킴으로써 그리스의 본질 형이상학과 다른 길을 선택하였다. 그래서 그의 형이상학은 존재 형이상학이라고 명명할 수 있지만, 그는 한편으로 본질을 손에 쥐고 있다. 이것이 토마스 철학의 의의이다. 이런 토마스의 입장이 주희에게서도 매우 유사하게 나타난다.

주희는 서양철학의 관점에서 보면, 일종의 플라톤주의자였다. 그는 플라톤처럼 보편을 사유하였다. 그리고 그는 플라톤의 보편과 같은 것을 리라고 명명하였으며, 뿐만 아니라 태극이라고도 하였다. 그가 보편으로서의 리를 사유하였다는 점에서 그는 플라톤주의자이다. 그러나 한편으로 그가 보편, 즉 리 또는 태극이 만물 속에 있다고 사유한 점에서 그는 토마스처럼 아리스토텔레스주의자였다. 즉 보편은 어디에나 있다. 그 보편은 만물 속에 있다. 우리는 만물을 통하여 그 보편, 즉 리를 감지할 수 있을 뿐이다. 주자학에 의하면, 만물은 모두 리와 기의 합성으로 구성되어 있다. 어떤 사물 안에서도 리는 자립적으로 홀로 존재하지 않는다. 만물 중에는 리 없는 기도 없고, 기 없는 리도 없다. 그리고 만물 안에서 리는 기에 의존해 있다.

> 세계에는 리도 있고 기도 있다. 리는 형이상의 도道이고 사물

을 있게 하는 근본이다. 기는 형이하의 기器이고 사물을 있게 하는 재구材具이다. 그러므로 사람과 사물을 있게 할 때는 반드시 리를 품부받은 후에 성性이 있고, 반드시 기를 품부받은 후에 형체가 있다.[91]

리는 그 자체로 지성에 의해 인식될 수 없다. 리가 기에 걸쳐 있음으로 해서 지성은 개별 사물 안에 있는 보편의 리를 인식할 수가 있고, 또 보편을 통해 사물을 인식할 수 있다. 이러한 리는 토미즘의 형상처럼, 즉 현실적으로 가지적인 것인 형상이 감각적인 것 안에서가 아니면 자립적으로 존재하지 않듯이, 주자학에서의 리 또한 감각 사물 안에서가 아니면 자립적으로 존재하지 않는다. 이런 점에서 토미즘의 형상과 주자학의 리는 상당히 유사한 관계를 감각 사물과 맺고 있다. 그런데 토마스와 주희가 잊지 않았던 사실은 '형상'과 '리'가 만물의 근원이라는 점이며, 단지 그 형상과 리가 그 자체로 스스로의 모습을 드러내지 않고 '보편'과 '리'의 결과인 모든 존재자와 만물을 통해 스스로를 드러내고 있다는 것이다. 그러므로 토마스와 주희에게 있어서, 형상과 리로 통하는 길은 감각 사물을 통해서이다. 즉 결과를 통해서 원인을 인식하는 것이다. 이런 원인에 대한 인식은 지성 또는 마음의 능력을 통해 가능하다. 주자학과 토미즘의 철학적 사유는 자연 사물에 대한 은유화로서 드러난다. 두 철학은 '보이는(physical) 세계'를 통하여 '안 보이는(metaphysical) 세계'를 드러내려고 하였다.

토미즘에서 이런 역할을 수행하는 영혼에 속하는 능동지성은 질료와 개체화의 조건들 속에서 사물들의 형상들을 추상함으로써 가능태로서 가지적인 것들을 현실태로서 가지적인 것들로 만드는 것이다.

아리스토텔레스가 말하는 능동지성은 영혼에 속하는 어떤

것이다. … 영혼이 그것에 의해 지성활동을 할 수 있는 힘을 얻기 위해 인간의 지성적 영혼 위에 어떤 더 우월한 지성을 인정해야 한다. 사실 어떤 것을 분유하는 것, 움직일 수 있는 것, 불완전한 것은 항상 그 자체에 앞선 그 본질에 의해 그런 것으로 있는 어떤 것, 움직일 수 없는 것이며 완전한 어떤 것을 먼저 요청한다. 그런데 인간의 영혼은 지성적 능력의 분유에 의한 것이다. 그 증거는 인간의 영혼이 그 전체가 지성적이 아니고 다만 그 어떤 부분에 의해서만 지성적이라는 것이다. 또한 그것은 논증함으로써 이루어지는 어떤 추리와 지성적 운동에 의해 진리인식에 도달하게 된다. 더 나아가 그것은 불완전한 인식만을 갖는다. 그 이유는 한편으로는 그것이 모든 것을 다 인식하는 것이 아니기 때문이며 또 다른 한편으로는 그것이 인식하는 것들에 있어 가능태에서 현실태로 나아가기 때문이다. 그러므로 영혼이 인식작용을 하기 위해 그것으로부터 도움을 받아야 할 더 우월한 어떤 지성이 존재해야 한다.

그러므로 어떤 사람들은[92] 이런 실체적으로 분리된 지성이 능동지성이며 이런 지성이 감각상들을, 말하자면 조명함으로써 그런 감각상들을 현실적으로 가지적인 것들로 만든다고 생각하였다. 그러나 이런 분리된 능동지성이 존재한다는 것을 인정한다고 하더라도 인간의 영혼 자체 안에 더 상위의 지성으로부터 분여된 어떤 힘이 존재하며 인간의 영혼은 이런 힘에 의해 가지적인 것들을 현실태의 것들로 만든다는 것을 인정해야 하는 것이다. … 그러므로 아리스토텔레스는 능동지성을 공기에 받아들여지는 것으로서의 빛에 비교하였다. … 그런데 분리된 지성은 우리 신앙의 가르침에 따르면, 영혼의 창조자이며 영혼이 그 안에서만 지복할 수 있는 신Deus 자신이다. 그러므로 「시편」 제4편 7절에서 '주님, 당신의 얼굴빛이 우리 위에 새겨져 있나이다'라는 데 따르면, 인간의 영혼은 신으로부터 지성적 빛을 부여받는다.[93]

토마스에 의하면, 분리된 지성인 능동지성은 영혼에 속하는 것이며, 그 능동지성의 힘은 신으로부터 유래하는 것이고 더 나아가 신 자신이다. 그런데 이런 능동지성은 상당한 애매모호함을 지니고 있는 듯하다. 도대체 분리된 지성인 능동지성은 무엇으로부터 분리되었다는 것인가? 또 능동지성이 분리된 지성이라고 하면서, 영혼에 속하는 어떤 것이라는 말의 의미는 적확하게 무엇을 뜻하는 것인가? 스스로에게 이런 물음을 제기하면서 우리가 내릴 수 있는 결정은 어쨌든 능동지성은 설사 그것이 영혼에 속하는 어떤 것이라고 말한다 하더라도, 본래적으로 영혼에 속하는 것은 아니며, 그 출처가 신으로부터 유래하는 것이며 심지어 신 자신이라는 것이다. 따라서 이런 능동지성은 인간의 영혼보다는 더 고차적인 지성적 능력이다. 이런 관점과 유사한 생각을 우리는 주희의 「인설仁說」에서 읽어 낼 수 있다.

> 천지의 마음은 만물을 낳는 것이며, 또한 사람과 사물이 생성됨에 있어 각각 저 천지의 마음을 얻어 (사람과 사물의) 마음으로 한다. 그러므로 마음의 덕이 비록 전체를 통괄하여 다스리며 처음부터 끝까지 서로 연결하여 모든 곳에 갖추어져 있다고 말할 수 있지만, 한 마디로 총괄하면 인仁이라고 말할 뿐이다. … 그러므로 하늘과 땅의 마음을 논하는 사람이 곧 건원乾元과 곤원坤元을 말하면 사덕四德의 체용體用을 모두 헤아리기를 기다리지 않아도 충분하다. 또한 사람 마음의 미묘함을 논하는 사람은 인仁이 사람의 마음이라고 말하면 사덕의 체용을 두루 열거하기를 기다리지 않아도 전부 갖춘 것이 된다.[94)]

주자학에서는 토미즘처럼 영혼이나 또는 능동지성이라는 말을 사용하지 않는다. 즉 세부적인 용어의 표현 없이 마음만을 말하고 있을 뿐이다. 그런데 주자학에서 말하고 있는 이 마음은 신묘한 것이다. 마음은 어떤 의미로 토미즘의 영혼이나 능동지성의 힘을 통째로 소유하고 있다. 그러므로 우리는 마음의 개념을 통하여 영혼과 능동지성의 관계를 밝혀내야 한다. 즉 주희는 천지가 만물을 낳는 것을 마음으로 의인화하였다. 천지에 대해서 마음이라는 표현을 쓴 것은 분명 의인화이다. 그러나 이 의인화를 넘어서서, 천지가 만물을 낳는 행위를 말하고 있다는 점과 그것을 마음이란 용어로 표현하고 있다는 점에 주목해야 한다. 다시 말해서 천지는 사람의 마음처럼, 어떠한 마음의 권능을 소유하고 있으며, 이 천지의 마음의 권능이 만물에게 분여되었고, 그래서 사람과 사물은 천지로부터 받은 마음을 각각 자신의 마음으로 삼은 것이다. 마치 토미즘에서 능동지성이 그 출처가 신에서 유래하는 것이라고 말하는 것처럼, 마음은 그 출처가 천지로부터 유래하고 있다는 점에서 토미즘의 관점과 서로 통한다. 다시 말해 주자학의 마음과 토미즘의 영혼에 속하는 능동지성은 그 출처가 모두 근원 존재, 즉 각각 '천지'와 '신'으로부터라는 점에서 일치하고 있다.

주자학의 이 마음을 보다 구체적으로 말한다면, 우리는 토미즘의 능동지성과 같은 것이 도심이라고 말해야 한다. 왜냐하면 주자학에서 도심과 인심은 한 마음이나 그 출처가 각각 다른데, 바로 인심의 출처는 형기지사形氣之私이고 도심의 출처는 성명지정性命之正이기 때문이다. 율곡은 도심이 정리正理에서 직출한다고 하였다.[95] 그런데 또 한편으로 이런 대대관계待對關係가 반드시 주자학과 토미즘에서 맞아떨어지는 것이 아니라는 점도 지적해두어야 한다. 주자학에서 마음은 이미 언급했듯이 도심과 인심으로 구분되고, 토미즘에서 지성은 능동지성과 수동지성으로 구분되지만, 그리고 또한 도심의 출처가 정리와 성명이라는 점에서 토미즘에서 능동지성의 출처인 신과 거의 같은 차원이지만, 그럼에도 도심과 인심의 역할과 능동지성과 수동지성의 역할은 각각 다른 것처럼 보인다.

도심은 지성 작용이고, 인심은 감각 작용이다. 그런데 능동지성과 수동지성의 관계는 지성 작용과 감각 작용으로 맺어진다기보다는, 수동지성이 능동지성의 도움을 받아야만 비로소 인식할 수 있게 된다는 것이다. 그러므로 도심과 인심, 능동지성과 수동지성이 각각 맺고 있는 관계는 서로 다르다. 단지 도심과 능동지성을 두 철학에서 말하면서 그 출처를 궁극 존재에 두고 있다는 점에서 상통할 수 있을 뿐이다. 그리고 또한 토마스가 능동지성을 영혼에 속하는 것으로 본 것처럼, 도심도 그 출처는 성명지정性命之正이지만 마음에 속하는 것으로 보아야 한다. 그런 뜻에서 주희는 도심과 인심을 일심一心이라고 한 것이다. 능동지성과 도심의 출처가 각각 신과 성명지정이라고 하더라도, 그것이 인간의 능력에 속한 이상, 인간에게 고유한 활동들의 원리라고 보아야 한다. 그렇지 않고 능동지성과 도심을 인간을 초월하는 어떤 것 위에 상정한다는 것은 단적으로 인간을 인간이 아니라고 말하는 것과 같다. 주자학과 토미즘은 인간이 천지와 신으로부터 어떤 힘을 분여받아 마음의 영험함(心之靈)이나 능동지성의 지성적 능력을 갖게 되었다고 하지만, 그런 능력들을 인간에 속한 것으로 보았다.

3. 인심지령人心之靈의 활연관통豁然貫通과 능동지성의 보편인식

주자학은 인간 마음의 탁월한 능력이 구체적·개별적 사물들로부터의 격물궁리를 통하여 활연관통의 경지인 천리라는 보편인식에 도달할 수 있다고 보았고, 토미즘은 인간 영혼의 한 능력인 능동지성이 개별적 감각사물로부터 추상하여 보편인식에 도달할 수 있다고 여겼으며 궁극적으로는 신에 대한 인식으로 향한다고 보았다. 먼저 주자학의 활연관통에 대해 고찰해보자.

> 사람 마음의 영험함은 앎이 있지 않음이 없고, 천하의 사물은 리가 있지 않음이 없다. … 모든 천하의 사물에 나아가 그 이미 알고 있는 리로 말미암아 더욱 궁구하여 그 다함에 이르도록 하는 것이다. 그리하여 힘쓰기를 오래하여 하루아침에 활연관통함에 이르면, 모든 사물의 겉과 속, 정미함과 거침이 이르지 않음이 없을 것이고, 내 마음의 전체와 대용이 밝지 않음이 없을 것이다. 이것을 물격이라 하고, 이것을 앎의 지극함이라고 한다.[96)]

인간이 활연관통할 수 있는 것은 인간의 마음이 인식에 있어 탁월한 능력을 지니고 있기 때문이다. 그리고 이런 마음의 인식대상은 사물에 있는 리이다. 이 리는 곧 모든 사물에 있는 보편을 의미한다. 그러나 활연관통은 단지 한 사물을 격格하여 도달할 수 있는 것이 아니다. 활연관통은 "오늘 일물一物을 격하고 내일 또

일물을 격하여 익힘이 쌓여 많아지게 된 연후에야"[97] 가능하다. 주희는 일물을 격하여 곧 바로 만리를 통할 수 있다는 주장에는 단연코 반대하였다.

> 세상에 어찌 일리를 통하고서 곧 만리를 다 이해하고 통하게 되는 것이 있겠는가. 마땅히 누적되어 차차 나아가는 것이다.[98]

이런 누적의 과정을 거쳐 보편인식에 이르게 된다. 주자학에서 활연관통은 이런 보편인식을 의미한다. 주자학이나 토미즘의 철학은 보편을 말하고 있고 이런 보편을 통해 보편의 궁극인 천리와 신을 인식하는 것을 그 목표로 하고 있다.

> 익힘이 쌓여 많아지면 저절로 탈연히 관통하는 곳이 있게 된다. 가만히 자잘한 것들이 모여서 이르는 것이기에, 알지 못하고 깨닫지 못하는 사이에 자연히 깨우치게 된다.[99]

> 먼저 보고 들은 것에서부터 시작해서 공부를 계속한 연후에 활연관통하게 되는 것이다. 대개 항상 보고 들은 것에서 찾아서 비록 한 가지 일에서 단지 하나의 도리밖에 알지 못할지라도 만약 관통하게 되면 곧 모두 하나의 리로 통하게 되는 것이다.[100]

이와 같은 방식으로 반드시 한 사물에 대한 격물에서 출발하여 누적과 관통을 통해 보편인식이 가능한 것이다. 이런 노력이 오래되어 어느 날 활연관통하는 경지에 이르게 되면, 비로소 모든 사물의 겉과 속, 정미함과 거침이 이르지 않음이 없게 된다. 이것을 '물격物格'이라고 한다. 또 내 마음의 전체全體와 대용大用이 밝지 않음이 없게 될 것이다. 이것을 '지지知至'라고 한다. 다시 말해서 물격과 지지는 활연관통한 이후에 가능한 것이다. 그렇다면 물격과 지지는 무엇을 의미하는가?

물격은 사물의 리가 완전히 드러난 상태를 의미한다. 다시 말해 격물의 완성을 말한다. 격물이란 마음이 사물로 나아가는 것이다. 그러나 마음이 사물로 나아간다고 해서 사물의 리가 다 파악되는 것은 아니다. 단지 격물은 마음이 사물로 향하고 거기서 인식이 발생하는 것을 말할 뿐이고, 물격은 그 사물이 온전히 스스로의 리를 다 드러낸 상태를 말한다. 그러므로 물격은 사물 자신만의 일이 아니라, 마음과의 연관 속에서 그 의미를 지닌다. 즉 사물이 자신의 리를 다 드러낸다는 것은 마음이 사물의 리에 대한 완전한 인식에 도달하였다는 것을 의미한다. 치지가 곧 격물에 있는 것처럼, 지지는 곧 물격에 있다. 즉 지지는 치지의 궁극으로서 인식의 완성을 의미한다. 그런데 인식이란 마음만의 일도 아니고 사물만의 일도 아니라, 마음과 사물의 '둘 사이의 일이면서 하나의 일(二而一, 一而二)'이기 때문에, 격물과 치지를 따로 떼어서 생각할 수 없는 것처럼 물격과 지지의 관계도 서로 별개의 관계가 아니다. 물격이 곧 지지이고, 지지가 곧 물격이다. 그래서 주희는 활연관통 이후에 사물의 겉과 속, 정미함과 거침이 이르지 않음이 없고, 내 마음의 전체와 대용이 밝지 않음이 없다고 한다. 물격은 사물의 측면에서 인식의 최종완성을 말한 것이고, 지지는 마음의 측면에서 인식의 최종완성을 말한다. 즉 물격은 리가 마음으로 향하여 다 드러났음을 의미하고, 지지는 마음이 사물의 리로 충족되고 채워져서 마음속에 채워진 리의 인식이 마음의 자각적 인식으로 이르게 되어 자기의 명증성 속에서 우주의 모든 것에 그 인식이 다 관계할 수 있음을 의미한다. 이런 경지가 바로 활연관통이 의미하는 것이고, 또한 활연관통의 목표는 궁극적으로 천리인 태극을 인식하는 데 있다.

토미즘에서는 어떠한가? 과연 토미즘에서 신에 대한 인식은 가능한가? 먼저 능동지성의 힘에 관하여 말해야 한다. 왜냐하면 능동지성이 사물에 대해 직접 인식할 수 있는 것은 보편이기 때문이다. 즉 능동지성은 개별 사물로부터 보편을 추상해 내는 것이다. 그런데 이 능동지성의 힘은 신으로부터 유래한다. 그러므로 인간 지성의 자연적 욕망은 신을 인식하려는 데서 행복을 추구할 것이다. 왜냐하면 인간의 궁극적인 행복은 인간의 가장 높은 작용인 지성의 작용에서 성립되는 것이기 때문이다.[101)]

인간의 지성적 인식은 감각에서 출발한다. 따라서 인간의 지성적 인식이 미치는 범위는 감각적인 것에 의해 인도되는 한에 있어서 가능하다. 그런데 감각적인 것들에서 지성은 신의 본성을 보는 데 도달할 수는 없고 단지 신의 존재에 대한 인식에까지 인도될 수 있을 뿐이다.

> 그러므로 단순하게 신은 우리들에게 첫째로 인식되는 것이 아니라, 오히려 피조물들을 통해서 신의 인식에 도달한다고 말하여야 한다. 신의 보이지 않는 것들은 그가 만든 것들을 통해서 지성에게 인식된다.[102)]

인간은 신에 대해 그의 피조물에 대한 관계를 인식한다. 즉 신을 모든 것의 원인으로 인식한다. 여기까지가 인간의 지성적 인식이 도달할 수 있는 한계이다. 그 이상의 신에 대한 인식은 오직 신의 은총에 의해서만 가능할 뿐이다. 그러므로 주자학에서는 인간의 지성이 활연관통의 경지에까지 가서 천리인 태극과 하나가 되는 '천인합일天人合一'이 가능하다고 보지만, 토미즘에서는 능동지성의 보편인식을 통해 신이 존재한다는 인식에까지는 도달할 수 있지만 그 이상은 신의 은총에 의해서만 가능하고, 궁극적으로 '신인합일神人合一'은 불가능하다고 보는 점에서 주자학과 차이를 보인다. 그러나 두 철학은 인간의 행복이 천리를 인식하고 신을 인식하는 데 있다고 보는 점에서는 일치하고 있다.

주자학과 토미즘은 이성을 인간의 능력 중 가장 탁월한 것으로 여겼으며, 동시에 그 점에서 인간을 만물 중 가장 우월한 존재자라고 보았다. 두 철학은 무엇보다도 실재를 우선시하였다. 어떤 것이 있다는 사실은 의식을 지닌 존재에게 무엇보다도 최초의 경험이 아닐 수 없다. 그래서 그들은 실재하는 존재에서, 특히 눈앞의 존재에서 그 존재의 경이로움을 체험하고자 하였다. 주희와 토마스는 이성이라는 인간의 능력을 가지고 진리로 향했다. 그들에게 있어, 진리란 실재하는 사물과 의식의 일치를 의미한다. 이러한 하나하나의 사물의 진리에 대한 인식은 우주만물이 하나(태극 또는 신)에서 나왔으며, 그 하나와 늘 함께 있고, 마침내는 그 하나로 돌아간다는 활연관통의 경지에로 이끌어 나아간다. 진리를 바라보는 그들의 시선은 위로만 향하고 있지도 않고, 땅만 쳐다보고 있지도 않다. 그들은 사물에 대한 감각적·지성적 인식을 통해, 또는 격물치지를 통해 땅에서 천상의 세계로 향했다. 그래서 우리는 주자학과 토미즘의 인식론을 실재론적 주지주의 철학이라고 말한다.

제3장

주자학과 토미즘의 형이상학

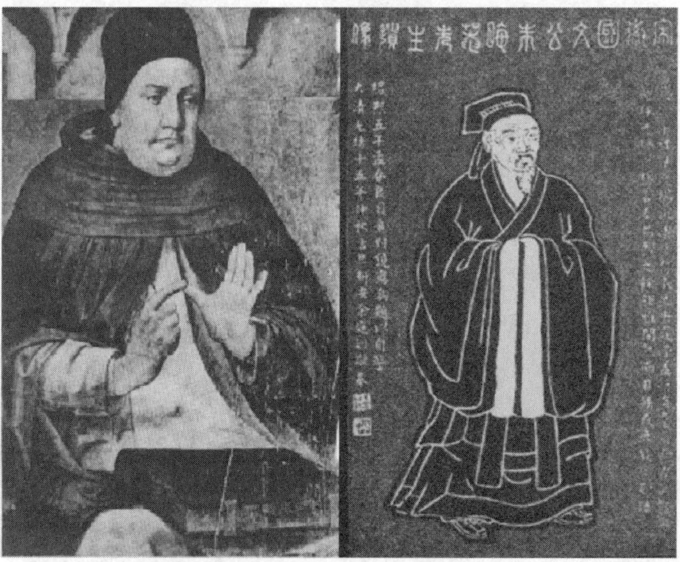

1. 주자학과 토미즘의 형이상학적 사유구조

1) 주자학과 토미즘의 형이상학과 그 특징

주자학과 토미즘의 형이상학은 유사한 철학적 전제로부터 출발한다. 그 전제는 주자학과 토미즘이 각각 '리의 궁극으로서의 태극'과 '존재 자체로서의 신'을 상정하고 있다는 것이다. 이런 절대자로부터 각각 만물과 모든 존재자들이 있게 된다. 만물과 모든 존재자들의 제일원인이자 제일능동인으로서 태극과 신은 비물질적인 최고의 존재이다. 그렇기 때문에 인간의 이성은 그 자체로 이런 초감각적인 태극과 신을 직접 인식할 수 없다. 인간에게 신과 태극의 인식으로 향할 수 있도록 열려있는 길은 태극과 신의 결과물들인 만물과 존재자들을 통해서이다. 그렇기 때문에 주자학과 토미즘의 형이상학은 무엇보다도 사물과 존재자의 탐구에서부터 출발한다. 두 철학의 형이상학은 실재하는 존재자들의 세계를 다룸으로써 감각 세계의 너머에 있는 초감각적이고 비물질적인 세계를 다룬다.

토마스는 형이상학이 모든 것에 공통적인 것으로서의 존재자(또는 공통 존재자)를 대상으로 가지고 있다고 계속해서 강조한다. 이것은 형이상학이 존재자의 하나 또는 다른 종류를 다루는 것이 아니라 존재하는 모든 것을 고찰한다는 뜻이다. 이 점에서

> 토마스는 아리스토텔레스의 견해를 수정하는데, 아리스토텔레스는『형이상학』제6권에서 불변하고 질료로부터 독립되어 존재하는 존재자가 신학('제일철학')에 의해서 고찰된다고 기술했다. 토마스는 여기서 감각적으로 지각할 수 있는 사물들 또한 형이상학에 의해서 탐구된다고 주장한다. 더욱이 그는 반복해서 형이상학은 존재자를 대상으로 갖는다고 공언한다.[103)]

이와 같은 입장은 주희의 형이상학에서도 하나하나의 사물에 대한 탐구로부터 출발하고 있다는 점에서 마찬가지이다. 그리고 주희가 '리일분수'를 말할 때, 그가 리일보다는 분수를 더욱 강조하고 있다는 점에서도 그러하다. 주희는 분수로부터 리일에 통달해가는 것을 학문의 방법으로 삼아야 한다고 주장하였다. 즉 그는 사물의 실질적인 탐구로부터 하나하나의 이치를 터득해 나아가야 한다고 강조하였다.

> 성인이 일찍이 리일理一을 말한 적이 없지만 분수分殊에 대해서는 여러 번 말하였다. 분수 가운데의 구체적 사물에서 일마다에 있는 그 당연의 리를 이해할 수 있어야만 비로소 리의 근본이 하나로 관통함을 알게 될 것이다. 만 가지 다른 것들에 각기 다른 리가 있다는 것을 알지 못하고 오로지 리일만을 말한다면 리일이 어디 있는지 알지 못할 것이다."[104)]

주희와 토마스는 이와 같이 각각 감각 지각할 수 있는 사물과 존재자를 형이상학의 대상으로 삼고 있다. 그래서 주자학과 토미즘의 형이상학이 존재자와 사물에서 시작된다는 점이 그 두드러진 첫 번째 특징이다. 주자학과 토미즘의 형이상학은 두 가지 관점에서 자연과 존재의 세계로 접근하고 있다. 주자학이 취하는 관점은 사상간事上看과 리상간理上看의 관점이다. 주자학은 사상간의 관점에서 사물을 다루고 이 사물을 통하여 보편의 리를 탐구한다. 이 리는 바로 태극이다. 즉 사물의 리에 대한 인식이 리상간으로 향하는 지점이다. 주자학은 리상간에서 리로서의 태극을 바라본다. 그래서 주자학은 존재의 세계를 이런 두 가지 관점에서 바라봄으로써 리상간에서는 태극의 세계를 말하고, 사상간에서는 사물의 세계를 말한다. 그러나 이 두 세계는 서로 분리된 세계가 아니라 단지 구별된 세계이며 하나로 이어진 세계이다. 주자학은 감각적 물질적 세계로부터 초감각적 비물질적 세계로 비상하면서 이 두 세계를 하나로 아우르고 있다. 이런 주자학의 형이상학적 사유는 토미즘에서도 그대로 나타난다.

토미즘의 형이상학은 존재의 세계를 사실적인 관점de facto과 법적인 관점de jure으로 접근한다. 사실적인 관점에서 토미즘의 형이상학은 존재자를 다룬다. 이 존재자의 탐구로부터 존재 자체인 신의 세계로 비상한다. 왜냐하면 모든 존재자는 신의 피조물인 까닭에 각각 어느 정도 신을 닮아 있기 때문이다. 이것은 결과를 통한 원인에 대한 인식이다. 그러므로 법적인 관점에서 토미즘은 비물질적이며 초감각적인 보편의 존재, 즉 신의 세계를 탐구한다. 이와 같은 주자학과 토미즘의 형이상학은 자연과 존재의 세계를 각각 두 가지 관점, 즉 '리상간'과 '사상간'의 관점, 그리고 '법적인 관점'과 '사실적인 관점'에서 접근하여 감각적 존재와 초감각적 존재를 탐구한다. 이것이 주자학과 토미즘의 형이상학의 두 번째 특징이다.

그러나 그들이 가장 먼저 탐구의 대상으로 삼는 것은 사물과 존재자이다. 사물과 존재자에 대한 접근에서 주자학과 토미즘은 둘 다 사물과 존재자가 두 가지 내적 구성원리를 지니고 있다고 본다. 주자학에 의하면, 사물은 리와 기의 합성으로 구성되어 있다. 이 세상에 어떠한 사물도 리 없는 기가 없고, 기 없는 리가 없다. 만물은 리기의 합성으로 구성되어 있다. 주희는 만물을 리기의 합성으로 보기 때문에 '리기불상리理氣不相離'를 말한다. 그런데 또 다른 한편으로 '리기불상잡理氣不相雜'을 말하면서 리기를 구별한다. 리기불상리와 리기불상잡에 의하면, 리기는 서로 합성되어 있으면서, 또 서로 구별된다. 이것은 분명히 모순적인 언명이다. 주자학은 왜 리기를 합성으로 보면서, 또 리기를 구별하고 있는 것인가?

그런데 더욱 흥미로운 사실은 토미즘에서도 주자학과 유사한 이론을 전개하고 있다는 것이다. 토미즘에서 존재자는 존재와 본질의 합성으로 구성되어 있다. 존재와 본질의 이런 관계를 '실제적 합성compositio realis'이라고 한다. 그러면서 또 존재와 본질을 구별하고 있다. 존재와 본질의 구별적인 관계를 '실제적 구별distinctio realis'이라고 말한다. 이것은 주자학에서 리기의 관계를 '불상리'와 '불상잡'으로 보는 것과 너무나도 유사하다.

왜 주자학은 '리기불상리'와 '리기불상잡'을 말하며, 또 토미즘은 존재와 본질의 '실제적 합성'과 '실제적 구별'을 말하는 것인가? 그것은 바로 주자학은 리상간과 사상간의 관점에서 만물을 바라보고, 토미즘은 법적인 관점과 사실적인 관점에서 존재자를 바라보고 있기 때문이다. 리상간과 법적인 관점에서 리와 기가 서로 구별되고 존재와 본질이 서로 구별되지만, 사상간과 사실적인 관점에서는 리와 기가 서로 합성되어 있고 존재와 본질이 또한 서로 합성되어 있다. 이것이 주자학과 토미즘의 형이상학이 지니는 세 번째 특징이다. 리와 기는 합성되어 있으면서 구별되고, 또 존재와 본질도 합성되어 있으면서 구별되어 있다는 것이다.

이상의 고찰에서, 주자학과 토미즘의 형이상학이 자연학과 형이상학의 경계에 서 있음을 알 수 있다. 주자학과 토미즘은 둘 다 감각적이고 물질적인 자연학에서 출발하여 초감각적이고 비물질적인 존재자가 있음을 통찰하고 있다. 그러므로 주자학과 토미즘은 인간이 접근할 수 있는 감각적이고 물질적인 사물과 존재자 안에서 특수한 존재자와 보편적 존재자 사이의 구별을 해내며 보편적 존재자의 통찰로 비상하여, 비물질적인 사물과 존재자들이 있다는 인식에 도달한다. 이것이 주자학에서 말하는 '리'이며 토미즘에서 말하는 '형상'이다. 이 리의 궁극이 바로 '태극'이고, 형상의 최고가 다름 아닌 그 자체로 자립적인 존재 자체Ipsum Esee subsistens per se인 '신'이다. 이 '태극'과 '신'이 우주만물과 모든 존재자들의 존재근거이자 최종목적이다. 그러므로 주자학과 토미즘의 형이상학은 각각 사물과 존재자에서 출발하여 궁극적으로 태극과 신의 인식에서 완성된다.

2) 발원exitus과 귀환reditus의 형이상학적 구도

주자학과 토미즘은 앞에서 살펴본 것처럼 유사한 형이상학의 특징들을 지니고 있다. 그 유사성은 근본적으로 유사한 형이상학의 구도를 구축하고 있는 점에서 발생한다. 유사한 형이상학의 구도란 다름 아닌 주자학에서는 태극에서부터 발원하여 만물이 존재하고, 토미즘에서는 신으로부터 발원하여 모든 존재자가 존재한다는 것이며, 그리고 주자학에서는 만물에서 태극으로 귀환하고, 토미즘에서는 모든 존재자들에서 신으로 귀환한다는 것이다. 이것은 한 마디로 태극과 신으로부터의 '발원exitus'과 만물과 모든 존재자들로부터의 '귀환reditus'을 의미한다. 그런데 여기서 우리가 주자학과 토미즘의 형이상학적 구도로서 말하는 '발원'과 '귀환'은 토미즘에서는 명시적으로 말하고 있지만, 주자학에서는 명시적으로 말하고 있지 않다. 그럼에도 주자학의 형이상학적 구도 또한 '발원'과 '귀환'으로 보는 데에는 그 이유가 있다. 먼저 토미즘의 형이상학적 구도를 살펴보자.

> 토마스는 『신학대전』에서 매우 엄밀한 '논리적·학문적 순서 ordo logicus scientificus'를 따랐다. 이것은 사도신경이나 동시대의 명제집들, 대전들, 요약본들을 따르던 순서를 단호하게 배격하지는 않으면서도, 아리스토텔레스의 『분석론 후편』의 순서를 따르고 있는 데 기인한다. 『신학대전』을 구성하는 세 부분은 두 개의 웅장한 (신의) 전망에 상응한다. '모든 사물의 신으로부터의 발원 exitus a Deo'과 '모든 피조물들 특히 인간의 최종 목적인 신에게로의 귀환reditus ad Deum'이 그것이다. '발원-귀환'은 『명제집』의 기본 구도이기는 하지만, 토마스에 따르면 실은 알렉산더 할레스와 토마스 자신에 의해 완성된 구도라고 보아야 할 것이다. 토마스는 『신학대전』을 세 개 부분으로 나누면서, 제1부에서는 삼위일체와 '모든 피조물들의 신으로부터의 발원'을 다루고, 제2부에서는 '이성적 피조물들의 신을 향한 활동들'을 검토하고, 제3부에서는 '인간의 길인 그리스도와 그를 통한 인간의 신에게로의 귀환'을 다룬다.105)

토마스는 이와 같이 아리스토텔레스주의를 구성하는 기본요소들을 넘어서서, '발원'과 '귀환'이라는 구도를 취하였다. 즉 제일원리인 신으로부터의 존재자들의 발원과정과 존재자들의 궁극적 원인인 신으로 향해 다시 이동하는 귀환의 도식을 채택하였다. 이런 토마스의 도식은 신과 모든 존재자들과의 관계를 단적으로 드러내며, 뿐만 아니라 목적론적 우주관을 내포하고 있다. 신은 존재자들에게 있어 최종 목적이기 때문이다. 토마스가 '발원과 귀환'의 도식을 채택함으로써, 그는 우주질서의 도식을 나타내었다. 우주만물은 신으로부터 발원하여 각각 그 존재자들이 처하게 되는 자리가 있으며, 이런 위계질서에 따라 이 우주가 구성되어 있다는 것이다. 이런 위계질서는 삼각형의 꼭지점처럼, 만물의 제일원인인 신으로 향하는 목적론적 구도를 나타내고 있다.

발원과 귀환의 도식 속에서, 토마스는 모든 존재자가 신으로부터 유래해야 하는 까닭을 다음과 같이 말한다.

> 어떤 양태로 있든 존재하는 모든 것은 그 존재가 신에서 유래한다고 말하여야 한다. 사실 어떤 것이 관여를 통해per participationem 어떤 것 안에, 즉 존재 안에 발견된다면 그것은 본질적으로 적합한 것으로부터 필연적으로 원인되어야 한다. 그것은 마치 쇠가 불에 의해 달구어지는 것과 같다. … 신은 자존하는 존재 자체이다. 뿐만 아니라 이런 자존하는 존재는 하나일 수밖에 없다. 그것은 예를 들어 흰빛이 자존한다고 가정한다면 그것은 하나일 수밖에 없는 것과 같다. 흰색이 다수화되는 것은 그것을 받아들이는 것들에 의한 것이다. 그러므로 신 이외의 모든 것은 자기 존재, 즉 스스로의 존재가 아니고 존재를 분유하고 있을 뿐이다. 그러므로 존재를 각기 다르게 분유함으로써 다양화되는 모든 것은 즉 완전성을 더 많게 혹은 더 적게 (차지하며) 존재하는 것들은 그 어떤 것이든 다 필연적으로 가장 완전하게 존재하는 하나의 제일존재자uno primo ente로부터 원인되어야 한다.[106)]

토마스는 첫째로, 모든 존재자가 신으로부터 유래한다고 말한다. 이것은 앞에서 말한 논의에 따르면, '신으로부터의 발원'을 의미한다. 둘째로, 모든 존재자는 신의 분유에 의해 존재하게 된다는 것이다. 모든 존재자는 신으로부터 그 존재를 각각 분유받았다는 것이다. 셋째로, 이런 분유에 의한 모든 존재자는 신처럼 자존하는 존재 자체가 아니라, 존재를 분유하고 있을 뿐이며, 따라서 존재에 참여하고 있다는 것이다. 넷째로, 모든 존재자가 다양한 까닭은 각각 신으로부터 존재가 다르게 분유되었기 때문이라는 것이다. 다섯째, 그러므로 분유의 정도에 따라 각각 그 완전성을 다르게 지니고 있는 모든 존재자는 필연적으로 가장 완전하게 존재하는 '하나의 제일존재자uno primo ente'로부터 원인된다는 것이다.

모든 존재자가 제일존재자인 신으로부터 원인되어지는 구도를 토마스는 '창조'라는 명칭으로 나타낸다.

> 어떤 특수한 능동자로부터의 어떤 특수한 존재자의 유출을 고찰할 뿐만 아니라 신인 보편적 원인으로부터의 존재자 전체의 유출을 고찰해야 한다. 그리고 우리는 이런 유출을 창조라는 명칭으로 나타낸다.107)

토마스는 제일원인인 신으로부터의 모든 존재자들에 대한 '유출emanatio'을 창조라고 말하고 있다. 그는 왜 창조에 대해 유출이라는 말을 쓰는가? 유출이라는 말은 플로티누스Plotinus(204~269)의 용어로서, '일자一者의 충만함으로 인한 흘러넘침'을 뜻한다. 이런 유출의 개념은 다음과 같은 조건하에서 창조로 이어질 수 있다. 첫째, 유출이 일자의 존재를 감소시키지 않는다. 둘째, 일자의 흘러넘침에 의해 존재자들은 무로부터 생겨난다. 셋째, 일자는 무도 어떤 것도 아닌 자존하는 존재 자체이다. 이런 세 가지를 충족시키는 경우, 유출은 창조의 의미를 띠게 된다. 아마도 토마스는 이런 뜻으로 유출을 창조로 명칭한 것처럼 보인다. 따라서 토미즘에서 창조는 신의 충만함에 의해 신이 자신의 선을 만물에게 나누어줄 목적으로 모든 존재자들을 아무것도 아닌 '무로부터 창조creatio ex nihilo'하였다는 의미를 가지게 된다.

지금까지 토미즘에서 신에 의한 모든 존재자들의 발원부터 모든 존재자들의 신으로 향한 귀환의 형이상학적 구도를 말하면서 '창조'의 문제를 다루었다. 주자학에서의 발원과 귀환이라는 형이상학적 구도는 어떠한가? 우리는 주자학에서의 '발원'과 '귀환'의 형이상학적 구도의 실마리를 주돈이周敦頤의 『태극도설太極圖說』과 주희의 『태극도설해太極圖說解』에서 찾아볼 수 있다. 주희와 여조겸呂祖謙에 의하여 주돈이의 『태극도설』은 『근사록』의 첫머리에 수록되었고, 이후 『성리대전性理大全』을 비롯한 많은 신유학의 선집에서도 가장 첫머리에 수록되었다. 주희는 『태극도설』을 특별히 취급하여 주자학의 기반으로 삼음으로써, 『태극도설』은 신유학의 모든 형이상학적 논의의 출발점이 되었다. 이러한 상황은 주희의 형이상학을 다룸에 있어서 특히 그러하다.

> 무극이면서 태극이다. 태극이 동하여 양이 생하고, 그 동動이 극에 달하면 정靜이 된다. 정하여 음이 생하고, 정이 극에 달하면 다시 동하게 된다. 한번 동하고 한번 정하여 서로 근거가 된다. 음과 양으로 나뉘어져 양의兩儀가 정해진다. 양이 변하고 음이 합하여 오행(수화목금토)을 생한다. 이 오행이 차례로 펴져나가 사시四時가 행해진다.[108]

이 구절은 무극 즉, 태극에서 발원하여 음양오행을 통해 우주만물의 변화가 생생하게 일어남을 말하고 있다. 태극에서의 발원이라고 말할 수 있는 것은 '태극이 동하여 양을 생한다'는 말에서 그 실마리를 찾을 수 있다. 주희는 『태극도설해』에서 "태극에 동정이 있다는 것은 천명의 유행을 말하는 것이다"라고 하였다.[109] 여기서 발생하는 철학적 문제는 '태극이 동하여 양을 생한다'고 할 때, 이 '생生'자의 의미를 어떻게 읽을 것인가 하는 문제이다. 토미즘에서는 신이 이 세계를 무로부터 창조했다고 말하지만, 주자학에서는 토미즘과 같은 창조의 개념을 말하지 않는다. 그렇다면 태극이 양을 생한다고 할 때, 이 '생'자의 의미가 무엇인지를 숙고하지 않을 수가 없는 것이다.

우선 "태극에 동정이 있다는 말은 천명의 '유행流行'을 말하는 것이다"라는 주희의 해석에 주목해 보자. '유행'은 문자 그대로 말하면 '흘러감'을 의미한다. 이 유행은 태극의 동정에서 비롯하는 것이다. 그러나 주희는 태극에 동정이 있는 것이 아니라, 동정지리動靜之理가 있는 것임을 분명히 하였다. 따라서 태극은 동정하는 것이 아니라, 태극에 동정의 리가 있는 것이다. 태극은 무한히 충만한 존재를 의미한다. 충만한 존재로서 태극은 자연히 흘러넘치게 된다. 이때 흘러넘치는 것이 바로 기이다. '태극동이생양太極動而生陽'의 의미는 달리 말하면, 태극 즉 리가 양 즉 기를 생한다는 뜻이다. 다시 말해 리가 기를 생한다는 것이다. 이런 관계는 주자학에서 두 가지 관점에서 해석된다. 리상간에서 기와 태극으로서의 리는 서로 분리되어 있지만, 사상간에서 리와 기는 공존한다는 것이다. 리상간에서 태극은 체體로서 원인과 같은 것이며, 사상간에서 태극은 우주만물과 함께 있다. 그렇기 때문에 태극에는 동정지리가 있고, 동정하는 기의 흐름을 통해 만물이 음양오행의 교감으로 생하게 되는 것이다. 그렇다면 태극이 만물을 생한다는 의미를 유출의 의미로 읽을 수 있다. 왜냐하면 태극은 토미즘의 신처럼 명시적으로 창조를 행사하는 존재는 아니지만, 만물의 제일원인으로서 자신의 무한한 존재의 충만함으로 인해 만물을 존재하도록 해주기 때문이다.

태극이 만물을 생한다는 말의 의미를 일차적으로는 유출의 의미로 읽어내면서, 더 나아가서 토마스가 유출의 의미를 창조의 명칭으로 전환시킨 것처럼, 주자학에서도 '생'의 의미를 유출에서 창조의 의미로 전환시킬 수 있는 것처럼 보인다. 왜냐하면 태극은 유출을 창조로 읽을 수 있는 다음의 세 조건에서 벗어나지 않기 때문이다. 첫째, '태극생만물太極生萬物'에서 이 '생'의 의미를 유출로 본다고 해서 태극의 존재가 감소되는 것이 아니다. 둘째, 무한한 태극의 흘러넘침에 의해 만물이 비로소 존재하게 된다. 셋째, 태극은 무도 그 어떤 것도 아닌 스스로 존재하는 존재 자체이다. 이런 까닭에 명시적으로 신의 창조로 말하고 있지는 않지만, '태극생만물'에서 '생'의 의미는 창조의 의미를 띤다고 볼 수 있다. 게다가 태극은 한편으로 상제上帝의 개념을 은닉시키고 있다고 볼 수 있다. 유가의 시원은 상제 개념을 지니고 있는데, 주희도 은연중에 이런 상제의 뜻을 비추고 있기 때문이다. 주자학에서는 태극을 리와 동치하여 상제 개념을 은닉시키고 있지만, 그럼에도 태극은 토미즘의 신과 같은 차원의 존재라고 말할 수 있다. 주자학에서 상제개념이 은닉되어 있다고 해석할 수 있는 근거는 다음과 같다. "그 의관을 바로하고, 그 시선을 우러러 보며, 마음을 침잠시킨 상태에 머물러, 초월적인 상제를 마주한다."[110] 이런 표현을 통해 주희가 완전히 상제개념에서 벗어난 것은 아님을 알 수 있다. 『주자어류』에서는 다음과 같은 글도 보인다. "푸르고 푸른 것을 하늘이라고 말한다. 돌고 돌며 두루 흐르면서 끊임이 없는 것이 바로 하늘이다. 그런데 하늘에 어떤 사람이 있어 죄악을 판결한다고 말하는 것은 결코 옳지 않다. 그렇다고 해서 주재자가 전혀 없다고 말하는 것도 또한 옳지 않다."[111] 또 하늘을 세 가지 관점으로 해석하고 있음을 보게 된다. "사람이 스스로 보고 깨달음이 있어야 한다. 푸르고 푸른 것이 하늘이라는 말도 있고, 주재자가 하늘이라는 말도 있으며, 단지 하늘을 리로 풀이할 때도 있다."[112] 이로써 태극이 만물을 생한다는 것을 태극으로부터의 발원이라는 의미로 볼 수 있다.

그런데 다시 역逆으로 귀환이 일어난다. 그것을 『태극도설』에서는 다음과 같이 말한다.

> 오행은 음양에 하나로 통합되고, 음양은 태극에 하나로 통합되며, 태극은 본래 무극이라고 한다.113)

오행에서 다시 음양, 태극(즉, 무극)으로 귀환하고 있다. 이것은 만물에서 태극으로의 귀환을 의미한다. 그러므로 "태극은 천지인물天地人物의 귀결처이다."114) 이 점을 진순陳淳이 그의 『북계자의北溪字義』에서 잘 말하고 있다.

> 태극은 단지 리로써 말한 것이다. 리를 왜 극이라고 부르는가? 극은 지조를 뜻한다. … 대체로 극의 쓰임은 항상 사물의 가운데에 있다. 사면으로부터 여기에 이르면 모두 극에 도달하여 더 이상 나갈 수가 없다. 이를테면 집의 지붕대들보를 옥극屋極이라고 부르는 것은, 집의 온갖 재목들이 사면에서 모여 이곳에 이르기 때문이다. … 대체로 천지만물의 리가 모두 이곳에 이르러 합쳐지니, 그 도달함이 끝이라 다시 갈 곳이 없다. 흩어지면 천지와 사람과 사물이 된다. 그렇게 해서 하나하나마다 모두 고르게 되어 조금도 이지러지고 부족한 것이 없게 된다. 그런 까닭에 그것을 태극이라고 부른다.115)

적어도 태극에서부터 만물이 생한다는 측면에서 발원을 말할 수 있고, 또 태극이 만물의 귀결처라는 측면에서 귀환을 말할 수 있다. 다시 말해 주자학의 형이상학은 태극으로부터 만물로의 발원과 만물에서 태극으로의 귀환의 도식을 나타내고 있다. 문제는 이것을 토미즘에서 말하는 발원과 귀환의 도식으로 읽을 수는 있지만, 신의 창조로 빚어지는 것은 아니라는 점이다. 주자학은 토미즘과 같은 창조론을 전개하지는 않는다. 그럼에도 리로서의 태극은 토미즘에서의 존재 자체인 신과 같은 위치에 있다.

주자학의 태극과 토미즘의 신은 제일원인으로서 각각 만물과 모든 존재자들을 존재하게 한다. 또 태극과 신으로부터 각각 그리와 존재를 분유받은 만물과 모든 존재자들은 이 세계에서 각각 자신의 위치에서 차등적인 존재자의 위계질서를 이루고 있다. 이러한 우주질서 속에서 만물과 모든 존재자들은 일정한 기간 동안 자신의 소임을 완수해 나가면서 다시 태극과 신으로 향한다. 그래서 주자학과 토미즘의 형이상학은 목적론적이다. 태극과 신은 각각 만물과 모든 존재자들의 궁극 목적이다. 이런 형이상학적 도식의 철학그림을 주자학은 '리일분수理一分殊'로서 나타내고 있고, 또 토미즘은 '존재론적 유비Ontological Analogy'로서 나타내고 있다. 이제 주자학의 '리일분수론'과 토미즘의 '존재론적 유비론'을 고찰해 보자.

3) 리일분수理一分殊와 존재론적 유비Ontological Analogy

주자학은 리로서의 태극과 만물의 관계를 '리일분수'라는 말로 설명하고, 토미즘은 존재 자체인 신과 모든 존재자들의 관계를 '존재론적 유비'라는 말로 설명하고 있다. 주자학의 리일분수와 토미즘의 존재론적 유비가 이 세계의 통일성을 설명한다는 것은 리로서의 태극과 존재 자체인 신이 세계의 제일원인으로서 각각 만물과 모든 존재자들에게 그 리와 존재를 분유하였기 때문에, 이 세계를 '성리적性理的'으로 또는 '존재론적'으로 통일하고 있음을 의미한다. 한편으로 '리일분수'와 '존재론적 유비'가 이 세계의 다양성을 설명한다는 것은 만물은 리와 기의 합성체이고 모든 존재자들은 존재와 본질의 합성체인데, 만물은 기의 제약에 의해서, 그리고 존재자들은 본질의 제약에 의해서 만물과 모든 존재자들이 각각 서로 다르게 존재하게 된다는 것이다. 그러므로 이 세계는 다양한 사물과 존재자들의 세계가 된다. 그러나 모든 존재자들이 태극과 신을 그 제일원인으로 하고 있기 때문에 이 세계 속에 존재하는 모든 것은 한 가족이나 다름없다. 이 세계는 태극과 신의 가정이며, 그 가정에는 여러 가족의 구성원들이 있다. 이런 관계 속에서 이 세계에는 통일성과 다양성이 있게 된다.

주자학과 토미즘은 이러한 통일성과 다양성을 '리상간'과 '사상간', 또는 '법적인 관점'과 '사실적인 관점'에서 다루고 있다. 리상간과 법적인 관점에서 이 세계는 하나의 통일성의 세계이다. 사상간과 사실적인 관점에서 이 세계는 다양성의 세계이다. 다시 말해 이 세계는 태극과 신에 의해 '리상간'과 '법적인 관점'에서 '리'와 '존재'를 분유하고 있기 때문에 하나의 통일적 구조를 이루면서, '사상간'과 '사실적인 관점'에서 그 가족 구성원들인 다양한 '만물'과 '모든 존재자들'은 '기'와 '본질'에 의한 다양한 등급과 차등적 위계질서에 따라 각각 자기 자리에 위치하고 있다. 이와 같이 '만물'과 '존재자들'의 다양한 계층은 '천리'와 '존재'의 등급을 분류하는 성리학적 혹은 존재론적 비례에 근거하고 있다. 주자학과 토미즘의 '리일분수'와 '존재론적 유비'는 이러한 세계의 통일성과 다양성의 문제를 다루고 있다. 이것을 한 마디로 '일여다一與多'의 문제라고 할 수 있다.

여기서 '일여다'라고 말한 데에는 이유가 있다. '일여다'는 '일즉다一卽多'와 구분되며 둘 사이에는 차이가 있다. 주자학과 토미즘은 '태극'과 '신'이 각각 '만물'과 '모든 존재자들'을 있게끔 하는 원인과 결과의 인과론이기 때문에 일즉다라고 말할 수 없다. 왜냐하면 유출이든 창조이든 간에 일一은 초월적이며, 리일분수처럼 일이 다多에 내재한다고 하더라도 일과 다의 관계는 원인과 결과의 관계이기 때문에 초월과 현실 사이에는 필연적으로 차이가 발생할 수밖에 없다. 일로서의 '태극'과 '신'이 다로서의 '만물'과 '모든 존재자들'과 결코 동등할 수가 없다. 왜냐하면 사상간에서는 '기즉기氣卽器에 의해' 또는 '본질에 의해' 제약을 받기 때문에 일즉다라고 말하기 어렵다. 주자학과 토미즘의 인과론적 형이상학은 '일여다'의 형이상학인 것이다. 이런 까닭에 노장과 불교, 그리고 양명학에서 말하는 '일즉다'와는 차이가 있다. 노장·불교·양명학에서 무無는 근거이고 유有는 현상을 의미한다. 같은 생生이라고 말하더라도, 노장·불교·양명학에서의 생의 의미는 원인으로서의 생이 아니고 근거로서의 생을 말한다. 예를 들어 바다가 파도를 타동사적으로 일으키는 것이 아니다. 파도는 자동사적으로 일어나는 것이다. 그러므로 주자학과 토미즘은 노장·불교·양명학처럼 '일즉다'로서 평등적인 세계가 아니라, '일여다'로서 차등적인 세계를 말하고 있다.

이런 점을 염두에 두고 주자학의 리일분수론을 먼저 고찰해 보자. '리일분수'라는 철학적 명제는 '리는 하나이지만 분分(존재자의 등급)은 다르다'는 것을 의미한다. 리일분수는 맨 처음 정이程頤(1033~1107)가 한 말이다. 정이는 장재張載(1020~1077)의 『서명西銘』이 리일理一이면서 분수分殊를 밝히고 있다고 하였다. 주희는 이런 '리일분수'를 수용하여 자신의 철학에 포함시켰다. 리일분수론이 지니는 철학적 의의를 다음과 같다. 첫째, 리일분수는 '일여다'의 문제를 다루고 있다. 둘째, '일여다'의 문제는 궁극의 리로서의 태극과 만물의 관계를 나타내는 것이다. 셋째, '일여다'는 이 세계의 통일성과 다양성을 드러내고 있다. 넷째, 이 세계의 통일성과 다양성의 문제는 리와 기의 문제로서 구체화된다. 다섯째, 리와 기는 한편으로 보편과 특수의 문제를 나타낸다. 여섯째, 보편과 특수의 문제는 특수에서 보편으로 진행된다. 즉 개개의 만물로부터 이 만물이 지닌 보편의 리에 대한 인식을 통해 태극으로 나아간다. 일곱 번째, 따라서 궁극적으로 만물은 근원인 태극으로부터 발원하며, 다시 태극으로 귀환한다. 이것이 '리일분수론'의 철학적 그림이다.

주희는 다음과 같이 '리일분수'에 대한 그의 생각을 표현하고 있다.

> 이천 선생이 '리일분수'라고 하였는데 잘 말씀하셨다. 천지만물을 합하여 말하면 단지 하나의 리일 뿐이다. 사람에 관하여 말하면 또한 각자에게 하나의 리가 있다.[116]

주자학의 '리일분수'는 리상간에서 만물이 다 태극으로부터 리를 분여받았기 때문에 천지만물을 하나로 보면, 단지 하나의 리일 뿐이지만, 사상간에서 각각의 만물을 보면, 서로 다르게 그 리를 분여받았음을 나타내고 있다. 그렇기 때문에 리일분수는 리상간과 사상간의 관점에서 '일여다'의 문제를 다루고 있다. 다음의 주희의 말은 '일여다'의 문제를 제시한다.

> 하나의 실상이 만 가지로 나누어지되 만과 일이 각각 바른 것이 곧 리일분수이다.[117]

여기서 '일과 만'은 곧 '일여다'를 의미한다. 주희는 만과 일이 각각 바르게 된다고 하였다. 그리고 이것의 의미가 리일분수라고 하였다. 따라서 리일분수가 '일여다'의 문제임을 알 수 있다. 그리고 '일여다'는 사실 태극과 만물의 관계를 의미하는 것이다. '일여다'의 관점이 주희의 다음과 같은 말에 잘 드러나 있다.

> 이기오행은 하늘이 만물에 품부하여 생긴 것이다. 그 말단으

로부터 근본을 좇으면 오행의 다름은 이기의 실實을 근본으로 하고 이기의 실은 일리의 극極을 근본으로 한다. 이것이 바로 만물을 합해 말하면 하나의 태극으로서 동일한 것이다. 그 근본으로부터 말단으로 나아가면 일리의 실이 만물로 나뉘어 그 체가 된다. 그러므로 만물 가운데 각각 하나의 태극이 있다. 크고 작은 물에 각각 그 일정한 분이 있지 않음이 없다.118)

주희에 의하면, 만물을 전체로 보면 하나의 태극일 뿐이고, 만물을 나누어 보면 만물 속에 각각 하나의 태극이 있다. 태극의 리를 만물이 제각기 다 품부받았다는 것이다. 그렇기 때문에 사물마다 모두 하나의 태극이 있다. 이것은 원인으로서의 태극과 결과로서의 만물이 하나로 연계되어 있음을 의미한다. 태극과 만물의 이러한 관계로 인하여 만물에도 보편성이 존재한다. 주희는 태극과 만물의 관계를 간단히 다음과 같이 말한다.

대개 합해서 말하면 만물 전체가 하나의 태극이고, 나누어 말하면 사물마다 각각 하나의 태극을 갖추고 있다.119)

'통체일태극'과 '각구일태극'의 관계는 두 가지 의미를 함축하고 있다. 첫째는 만물이 모두 태극으로부터 생하였다는 것이고, 둘째는 이런 까닭에 만물이 모두 제각기 차이성을 드러내면서도 동시에 태극, 즉 리라는 보편성을 지니고 있다는 것이다. 주자학은 '통체일태극'과 '각구일태극'을 말함으로써, 세계의 통일성을 드러내고 있다. 그런데 우리가 살고 있는 이 세계는 다양한 존재자들의 세계이다. 이 세계가 하나의 근원인 리로서의 태극으로부터 유래한다고 말함에도 불구하고, 또한 각 사물마다 하나의 태극을 갖추고 있다고 말함에도 불구하고, 이 세계가 다양한 존재자들의 세계인 것은 무슨 까닭인가? 이러한 존재자들의 다양성을 주자학에서는 리와 기로써 설명한다. 만물이 태극으로부터 분유받은 것은 그 리이다. 그런데 구체적 개별 사물들은 모두 리와 기의 합성으로 구성되어 있다. 만물은 리에 의해 모두 공통의 보편성을 지니고 있지만, 각각 그 품부받은 기가 다르다. 이 기질의 차이가 바로 만물의 차이를 빚어낸다. 만물은 태극으로부터 품부받은 기가 제각기 다 다르다. 그러므로 만물의 다름은 기질의 차이에서 비롯한다. 이 점을 주희는 다음과 같이 말하고 있다.

> 사람과 사물이 생함에 하늘이 리를 분여하는데 일찍이 이 리가 같지 않은 적이 없었다. 단지 사람과 사물이 이 리를 품수할 때 차이가 날 뿐이다. 국자 하나를 가지고 강물에 가서 물을 뜨면 단지 한 국자만큼 얻고, 사발 하나를 가지고 가서 물을 뜨면 단지 한 사발만큼 얻는다. 통이나 항아리를 가지고 가서 물을 뜨면 각각 그 그릇의 크기에 따라, 뜨는 물의 양이 서로 달라진다. 그렇기 때문에 리도 그것에 따라 다름이 있는 것이다.[120)]

여기서 기器는 기氣를 의미한다. 리상간에서 리는 다 같은 리이지만, 사상간에서 리는 기즉기氣卽器의 제약에 의해 만물의 차이를 빚으면서 달라지게 된다. 이런 까닭으로 이 세계에 존재하는 만물간에 다양한 존재자들의 세계가 펼쳐지게 된다. 이러한 차등적 위계의 세계질서를 주자학은 한 마디로 '리일분수'라고 하였다.

토미즘의 '존재론적 유비론'은 주자학의 '리일분수론'과 마찬가지로, 이 세계의 통일성(一)과 다양성(多)의 문제를 다루고 있다. 존재론적 유비론은 첫째, 신과 모든 존재자들의 관계를 다룬다. 둘째, 신과 모든 존재자들의 이런 관계는 주자학과 마찬가지로 '일여다'의 문제이다. 셋째, '일'이라는 측면에서 보면 이 세계는 하나의 통일된 세계이다. 그러나 '다'라는 측면에서 보면 이 세계는 다양한 존재자들이 존재하는 세계이다. 넷째, 이 다양한 존재자들은

'존재'라는 보편성을 지니고 있다. 다섯째, 모든 존재자들은 존재와 본질의 합성체이며, 이 존재와 본질의 관계가 이 세계의 다양성과 통일성을 설명하고 있다. 여섯째, 통일성에 대한 인식은 개별적 존재자들을 통해 가능하다. 일곱째, 따라서 모든 존재자들에서의 보편인식은 결국 신으로 향한다. 그리고 신과 모든 존재자들의 관계는 발원과 귀환의 철학적 도식을 나타낸다. 이것이 토미즘의 존재론적 유비론이 지니는 철학적 의미이다.

존재론적 유비론의 중요성에 대해서 까예따누스Cajetanus(1469~1534)는 "참으로 유비에 대한 이해 없이는 어떠한 형이상학의 지식도 얻을 수 없다"[121]고 하였는데, 이런 유비론은 토마스 철학 전체를 관통하고 있다. "그 자체 '유비'라는 말은 희랍어로는 '비례proportion'라는 뜻에 해당한다. 그리고 그 용어의 가장 일반적이고 넓은 의미로, 유비는 '어떤 유사성에 기초한 비교'나 또는 '서로 다른 사물간의 어떤 동일성'을 의미한다."[122]

존재론적 유비를 통하여 신과 모든 존재자들의 관계를 나타낼 수 있다. 다시 말해 유비개념을 통하여 감각적이고 물질적인 존재자에서 초감각적이고 비물질적인 존재자의 인식에 도달할 수 있다. 더 나아가서 궁극의 존재인 신의 인식에까지 이를 수 있다. 유비적 개념에 의해, 존재자와 신, 또는 유한자와 무한자의 관계를 인식할 수 있다. 왜냐하면 존재론적 유비는 두 존재자의 같음과 다름을 말해 주기 때문이다. 따라서 유비라는 말은 다양한 존재자들을 말할 때 전적으로 같다거나 다르다는 것을 의미하는 것이 아니다. 토미즘의 존재론적 유비론에 따르면, 말이 쓰임에 있어서 의미가 언제나 같으면 일의적univocum이고, 다르면 다의적aequivocum이며, 다르면서 같으면 유비적analogicum이라는 것이다. 그런데 존재자의 의미는 이런 유비적 관계를 나타낸다. 예를 들어 '나무가 존재한다'와 '꽃이 존재한다'의 관계는 유비적이다. 왜냐하면 나무와 꽃은 서로 다르지만, 존재하고 있다는 점에서 같다고 할 수 있기 때문이다. 그래서 존재자의 유비는 존재자들의 유사성과 차이성을 드러낸다.[123] 그러므로 토미즘의 존재론적 유비는 신과 모든 존재들의 관계가 유비적임을 말할 뿐만 아니라, 모든 존재자들 간에도 유비적임을 말해준다.

그러나 토마스는 "모든 유비는 본질적으로 일一에 대한 질서이다"[124]라고 말함으로써, 존재론적 유비가 '일여다'의 문제임을 밝혔다. '일여다'의 문제는 결국 이 세계의 통일성과 다양성을 의미한다. '일'이라는 관점에서 보면, 이 세계는 하나의 통일된 세계이다. 그러나 '다'의 관점에서 보면, 이 세계는 다양한 존재자들이 존재하는 세계이다. 이 세계의 통일성에 대해 말할 수 있는 것은 모든 존재자가 존재 자체인 신으로부터 그 존재를 분유받았기 때문이다. 그래서 모든 존재자는 존재를 가지고 있다. 이 존재는 모든 존재자들에 보편적이다. 그러면서 동시에 모든 존재자들은 서로 다르다. 그래서 이 세계는 다양한 존재자들의 세계가 된다.

모든 존재자들의 다양성과 통일성을, 대립opposition과 일치convenance의 관계로써 설명할 수 있다. 페르낭 반 스텐베르겐Fernand Van Steenberghen에 의하면, 이때 대립은 외적 대립opposition extrinsèque과 내적 대립opposition intrisèque으로 구분되고, 일치는 외적 일치convenance extrinsèque와 내적 일치convenance intrisèque로 구분된다.

먼저 존재자의 대립관계를 살펴보자. 존재자의 외적 대립을 말하자면, 존재자와 외적으로 대립하고 있는 것은 무nihil이며, 무밖에 없다. 왜냐하면 무 이외에는 어떤 것도 존재자와 대립할 수 없기 때문이다. 따라서 모든 존재자는 존재하는 한 무와의 구분성distiction을 지니고 있다. 다른 한편으로 존재자의 내적 대립은, 존재자의 내부에서 각각의 존재자들이 서로 다른 존재자들과 대립되어 있는 것이다. 이것은 존재자들의 세계가 다양성의 세계임을 의미한다. 따라서 모든 존재자들은 그 자체로 단일성indivision을 지니고 있다. 다시 말해 모든 존재자는 각각 하나로서 단일하다.

다음으로 존재자의 일치관계를 살펴보자. 먼저 외적 일치는 세 가지 점이다. 첫째는 모든 존재자들은 서로 다른 존재자들 간에, 외형적 질료와 기질은 다르지만 그것들이 존재론적으로 존재를 갖고 있다는 점에서 서로 유사성similitude을 지니고 있다는 것이다. 둘째는, 존재자와 지성의 일치라는 관점에서 모든 존재자들은 인간 이성에 의해 이해될 수 있다는 점에서, 가지성intelligibilité을 지니고 있다는 것이다. 셋째로, 모든 존재자들은 인간의 의지가 욕망을 불러일으킬 정도로 좋으며, 그래서 인간의 의지가 욕망할만한 가애성amabilité을 지니고 있다는 것이다. 다른 한편으로 존재자의 내적 일치는 모든 존재자들은 자기 자신과 일치하고 있다는 점에서 자기동일성identité을 갖고 있다는 것이다. 따라서 존재자의 내·외적 대립과 일치관계는 여섯 가지로 정리된다. 즉 그것은 '구분성', '단일성', '유사성', '가지성', '가애성', '자기동일성'이다. 그런데 반 스텐베르겐의 분석에 의한 존재자의 이 여섯 가지 대립과 일치의 관계는 토마스가 제시한 여섯 가지 초월자, 즉 '어떤 것 Aliquid', '일자unum', '실재res', '진리verum', '좋음bonum', '존재자ens'와 상응한다. 즉 어떤 것은 구분성과, 일자는 단일성과, 실재는 유사성과, 진리는 가지성과, 좋음은 가애성과, 존재자는 자기동일성과 서로 상응한다. 토마스는 이런 여섯 개의 초월자transcendentia들을 '존재자의 양태passiones entis'라고 불렀고, 또 '존재자의 일반적 양식modi generales entis'이라고 말하였다.[125] 이와 같이 존재자와 다른 초월자들과의 관계에서, 또는 존재자의 대립과 일치의 관계에서 존재자의 유비를 고찰할 수 있다.

이제 존재자 자체의 분석을 통해 '왜 이 세계에는 다양한 존재자들이 존재하는가?'를 고찰해보자. 토마스는 아리스토텔레스의 질료와 형상, 가능태와 현실태의 관계를 합쳐서 본질과 존재의 관계로 이행시켰다. 토마스는 질료와 형상의 관계를 다음과 같이 말하고 있다.

> 어떤 의미로 질료는 형상에 의해 한정되고 형상은 질료에 의해 한정된다. 질료가 형상으로 말미암아 한정된다는 것은 질료가 형상을 받기 전에는 많은 형상들에 대해서 가능태에 있지만, 한 형상을 받으면 그 형상에 의해 규정되기 때문이다. 형상이 질료로 말미암아 한정된다는 것은 그 자체로 고찰된 형상은 많은 것에 공통되지만, 질료 안에 받아들여진다는 것에 의해 한정적으로 그 사물의 형상이 되는 것이기 때문이다. 그런데 질료는 질료가 그것에 의해 한정되는 형상에 의해서만 완전하게 된다.[126)]

토마스에 의하면, 질료와 형상은 서로 영향을 미친다. 왜냐하면 어떤 의미에서 질료는 형상에 의해 한정되고, 형상은 질료에 의해 한정되기 때문이다. 질료는 형상을 수용하기 전에는 가능태의 상태에 있을 뿐이다. 질료가 가능태에 있다는 말의 의미는 질료는 결정되어지는 것임을 의미한다. 한편으로 형상은 이데아와 같은 것으로서 사물의 원형이자 본이며 모델이다. 형상은 어떤 사물을 그 사물이도록 결정해준다. 나무는 나무의 형상에 의해 '그 나무'가 되고, 개는 개의 형상에 의해 '그 개'가 되며, 사람도 사람의 형상에 의해 '그 사람'이 된다. 그런데 이런 이데아로서의 형상은 질료 안에 있게 된다. 따라서 형상은 사물을 그 사물이도록 결정해 주는 것이고, 질료는 그 사물로 결정되어지는 것이지만, 형상은 각 사물 안에서 질료의 제약을 받게 된다.

질료가 가능태에서 현실태로 이행하게 되는 것은 바로 형상에 의해서이다. 왜냐하면 형상은 현실태로서 작용하기 때문이다. 그러나 형상이 질료에 받아들여지면 형상은 질료에 의해 제약된다. 그 이유는 질료가 가능태이면서 동시에 제한성의 의미를 지니고 있기 때문이다. 그러므로 질료와 형상, 가능태와 현실태의 관계를 말하자면, 질료는 가능태에 있다가 형상에 의해 현실태로 이행하면서 그 형상을 제약한다는 것이다. 이런 관점에서 토마스는 보에시우스의 말을 수용하여, 존재를 '존재하게 하는 것quo est'으로 정의하고, 본질을 '존재하는 것quod est'이라고 하였다. 다시 말해 존재는 모든 존재자들을 존재하도록 결정해주는 현실태이고, 본질은 모든 존재자들이 구체적인 어떤 존재자이게끔 하는 질료의 제한성을 지니는 가능태이다. 그런데 토미즘에 의하면, 모든 존재자들은 존재와 본질의 합성으로 구성되어 있다. 그래서 이 세계에 존재하는 모든 존재자들은 구체적인 개별자로서 존재한다. 즉 이 세계에는 나무, 개미, 개, 사람 등이 존재한다. 이것들이 존재자로서 존재하는 한, 이 모든 존재자들은 존재와 본질의 합성체이다. 개와 사람이 구분되는 것은 존재를 제약하는 본질에 의해서이다. 본질이 존재를 제약함에 따라, 이 세계에는 다양한 존재자들의 세계가 펼쳐진다. 그러나 모든 존재자들은 그것들이 바로 존재하고 있다는 그 사실에서 존재를 공유하고 있다. 다시 말해 존재는 모든 존재자들에게 보편적이다. 따라서 모든 존재자들은 본질에 의해 다양하며 존재에 의해 통일적이다. 토미즘의 존재론적 유비는 모든 존재자들의 다르고 같은 다양성과 통일성을 말하고 있다.

2. 주자학과 토미즘의 형이상학적 원리

1) 태극太極과 신神(Deus)의 본질과 속성

주자학과 토미즘의 형이상학은 상당한 유사성을 지니고 있다. 그 까닭은 무엇보다도 두 철학이 제일원인을 상정하고 있다는 점에 있다. 주자학의 태극은 리의 궁극으로서 만물에게 그 리를 품부하였으며, 토미즘의 존재 자체인 신은 모든 존재자들에게 그 존재를 분유하였다. 그렇기 때문에 이 세계는 다양한 존재자들에도 불구하고 하나의 질서를 유지하고 있다. 이런 형이상학적 구도를 드러내고 있는 것이 앞에서 살펴본 리일분수론과 존재론적 유비론이다. 주자학과 토미즘의 이런 형이상학적 구도를 염두에 두면서, 우주만물의 제일원인인 태극과 신의 본질과 속성을 다루는 것으로 출발하고자 한다.

주자학과 토미즘의 제일원리로서 태극과 신의 본질과 속성은 상당히 유사하다. 태극과 신의 본질은 다섯 가지로 말할 수 있다.

> 첫째, 태극과 신은 운동과 변화의 관점에서 제일동인第一動因이다.
> 둘째, 태극과 신은 제일능동인第一能動因이다.
> 셋째, 태극과 신은 필연적 존재자이다.
> 넷째, 태극과 신은 제일원인第一原因이다.
> 다섯째, 태극과 신은 우주만물의 목적인目的因이다.

이것을 차례대로 살펴보자. 신의 본질을 논하면서 태극의 본질을 함께 논의해나가는 방식을 취할 것이다.

토미즘에서 신의 본질의 첫 번째는 신이 제일동인이라는 것이다. 이것은 이 세계가 끊임없이 움직이며 변화하고 있다는 관점에서 알 수 있다. 이 세계에는 분명히 움직임이 존재하며 그것은 감각에 의해 확인된다. 그런데 움직임이란 그것이 어떤 움직임이든지 간에 어떤 것이 가능태에서 현실태로 이행하는 것을 말한다. 이런 움직임이 가능태에서 현실태로 이행할 수 있는 것은 현실태에 있는 어떤 존재자에 의해서만 가능하다. 왜냐하면 어떤 것도 현실태에 있으면서 동시에 가능태에 있을 수는 없기 때문이다. 그러므로 움직이는 모든 것은 다른 어떤 것에 의해 움직여져야 한다. 그런데 이것을 무한히 소급해갈 수는 없다. 그러므로 우리는 다른 어떤 것에 의해서도 움직여지지 않으면서 다른 모든 것을 움직이는 제일동인에 도달하게 된다. 그것이 바로 신이다. 즉 신은 제일동인이다.

주자학에서도 태극은 토미즘의 신처럼 제일동인이다. 우리가 태극을 제일동인이라고 말할 수 있는 이유는 태극에 동정動靜을 가능케 하는 리가 있기 때문이다. 사실 동動과 정靜이라는 것은 하나에 속하는 것이다. 다시 말해 동과 정은 별개의 것이 아니다. 왜냐하면 동과 정은 한 사물의 동일한 두 양태에 속하는 것이기 때문이다. 동일한 어떤 것이 움직임에 있으면 동動이고, 또 정지해 있으면 정靜인 것이다. 동과 정에 관련하여 토마스가 말하고 있기 때문에 그의 말을 들어보자.

> 정지한다는 것과 운동한다는 것은 자연사물계에서도 각기 다른 능력들에 환원되지 않고 오히려 하나이며 같은 능력에 환원된다. 그것은 사물이 동일한 본성에 의해 (어떤) 장소로 움직여

가기도 하고 (어떤) 장소에 정지하기도 하기 때문이다.[127)]

그러므로 동과 정을 한 사물의 동일한 본성에 의한 동일한 능력이라고 말할 수 있다. 그것은 태극에 동정이 있기 때문이다. 그러나 태극 자체가 동하고 정하는 것이 아니라, 태극에 동정의 리가 있기 때문에 태극은 동하고 정하게 할 수 있다. 그래서 주희는 "태극은 스스로 동정의 리를 갖추고 있으므로 동과 정으로 체體와 용用을 나눌 수 없다. 대개 정은 곧 태극의 체이고, 동은 곧 태극의 용이다"[128)]라고 하였다. 태극과 동정의 관계는 두 가지 관점에서 해석될 수 있다. 즉 본체本體로 말하는 경우와 유행流行으로 말하는 경우이다.

> 본체로써 말하여 태극이 동정을 포함한다고 하면 옳고, 유행으로 말하여 동정이 있다고 말하면 옳다. (그러나) 만약 태극이 동정이라고 하면 형이상과 형이하를 나눌 수 없으므로, '역에 태극이 있다'고 하는 것도 불필요한 말이 된다.[129)]

태극은 본체의 관점에서 동정의 리를 지니고 있기 때문에, 유행의 관점에서 동정이 있게 되는 것이다. 그리고 태극 자체가 동하고 정하는 것이 아니므로 태극에 움직이게 하는 다른 무엇이 있다고 말할 수 없다. 주희는 "음陰·정靜이 태극의 근본이다. 그러나 음·정 또한 양·동에서 생한다"[130)]라고 하였다. 주희의 이런 말은 우선 태극의 근본이 정에 있다고 할 수 있지만, 태극에는 동정의 리가 있어서 태극은 동하고 정하기 때문에, 이런 동정지리動靜之理는 무궁하다는 것이다. 태극 자체가 이런 동정의 리를 지니고 있기 때문에, 우리는 이 정의 측면에서 태극의 불변을 말하고, 또 동의 측면에서 만물을 움직이는 제일동인으로서의 태극을 말할 수 있다. 다시 말해 태극은 스스로 불변이므로 다른 어떤 것에 의해서도 움직여지지 않는다. 그러면서 만물을 움직일 수 있는 것이다. 따라서 태극은 스스로는 불변이면서 천지만물을 움직이게 할 수 있는 제일동인이다.

두 번째, 신과 태극의 본질은 제일능동인이라는 것이다. 토마스에 의하면, 우리는 감각의 세계에서 능동인의 질서를 발견하게 된다. 다시 말해 이 세계에서 수많은 인과 관계를 발견하게 된다. 세계에 존재하는 어떤 것도 그 자신의 원인인 것은 없다. 만일 자신의 원인인 것이 있다면, 그것은 자신보다 먼저 존재해야 할 것이다. 그런데 이런 능동인의 질서는 무한히 소급해 갈 수는 없다. 그러므로 제일능동인이 있다는 것은 분명하다. 바로 이런 제일능동인이 신이다.[131)]

주자학에서도 태극은 제일능동인이라고 할 수 있다. 왜냐하면 주희는 '태극생음양太極生陰陽(태극이 음양을 낳는다)'의 논리를 수용하면서, 동시에 '리생기理生氣(리가 기를 낳는다)'를 말함으로써 태극과 리를 천지인물天地人物의 능동인으로 여겼기 때문이다.

> 태극이 음양을 낳고, 리는 기를 낳는다. 음양이 이미 생겨났으니, 태극이 그 속에 있고, 리가 또한 기 안에 있다.[132)]

주희가 리생기를 말한 것은 상당한 주목을 필요로 한다. 일반적으로 생각할 때, 기에는 기운과 제약의 의미가 있기 때문에, 오히려 기가 리보다 더 강하다고 여겨진다. 물론 주희는 이 점을 지적하여 사상간에서 보면 기가 리를 제약하며 기가 더 강하다고 하였다.

> 기는 비록 리의 소산이지만 이미 기가 생겨나면 리는 기를 관리할 수 없다.[133)]

리상간에서 보면 리는 기를 생하는 원인이자 주재자이다.[134)]

이런 관점에서 리에는 상제 개념이 은닉되어 있다고 볼 수 있다. 다시 말해 리는 상제처럼 인격적인 의미가 겉으로 표명되지 않지만, 안으로는 이런 상제의 뜻을 담고 있다. 그래서 주희는 "상제는 리를 주主로 삼는다(帝是理爲主)"[135]고 하였다. 이것은 리와 상제와의 연관성을 암시한다. 주희는 태극이 음양을 생한다는 것을 리기론에 적용하여 리의 능동성을 잘 드러내었다. 그러므로 주자학에서 리, 즉 태극은 만물의 제일능동인이다.

세 번째, 신과 태극의 본질은 필연적 존재자라는 것이다. 우리는 이 세계에서 존재할 수도 있고 존재하지 않을 수도 있는 것들을 발견한다. 실은 감각 세계에서 존재하는 모든 것은 생성하고 소멸한다. 이런 존재자들은 영원히 존재할 수는 없다. 모든 것이 존재하지 않을 수 있다면, 어떤 때에는 이 세계에 아무것도 존재하지 않았을 것이다. 왜냐하면 존재하는 어떤 것은 존재하는 어떤 것에 의해서가 아니면 존재하는 것을 시작할 수 없기 때문이다. 그러므로 어떤 존재자가 없다면 어떤 것도 존재하기 시작하지 못했을 것이며, 따라서 지금 아무것도 존재하지 않을 것이다. 그러므로 모든 존재자가 다 가능적인 존재일 수는 없고, 어떤 필연적인 존재자가 있어야 한다. 즉 우리는 자기 필연성의 원인을 다른 데서 갖지 않고 다른 것들의 필연성의 원인이 되는 어떤 존재, 즉 그 자체로 필연적인 존재자를 인정할 필요가 있다. 이런 필연적 존재자가 바로 신이다.

주자학에서 태극은 자기원인이자 자기결과라는 말로써 설명된다. 주자학에서도 태극은 어떠한 다른 것의 원인을 갖지 않고 스스로가 자기원인이다. 태극이 필연적 존재자임은 주희의 "천지가 있기 전에, 필경 이 리가 먼저 있었다"[136]라는 말에서 암시적으로 드러난다. 이 말과 관련하여 토마스가 「창세기」 제1장 1절의 "태초에 신이 천지를 창조하셨다"라는 구절을 인용하고 있는 것을 볼 수 있다.137) 그리스도교에 의하면, 천지는 신이 맨 처음 창조한 것이다. 주자학에서는 리가 천지보다 먼저 있었다고 한다. 그렇다면 이 리는 그리스도교의 관점에서 보면, 신과 같은 위치에 있게 된다. 따라서 우리는 이 리, 즉 태극에 관하여 상제 개념을 떠올리게 된다. 다시 말해 태극에는 명시적explicit으로 상제 개념이 나타나 있지는 않지만, 그래도 암묵적implicit으로 이 리로서의 태극에는 상제의 뜻이 은닉되어 있다고 할 수 있다.

네 번째, 신과 태극의 본질은 제일원인이라는 것이다. 토미즘에서 신이 제일원인이라는 것은 사물의 세계에서 알아낼 수 있다. 사물의 세계에서는 선성善性과 진성眞性 및 그 밖의 모든 것들에 있어서 더하고 덜한 사물들이 발견된다. 예를 들어 최고로 더운 것에 더 가까운 것이 더 더운 것이다. 이와 마찬가지로 존재자에게 있어서도 가장 진실하고 가장 선하고 가장 고귀한 것, 즉 최고의 존재인 어떤 것이 있다. 그리고 어떤 영역에서 최고인 것은 그 영역에 속하는 모든 것들의 원인이다. 예를 들어 가장 더운 불은 모든 더운 것들의 원인이다. 따라서 어떤 존재자의 경우이든 그 존재와 선성과 모든 완전성의 원인인 어떤 것이 있다. 이런 존재가 신이다. 그러므로 신은 제일원인이다.

주자학에서도 태극은 만물의 궁극적 원인이다. 여기서 말하는 극極의 의미는 토미즘으로 말하면 최고를 뜻한다. 따라서 태극은 그 이상의 존재가 없는 최고 존재이다. 태극은 집의 지붕 맨 꼭대기와 같다. 하늘에도 맨 꼭대기가 있는데, 여기에 이르면 더 이상 갈 곳이 없다. 태극이 더 이상 나갈 곳이 없다는 것은 태극은 리의 가장 지극한 곳(極至)임을 의미한다.138) 따라서 태극은 제일원인이다.

다섯 번째, 신과 태극의 본질은 최종목적인이다. 토미즘에서 신이 최종목적인이라는 것은 사물들의 통치에서 알 수 있다. 우리는 인식을 갖지 못하는 자연적 사물들이 목적 때문에 작용하는 것을 본다. 이런 것은 자연물들이 가장 좋은 것을 얻기 위해 항상 또는 자주 같은 모양으로 작용하는 데서 나타난다. 그리고 그것은 우연에 의해서가 아니라 어떤 의도로 목적에 도달하는 것이 분명하다. 그런데 인식을 갖지 않는 것들은 인식하며 깨닫는 어떤 존재자에 의해 지휘되지 않으면 목적을 지향할 수 없다. 그러므로 모든 자연적 사물을 목적에로 질서지워주는 지성적인 어떤 것이 있다. 이런 존재를 신이라고 한다.139) 그러므로 신은 모든 존재자들의 최종목적인이다.

주자학에서 태극은 모든 천지인물의 귀결처라고 할 수 있다.140) 태극이 천지인물의 귀결처라는 것은 태극이 만물의 최종목적인임을 의미한다.

그렇다면 이제 태극과 신의 속성에 관하여 고찰해보자. 태극과 신의 속성은 일곱 가지로 고찰할 수 있다.

첫째, 태극과 신은 단순하다.
둘째, 태극과 신은 완전하다.
셋째, 태극과 신은 최고선이다.
넷째, 태극과 신은 무한하다.
다섯째, 태극과 신은 불변이다.
여섯째, 태극과 신은 단일하다.
일곱째, 태극과 신은 모범적 원인이다.

이것을 하나씩 고찰해보자. 첫 번째, 태극과 신은 단순하다. 토미즘에서 신은 절대로 물체가 아니다. 왜냐하면 신은 제일동인이고 가능태가 아닌 순수 현실태이며, 모든 존재자들 중에서 가장 고귀한 것이기 때문이다.141) 그러므로 주희는 태극이 사물이라는 오해를 피하기 위해 태극 앞에 무극을 붙여, '무극이면서 태극(無極而太極)'이라고 하였던 것이다. 주희는 '무극이태극無極而太極'에 관하여 다음과 같이 말하고 있다.

> 무극을 말하지 않으면 곧 태극은 하나의 사물과 같아져서 온갖 변화의 근본이 될 수 없다. 또 태극을 말하지 않으면 무극은 공적에 빠져 온갖 변화의 근본이 될 수 없다.142)

이와 같이 무극이태극을 말한 것은 태극 위에 별도의 무극이 있다는 말이 아니라, 태극을 하나의 사물로 간주하도록 하지 않음으로써 태극이 무한의 리임을 밝힌 것이다. 따라서 주자학에서의 무극은 노자가 말하는 음양의 분화 이전의 충기沖氣를 의미하는 것이 아니라, 보이지 않으면서invisible 정신적인spiritual 실체를 의미한다.

토미즘에서 신은 질료와 형상의 합성이 아니다. 신 안에 질료가 있다는 것은 불가능하다. 다시 말해 신은 유한 존재자들처럼 질료와 형상의 합성일 수 없다. 질료는 가능태 안에 있는 것인데 신은 가능태가 아닌 순수 현실태이기 때문이다. 또 신은 제일능동인이기 때문에 제일작용자이다. 신은 자기 본질에 의한 형상이며 질료와 형상의 합성으로 된 것이 아니다.143) 그러므로 신은 자기의 본질과 같다. 반면에 질료와 형상으로 합성된 존재자의 경우에는 그 본질과 개체적 실체는 필연적으로 다르다. 예를 들어 인간이라는 개체적 실체와 인간성이라는 본질은 서로 다르다. 왜냐하면 인간성 안에는 인간에 속하는 것이 포함되지 않기 때문이다. 즉 이 살, 이 뼈는 인간에 속하는 것인데, 인간성에는 속하지 않는다. 그런데 신은 질료와 형상으로 합성된 존재가 아니며, 따라서 신은 그의 본질과 같다.144) 또한 신은 자기 본질일 뿐만 아니라, 또한 자기 존재이다. 분유된 존재자는 존재인 것이 아니라, 존재를 가지고 있는 것이다. 그런데 앞서 말했듯 신은 모든 존재자의 제일능동인이므로 존재와 본질이 다른 것일 수가 없다.[145] 이상의 것들을 통하여 우리는 신이 단순하다는 것을 알 수 있다. 한 마디로 신의 단순성은 신이 질료와 형상의 합성된 존재자가 아니고 자기 존재가 곧 자기 본질인 존재 자체이자 제일능동인인 최고 존재이기 때문이다.[146]

이와 유사하게 태극도 리일 뿐이지 만물처럼 리와 기의 합성이 아니다. 그래서 주희는 태극은 단지 하나의 리일 뿐이라고 하였다. 더 나아가 태극은 리의 궁극이다. 다시 말해 최고의 리이다. 최고의 리라고 말한 이상 이것 외에 다른 것이 섞일 가능성은 전혀 없다. 그러므로 주자학에서 태극은 하나이자 상대가 없다. 신이 순수 현실태인 것처럼, 태극은 순수 리이다. 그러므로 태극의 존재는 신과 같이 자기본질과 같다고 말할 수 있다. 왜냐하면 태극은 리일 뿐이지, 결코 리와 기의 합성이 아니기 때문이다. 합성이 아닌 순수 존재에 대해 우리는 자기본질과 같다고 말할 수 있다. 그러므로 태극은 자기 존재와 자기본질이 같다.

두 번째, 태극과 신은 완전하다. 토미즘에서 신은 제일근원이다.

> 신이 제일근원이라는 것은 질료적인 것이 아니고 능동인의 영역에서이다. 이런 근원은 가장 완전한 것이어야 한다. 왜냐하면 질료가 질료인 한 가능태에 있는 것과 같이, 작용자는 작용자인 한 현실태 안에 있는 것이기 때문이다. 그러므로 작용적 제일근원은 현실태에 있어서 가장 현실적이며, 따라서 가장 완전한 것이어야 한다.[147]

신 안에는 모든 사물의 완전성이 있기 때문에, 신은 보편적으로 완전한 자이다. 그 이유는 첫째로, 신은 사물을 산출하는 제일원인이므로 그런 신 안에는 만물의 모든 완전성이 우월한 양태로 미리 있어야 한다. 둘째로, 신은 자립적인 존재 자체인 한, 모든 완전성을 자체 안에 가지고 있어야 한다.[148)]

주자학에서 태극은 만물에게 그 리를 분여하였다. 그렇기 때문에 사람마다, 또 사물마다 모두 하나의 태극을 간직하고 있다. 태극이 만물에게 분여할 수 있다는 것은 태극에 결핍이 있음을 나타내는 것이 아니라, 오히려 태극이 하나의 완전한 자립적 존재임을 의미하는 것이다.[149)]

세 번째, 태극과 신은 최고선이다. 먼저 토미즘에서 신이 최고선이라는 점을 고찰해 보자. 어떤 것이 어느 정도 완전하다고 하는 것은 그것이 그 만큼의 존재를 가지고 있기 때문이다. 그런데 모든 존재자는 그 완전성에 따라 선이라고 불리운다. 어떤 것이 선하다는 것은 그것이 욕구될 만하다는 것이다. 그런데 모든 존재자는 다 자기 완전성을 욕구한다. 그렇다면 모든 존재자는 다 선하다. 그 이유는 존재자는 그것이 존재를 소유하고 있는 한, 이미 현실태로서 각자의 자기 완전성을 갖고 있기 때문이다. 인간은 존재하는 것을 충만으로 생각한다. 무는 결핍이며 존재는 완성이다. 완성으로서 존재는 좋은 것이다. 완전성은 욕구할 만한 것이며, 선의 이유를 갖게 된다. 그런데 신은 모든 것의 제일산출인이기 때문에 가장 선하다. 신은 최고의 완성이고 최고의 존재이며 최고로 좋은 것이다. 따라서 신은 최고선이다. 욕구되는 모든 완전성은 제일원인인 신에서 유래한다. 선이 모든 존재자의 제일원인인 신 안에 있다면, 선은 신 안에서 가장 우월한 양태로 있어야 한다. 그렇기 때문에 신은 단적으로 최고선이다.[150)] 주자학에서도 태극은 가장 크고 가장 선하다. '무극이태극'은 한편으로 하나의 가장 크고 가장 선한 본체를 의미한다.[151)]

네 번째, 태극과 신은 무한하다. 신의 무한성은 형상과 질료로서 고찰할 수 있다. 토마스에 의하면, 형상은 질료로 말미암아 완성되는 것이 아니다. 오히려 형상은 질료로 말미암아 그 폭이 제한된다. 그러므로 무한은 질료에 의해 한정되지 않는 형상에서 고찰되어야 한다. 질료는 제한성을 지니기 때문에 무한이 질료에 귀속된다면, 그 무한은 불완전하게 된다. 따라서 무한은 현실태로서 완전성의 의미를 지니는 형상에서 고찰되어야 한다. 그런데 모든 것 중에서 가장 형상적인 것은 존재 자체이다. 따라서 존재 자체인 신은 무한하다.152)

주자학에도 이런 논리를 적용할 수 있다. 토미즘의 형상은 주자학에서 리에 해당하고, 질료는 기에 해당한다. 토미즘에서 무한이 질료에 의해 한정되지 않는 형상에서 고찰된다는 것은 주자학에서 '무극이태극'에서 무극은 태극의 '무형유리無形有理'를 의미하는 것과 같다. 즉 형체는 없으나 리는 있다는 것이다. 왜냐하면 여기에 기는 전연 없기 때문이다. 그러므로 이때의 리는 기의 제약을 받는 리가 아니다. 왜냐하면 리상간에서 리와 기는 분리되어 있기 때문이다. 또한 주자학에서 태극을 하나의 리로 보고, 더 나아가 리의 극치로 보는 것은, 토미즘으로 말하면 '순수 형상Forma Purus' 또는 '순수 현실태Actus Purus'를 말하는 것과 같다. 태극은 순수 리이며, 무극은 태극의 무한성을 이미 나타내고 있다. 무극은 리가 사물을 초월해 있는 것을 의미한다. 그래서 무극은 무형유리이다. 태극은 리가 사물에 내재해 있는 것을 의미한다. 그래서 태극은 물물일태극物物一太極이다. 따라서 무극과 태극은 리의 초월성과 내재성을 동시에 드러내고 있다.

다섯 번째, 태극과 신은 불변이다. 토미즘에서 신은 다음 세 가지 점에서 불변이다. 첫째, 신은 제일존재이며, 제일존재는 어떤 가능태도 없는 순수 현실태이다. 순수 현실태는 불변이다. 왜냐하면 변화는 가능태에서 있을 수 있기 때문이다. 둘째, 움직이는 모든 것은 운동과 정지의 합성이다. 왜냐하면 어떤 때는 움직이고 또 어떤 때는 머물러 있기 때문이다. 그러나 신은 어떠한 합성도 아니고 단적으로 단순하다. 그러므로 신은 불변이다. 셋째, 신은 그 자체로 무한하며 완전하기 때문에 어떤 것에 도달할 필요도, 또 얻어야 할 것도 없다. 그러므로 신에게 운동이란 적합하지 않고, 신은 불변이다.[153)]

주자학에서 태극의 불변도 다음과 같은 점에서 고찰된다. 첫째, 태극은 천지만물의 리를 모두 일컫는 것이며, 또 리의 궁극이다. 그러므로 리의 극치로서의 태극은 그 자체 불변이다. 둘째, 태극은 동정이 아니라, 동정의 리이다. 그러므로 다른 모든 움직이는 것처럼 운동과 정지의 합성이 아니라, 운동과 정지를 가능하게 하는 리일 뿐이다. 그러므로 태극은 본래 불변이다. 그래서 주희는 음과 정이 태극의 근본이라고 하였다. 셋째, 태극은 곧 무극이고, 무극은 곧 태극이다. 그런데 무극은 태극의 무한성을 드러내고 있으며 더 이상 나갈 데가 없는 극처이다. 그러므로 무극, 즉 태극은 어떤 것에 도달할 필요도 얻어야 할 것도 없이 그 자체로 무한하며 완전하다. 따라서 태극은 불변이다.

여섯 번째, 태극과 신은 단일하다. 신의 단일성에 관한 고찰은 신이 최고의 하나인가를 질문하는 것이다. 하나란 분할되지 않는 존재자이다. 그리고 최고의 하나는 최고의 존재자여야 한다. 그런데 신은 무한정적이고 자립적인 존재 자체이기 때문에 최고의 존재이고, 어떤 양태로든 단순하기 때문에 분할될 수 없다. 따라서 신이 최고의 하나임은 분명하다.[154)]

토미즘이 신의 단일성을 말하는 것과 마찬가지로 주자학도 태극의 단일성을 말하고 있다. 주희는 "단지 태극은 하나이며 따라서 그 상대가 없다"[155)]고 하였다. 이로써 태극이 하나의 최고임은 분명하다.

일곱 번째, 태극과 신은 모범적 원인이다. 토마스는 신의 정신에는 이데아들이 있다고 말한다.[156] 왜냐하면 신은 사물을 우연히 창조한 것이 아니라, 자신의 정신 안에 품고 있는 '모범적인 이데아the exemplary idea'에 따라서 지적으로 창조했기 때문이다.

> 신은 만물의 제일모형인, 제일원형이다. … 사물의 산출을 위해 원형이 필요한 것은 결과가 특정의 형상을 따라야 하기 때문이다. 사실 공작자는 그가 바라보는 모형 또는 원형—그것이 외부에서 보는 모형 또는 원형이든 내부에서 정신으로 말미암아 회임된 것이든 간에—이 있음으로 해서 질료 안에 특정의 형상을 산출한다. 그런데 자연(본성)적으로 발생하는 것들은 (각기) 특정한 형상을 따라 되는 것이 명백하다. 형상들의 이런 결정은 신의 지혜를 제일근원으로 하여 이것에 귀속되는 것이어야 한다. 이런 신의 지혜는 사물들의 구별 안에 성립되는 우주의 질서를 창안하였다. 그러므로 우리는 신의 지혜 안에 모든 사물들의 이념이 있는 것으로 말하여야 하며 이런 이념들을 우리는 '이데아들'이라고 불렀다. 즉 그런 것들은 신의 정신 안에 존재하는 모형적 또는 원형적 형상들이다.[157]

토마스가 신의 지혜 안에 모든 사물들의 이념들, 즉 이데아들이 있다고 말하는 것과 마찬가지로 주희도 리를 태극으로 봄으로써 태극을 만물의 모범적 원인으로 읽고 있다.

> 태극은 가장 좋은 최고선의 도리일 뿐이다. 사람마다 각각 하나의 태극을 가지고 있으며, 또 사물마다 각각 하나의 태극이 있다. 주자周子도 태극은 천지인물의 모든 선의 가장 좋은 모범적인 덕이라고 하였다.[158]

토미즘에서 존재 자체인 신은 만물을 존재하게 하는 원리이므로 그것이 불변적 항구성이기도 하지만 가변적 존재자들의 존재를 더 완성시키게 하는 존재론적 운동의 원인이 되기도 한다. 이런 원인을 토마스는 신플라톤주의의 영향으로 '모범적 원인exemplaris causa'이라고 불렀다. 신은 불변적 항구성의 원리이기도 하기만, 동시에 모든 가변적 존재자들의 존재론적 완성을 촉발시키는 모범으로서의 원인이기도 하다. 이런 존재 자체인 신에 대한 이중적 해석이 주자학에서도 나타난다. 태극으로서의 본연지리本然之理는 불변의 원리로서 고요한 정태적 개념으로서 이해되고 있고, 동시에 그 태극의 리를 동정 간의 모범적 원인으로서 읽고 있다.159) 이와 같이 토미즘은 신의 정신 안에 이데아들이 있어야 한다고 함으로써, 주자학은 태극이 리라고 함으로써, 신과 태극을 만물의 모범적인 원인이라고 사유하고 있다.

궁극적인 모범적 원인으로서의 신과 태극은 그 속성들에 있어서도 여러 유사점을 지니고 있다. 토마스는 "모든 것은 학문의 대상으로서의 형상적 이유 안에서 공통성을 갖는다"160)고 말한다. 주희 또한 "하나의 리로부터 만사萬事로 흩어져 감에, 찬연한 조리가 있어 어지러울 수가 없다"161)고 한다. 이를 통하여 우리는 주자학과 토미즘이 둘 다 '다수성 속에 통일성이 있다'를 사유의 근간으로 하고 있음을 알 수 있다. 이것이 주자학과 토미즘의 형이상학적 사유의 핵심이다.

2) 만물萬物과 존재자ens의 내적 구성원리

주자학과 토미즘은 각각 '만물'과 '모든 존재자들'의 탐구에 주목하였다. 왜냐하면 첫째로, 만물과 모든 존재자들은 각각 태극과 신의 결과물들이기 때문이다. 둘째로, 인간에게 태극과 신에게로 향할 수 있는 길이 만물과 모든 존재자들로부터이기 때문이다. 셋째로 만물과 모든 존재자들에 대한 탐구로부터 인간이 '태극'과 '신'으로 나아갈 수 있는 것은 만물과 모든 존재자들이 각각 '리'와 '존재'를 분유하고 있기 때문이다. 그런데 만물과 모든 존재자들은 단지 리와 존재로만 구성되어 있는 것이 아니라, '만물'은 리와 기로 합성되어 있고 '모든 존재자들'은 존재와 본질의 합성으로 구성되어 있다. 이런 관점이 가능한 것은 주자학과 토미즘이 자연과 존재의 세계를 '리상간'과 '사상간', '법적인 관점de jure'과 '사실적인 관점de facto'에서 초감각적이고 비물질적인 존재자와 감각적이고 물질적인 존재자를 탐구하기 때문이다.

먼저 주자학에서 만물을 리와 기의 합성으로 파악하고 있는 점부터 살펴보자. 주희는 만물인 인人·물物을 리와 기의 합성으로 파악한다.

> 천지 사이에는 리와 기가 있다. 리는 형이상의 도道이고 사물을 생하게 하는 근본이다. 기는 형이하의 기器이고 사물을 생하게 하는 재구材具이다. 이런 이유로 사람과 사물이 생함에 반드시 이 리를 품부받은 후에 성性이 있고, 이 기를 품부받은 후에 형체(形)가 있는 것이다.162)

여기서 네 가지 점을 추려낼 수 있다. 첫째, 이 세계에는 리와 기가 있다는 것이다. 다시 말해 우주만물은 리와 기로 구성되어 있다는 것을 의미한다. 둘째, 우주만물을 리와 기의 구성으로 보기 때문에, 바로 여기서 두 가지 관점이 개입한다. 즉 형이상形而上과 형이하形而下의 관점이며, 이것은 리상간과 사상간의 관점을 말한다. 주자학에서 존재를 이해하는 이 두 가지 관점은 대단히 중요하다. 셋째, 주희는 리가 형이상의 도이고 사물을 생하게 하는 근본이라고 함으로써, 암묵적으로 리가 기보다 우위에 있음을 암시하였다. 구체 사물은 바로 이 리와 기의 합성으로써 비로소 형체를 가지고 존재하게 된다. 넷째, 그래서 만물은 리와 기의 합성으로 존재한다는 것이다.

그렇다면 토미즘에서는 존재자에 관한 이해가 어떠한지를 살펴보자. 토미즘에서 존재자는 존재를 소유하고 있는 것으로 이해된다. 존재를 소유하고 있다는 말의 의미는 개별적인 것들이 보편적인 존재를 지니고 있다는 의미이다. 즉 개별적인 존재자들은 보편적 존재를 지니고 있는 특수한 존재자이다. 그래서 존재자는 보편적인 존재를 지니고 있는 본질로서 이해된다. 토마스는 존재자에게서 보편적 존재와 특수적 존재, 모두를 통찰하고 있다. 여기서 존재자의 특수성은 보편적 존재를 지닌 본질을 의미한다. 아리스토텔레스와 토마스는 플라톤의 견해를 따라 피도Fido라는 개를 하나의 개로 만드는 것이 어떤 형상이라는 점에 동의하였다. 그러나 그들은 그러한 형상이 질료로부터 떨어져 따로 존재한다고 생각하지 않았다.[163)]

> 본질만으로는 존재하지 않기 때문에, 자명하게 존재자가 아니다. 그러나 존재도 또한 존재하는 것은 아니다. 그렇기 때문에 우리가 두 가지의 존재 구성요소들이라는 존재와 본질에 관하여 말하자면, 이 구성요소들은 서로 현실태와 가능태처럼 관계한다. 따라서 '하나의' 존재자를 구성할 수 있다. 질료가 형상을 통해서 규정되는 것처럼, 본질은 존재를 통해서 현실화되는 것이다. … 그러나 본질은 (존재가 그에 부합되기 때문에 적어도 특정한 의미에서) 존재방식을 규정한다. 따라서 그 실현은 이 구체적 '인간임', 또는 이 '나무임'이 된다.[164)]

모든 존재자는 사실적인 관점에서 존재와 본질의 합성이다. 이 세계에 존재하는 어떤 것도 토미즘에 의하면, 존재와 본질을 그 존재자의 구성틀로 갖추고 있지 않은 것은 없다. 모든 존재자는 신으로부터 존재를 분유받았고, 이 존재에 의해 본질은 현실화된다. 그러나 구체적 존재자에 있어서는 본질이 존재를 제약한다. 그래서 모든 존재자는 그것이 어떤 것이든지 간에 항상 '무엇임으로 존재한다'. 예를 들어, '소나무가 존재한다'라고 할 때, 소나무는 '무엇임'으로서 '본질'을 의미하고, '존재한다'라는 술어는 '존재'를 의미한다. 그러므로 존재자는 본질과 존재의 합성으로서 존재하는 것이다.

그렇다면 주자학의 리와 기, 그리고 토미즘의 존재와 본질은 구체적으로 서로 어떤 관계에 있는 것인가? 이 문제를 두 가지 점에서 고찰할 수 있다. 첫째는 리와 기를 리상간과 사상간의 관점에서, 또 존재와 본질을 법적인 관점과 사실적인 관점에서 고찰할 것이다. 이런 관점은 구체적으로 주자학에서는 '리기불상잡理氣不相雜'과 '리기불상리理氣不相離'에 해당하고, 토미즘에서는 '실제적 합성compositio realis'과 '실제적 구별distinctio realis'에 해당한다. 두 번째는 리와 기의 선후문제, 또 존재와 본질의 선후문제를 고찰할 것이다.

그러면 먼저 주자학의 리와 기의 관계를 살펴보자. 주자학에서는 만물을 리와 기의 합성으로 파악한다. 그런데 리와 기의 관계에 있어서 두 가지 관점을 취하고 있다. 다름 아닌 리상간과 사상간의 관점이다. 리상간에서는 리와 기는 서로 분리된다. 이런 관계를 나타내는 것이 리기불상잡이다. 또 사상간에서 리와 기는 서로 합성된다. 이런 관계를 나타내는 것이 리기불상리이다. 다시 말해 주희는 리와 기를 천지인물의 두 공동원리라고 보았지만 이 리와 기의 관계를 두 가지 관점에서 구별하였다. 그는 이 리와 기가 리상간에서는 분리될 수 있지만, 사상간에서는 결코 분리될 수 없는 두 공동원리라고 보았다. 주희는 다음과 같이 말한다.

> 천하에 리 없이 기가 (홀로) 있지 아니하고, 또한 기 없이 리가 (홀로) 존재하지도 않는다.[165)]

주희의 이 말은 사상간에서 말하는 것이다. 사상간에서 우주만물은 모두 리와 기의 합성으로 구성되어 있다는 것이다. 그래서 만물 중에 리가 없이 기만 있는 것도 존재하지 않고, 또 기가 없이 리만 있는 것도 존재하지 않는다고 하였다. 이 리와 기는 우주만물을 구성하는 두 가지 공동원리이다. 그런데 그는 이 리와 기를 철저하게 구별하고 있다. 주희는 다음과 같이 말한다.

> 이른바 리와 기는 결단코 이물二物이다. 그러나 물상간物上看에서 이물二物이 뒤섞여 있어 각각 그 처한 자리를 나눌 수가 없다. 그래서 각각의 이물二物이 일물一物이 되는 것을 방해할 수 없다.[166)]

여기서 주희는 두 가지 점을 모두 말하고 있다. 첫째는 리와 기는 결단코 이물二物이라는 것이다. 이것은 리상간에서 말하는 것이다. 그러면서 주희는 이 리와 기를 철저하게 구별하여 말하고 바로 이어서 물상간(또는 사상간)에서는 이 리와 기가 합성되어 있어서 일물一物이 되는 것을 방해할 수가 없다고 하였다. 따라서 이 리와 기의 관계는 리기불상잡과 리기불상리로 말할 수 있다. 그런데 문제는 "왜 이 리와 기의 관계가 불상잡과 불상리라고 하는 두 가지 관계로 이루어지는 것인가?"라는 것이다. 물론 간단히 주자학은 리상간과 사상간의 관점을 취하기 때문에 그러하다고 말할 수도 있다. 그러나 의문은 여전히 남는다. 이 문제를 좀 더 고찰해

보도록 하자.

> 천지지성을 논하면 오로지 리를 가리켜 말하고, 기질지성을 논하면 리와 기를 합성하여 말한다. 아직 기가 있지 않아도 이미 성은 있다. 기가 존재하지 않더라도 성은 항상 존재한다. 그것이 비로소 기 가운데 존재한다고 말하지만, 기는 원래부터 기이고 성은 원래부터 성이기 때문에 또한 서로 뒤섞이지 않는다. 두루 사물에 본체가 되어 어느 곳도 존재하지 않음이 없다고 논하는 데 이르면 또한 기의 정조精粗를 논하지 않아도 리는 있지 아니함이 없다.167)

여기서 주희는 천지지성과 기질지성으로 나누어 말하고 있다. 천지지성은 리만을 말하는 것이고, 기질지성은 리와 기의 합성을 말하는 것이다. 그래서 천지지성에서는 기가 등장하지 않는다. 기는 기질지성을 논할 때 등장한다. 주희는 기는 기이고, 성은 성이라고 말한다. 이것은 기와 성을 엄격하게 구분하여 말한 것이다. 그리고 이때 성은 곧 리를 의미한다. 가장 주목해야 할 점은 성, 즉 리는 존재하지 않음이 없다고 하는 것이다. 다시 말해 리는 기가 존재하지 않더라도 항상 존재한다는 것이다. 그래서 주희는 리는 천지보다 먼저 있다고 하였다. 어떤 것이 늘 존재한다고 할 때, 그런 것이 있다면 그것은 곧 신과 같은 것이다.

주희는 두 세계를 동시에 응시한다. 하나는 늘 변함없이 존재하는 '그것(他)'이다. 이때 '그것'은 리를 의미한다. 그리고 다른 하나는 우리가 세계라고 말하는 '감각경험의 세계'이다.168) 이 감각경험의 세계에서는 모든 것이 다 리와 기의 합성으로 되어 있다. 이 세계 안에 있는 것은 그것이 무엇이든지 간에 형체를 지니고 있다. 그것이 형체를 지니고 있는 한, 그것은 반드시 기로 구성되어 있다. 그리고 그것이 기로 구성되어 있는 한 그것에는 반드시 리가 있다.

왜 만물은 리와 기로 구성되어 있는가? 만물에 리가 있다는 것은 모든 존재자가 다 그 리로부터 유래하였음을 의미한다. 어떤 것도 리와 무관한 것은 없다. 그리고 만물이 어떤 것으로 존재하고 있는 한, 즉 그것이 형체를 지니고 있는 한 그것은 기로 구성되어 있다. 그렇기 때문에 우주만물은 모두 리와 기의 합성으로 구성되어 있는 것이다. 그러나 리는 그 자체로서 존재하는 것이며 만물의 근원으로서 독립적으로 존재한다. 이 리를 주희는 태극이라고 하였다.

주자학에서 리와 기를 '불상리'와 '불상잡'의 관계로 보는 것처럼, 토미즘에서도 존재와 본질을 두 가지 관점에서 해석하고 있다. 그것은 존재와 본질의 '실제적 합성'과 '실제적 구별'을 말한다. 먼저 실제적 합성에 관하여 고찰해보자.

> 실제로는 존재와 본질이 항상 함께 존재하기 때문에 이 둘을 갈라놓을 수 없다. 존재는 이 본질을 실현하고, 반면에 이 본질은 존재를 소유하며, 존재를 자기의 고유하고 가장 심오한 본질적 행위로서 '실행한다'. 그래서 토마스는 또한 존재가 '본질의 현실태'이고 무엇임은 존재와 함께 창조된다고 명확하게 말하고 있다.[169)]

이 세계에서 우리가 늘 마주하는 것은 존재자이다. 그런데 이 존재자는 모두 존재와 본질의 합성체이다. 토마스는 존재와 본질이 항상 존재하기 때문에 이 둘을 갈라놓을 수 없다고 말한다. 여기서 주목해 두어야 할 점은 존재가 본질의 현실태라는 것이다. 다시 말해 존재가 본질을 결정한다는 것이다. 왜냐하면 신이 존재자를 창조할 때 신은 존재자들에게 존재를 주며, 이때 본질은 존재와 함께 창조되는 것이기 때문이다. 그러므로 존재자가 창조될 때 존재자는 신으로부터 존재를 분유하면서 동시에 그 본질을 현실화한다. 법적인 측면에서 존재는 본질의 현실태이고, 사실적인 측면에서는 본질에 의해 존재는 제약된다. 이런 존재와 본질의 관계 속에서 존재와 본질은 존재자의 두 구성원리이다. 즉 존재자에서 존재와 본질은 '실제적 합성'의 관계에 있다. 주자학에서 리와 기의 합성을 말하면서, 동시에 리와 기를 엄격하게 구별하는 것처럼, 토미즘에서도 존재와 본질의 실제적 합성을 말하면서, 동시에 존재와 본질을 엄격하게 구별하고 있다. 하이데거는 존재와 본질의 '실제적 합성'과 '실제적 구별'에 관하여 다음과 같이 말한다.

> 존재는 본질과는 다른 어떤 것이다. 다시 말해 그것은 다른 어떤 것에 의해 야기되어 있음을 바탕으로 자신의 존재를 갖는다. 따라서 개개의 모든 존재자는 '창조된 존재자ens creatum'로서 존재와 본질로 이루어진 합성체이다. 이 합성체는 그 자체가 이미 실제적 합성이다. 따라서 본질과 존재 사이의 구별도 실제적 구별인 셈이다. '존재esse' 또는 '실존함existere'은 또한 '존재하는 것quod est' 또는 '무엇임의 존재esse quod'와는 달리 '말미암은 존재esse quo' 또는 '말미암은 존재자ens quo'로도 파악된다. 현실적인 것의 현실성은 그 자체 어떤 고유한 '사물res'을 구성하는 방식을 지닌 다른 어떤 것이다.170)

하이데거에 의하면, 존재와 본질의 관계가 실제적 합성이기 때문에, 존재와 본질의 구별도 실제적 구별이라고 말한다. 다시 말해 존재와 본질이 실제적으로 합성이라고 하는 것은 존재와 본질이 이미 실제적으로 구별되어 있다는 뜻이다. 주자학에서 리와 기가 결단코 이물二物이라고 말하는 것처럼, 토미즘에서도 존재와 본질은 이물이다. 존재와 본질이라는 이물이 존재자라는 일물一物에 합성되어 있으므로 존재와 본질의 관계는 실제적 합성과 실제적 구별의 관계에 있다. 이런 존재와 본질의 관계는 '법적인 측면'에서는 실제적으로 구별되지만, '사실적인 측면'에서는 실제적으로 합성되어 있다.

이제까지 리와 기가, 또 존재와 본질이 합성이면서 구별된다는 관계를 고찰하였다. 그렇다면 리와 기, 그리고 존재와 본질의 선후를 따진다면 어떻게 되는가?

주자학에서 리와 기의 선후문제를 논할 때, 두 가지 입장을 취한다. 첫째로, 리가 먼저냐 기가 먼저냐를 논한다면, 주희는 리가 기에 우선한다고 말한다. 둘째로, 리가 기에 앞선다고 말하면서도 리와 기는 본래 선후를 말할 수 없다고 한다. 이런 주희의 이중적 입장은 리상간과 사상간의 관점에서 해석될 수 있다. 즉 리상간에서 리가 기보다 우선하지만 사상간에서는 리와 기의 선후를 말할 수 없다는 것이다. 그러므로 이 리상간과 사상간의 두 구분이 주자학의 전체에 관통되어 있음을 알 수 있다. 리와 기에 대한 주희의 말을 들어보자.

> 아직 천지가 생겨나기 전에 필경 이 리가 먼저 있었다. 움직여서 양을 생하는 것도 단지 리이고, 고요하여 음을 생하는 것도 단지 리이다.171)

> 리가 있은 뒤에 기가 생한다.172)

여기서 주희는 세 가지를 말하고 있다. 첫째, 그는 리가 천지보다 먼저 있었다고 말한다. 리는 토미즘의 신처럼 자존적 존재인 것처럼 여겨진다. 주희가 리를 태극으로 보았으며, 또한 태극에 관해 상제라는 말을 명시적으로 말하고 있지 않지만, 주자학에서 리, 즉 태극은 상제의 뜻을 은닉하고 있음이 분명하다고 여겨진다. 그래서 리는 천지보다 먼저 존재하고 있는 우주만물의 근원이다. 둘째, 양을 생하는 것도 리이고, 음을 생하는 것도 리라고 말함으로써, 이 리가 태극임을 암시하고 있다. 셋째로, 리가 천지보다 먼저 있었고, 또 음양을 생한다고 말한다면, 리는 기보다 먼저 있을 수밖에 없다는 것이다. 사정이 이러하다면 리가 기보다 앞서 있는 것은 더욱 분명해진다. 그럼에도 주희가 리와 기는 본래 선후를 말할 수 없다고 하는 까닭은 무엇일까? 주희의 말을 들어 보자.

> 리와 기는 본래 선후를 말할 수 없다. 단지 위로 추측해 갈 때, 곧 리가 먼저 있고 기는 나중에 있는 것 같다.173)

주희는 명시적으로 리와 기는 선후를 말할 수 없다고 단정한다. 단지 추측해 볼 때 리가 기보다 앞서는 것 같다는 것이다. 왜 주희는 이런 모호한 태도를 취하는 것일까?

주희가 리와 기는 본래 선후를 말할 수 없다고 하는 것은 사상간에서이다. 사상간이라고 하면 만물의 세계를 말한다. 즉 오감五感을 통하여 감각지각하며 마음이 모든 사물을 인식할 수 있는 그런 세계를 말한다. 이것은 다름 아닌 우리가 살아가는 일상세계이다. 우리는 이런 세계 속에서 살며 존재한다. 이런 세계를 떠나서는 우리는 어떠한 것에 관해서도 말할 수 없다. 우리가 거주하는 이 세계는 바로 사물들의 세계이다. 이런 사물들의 세계에서 우리가 지각하고 인식하는 것 또한 사물들이다. 그런데 이런 사물들은 모두 리와 기로 합성되어 있기 때문에 이런 리·기의 합성체인 사물들에서 리와 기의 선후를 말할 수 없다. 왜냐하면 리와 기라는 이물二物은 이미 사물에서 일물一物이기 때문이다. 주희가 리와 기의 선후를 말할 수 없다고 하는 것은 이런 일상의 세계에서이다. 그러나 그는 이런 사물들을 통하여 초감각적이며 비물질적인 존재의 세계를 바라본다. 그 세계는 필경 리의 세계이다. 이 현상의 세계가 존재하는 것도 바로 궁극적으로 리 때문이다. 그러므로 리와 기의 선후를 따진다면 리가 기보다 먼저 있다고 말하는 것이다. 요컨대 리상간에서는 리가 기보다 앞서 있고, 사상간에서는 리와 기가 함께 있으므로 선후를 말하기 어렵지만 궁극적으로는 리가 기를 생하기 때문에 리가 기에 앞서 존재한다고 말할 수 있다.

강조점을 리상간에 두느냐, 아니면 사상간에 두느냐에 따라 갈림길이 생기는 것이다. 이런 갈림길은 한국 유학사에서 퇴계退溪와 율곡栗谷의 주자학 해석에서 볼 수 있다. 퇴계는 리상간의 관점에 비중을 두고 주자학을 바라보았고, 율곡은 사상간의 관점에 비중을 두고 주자학을 바라보았다. 퇴계는 리상간에서 주자학을 인과론적으로 해석하였고, 율곡은 사상간에서 주자학을 현상학적으로 해석하였다. 퇴계는 '리발기수지설理發氣隨之說'을 제창하여 리에 능동성을 부여하였다. 따라서 퇴계학에서 리는 만물의 원인인 동시에 기에 선행한다. 반면에 율곡은 '기발리승일도설氣發理乘一途說'을 주장하여 기의 유행에 주목하였다. 그래서 율곡은 기질지성의 세계를 기발리승일도의 세계로 보았고, 그 세계는 우리에게 사실이 무엇인가를 보여준다. 이 사실의 의미는 인간이 만들어낸 것이 아니라, 이미 정시되어 있는 사실을 인간이 의미로서 느낀다는 것이다. 느끼는 범위 안에서만 의미가 있기 때문에 리는 몸의 느낌이 갖는 자연적인 제약, 즉 기의 제약을 벗어날 수 없다는 것이다.

토미즘에서 존재와 본질의 선후관계는 두 가지 점에서 고찰된다. 즉 법적인 측면과 사실적인 측면이다. 주자학에서 리상간과 사상간의 관점이 두루 관통되어 있는 것처럼, 토미즘에서도 법적인 측면과 사실적인 측면은 두루 관통되어 있다. 존재와 본질의 선후문제를 다룸에 있어서도 이 관점을 벗어나서는 논의할 수가 없다. 토마스는 존재와 본질에 관해 다음과 같은 말을 하고 있다.

> 사실 본질이나 무엇임의 인식에 속하지 않는 것은 그 어떤 것이든지 다 밖에서 오는 것이며 본질과 합성을 이룬다. 그 이유는 어떠한 본질도 그 본질의 부분인 것이 인식되지 않고서는 인식될 수 없기 때문이다. 그런데 어떠한 본질이나 무엇임도 그 존재에 대해 어떤 것이 인식되지 않고서도 인식될 수 있다. 사실 나는 사람이 무엇인지 불사조가 무엇인지를 인식할 수 있으나 그런 것들이 자연 사물계에 존재하는지를 모를 수도 있다. 따라서 존재는 본질이나 무엇임과는 다른 것이 분명하다. 즉 어떤 사물이 혹시 그 사물의 무엇임이 그 사물의 존재 자체가 아니라면 말이다. 이런 사물은 하나이고 첫째일 수밖에 없다. … 그러므로 이런 사물을 제외한 어떤 사물에 있어서도 그 존재는 그 무엇임, 즉 그 본성이나 형상과는 다른 것일 수밖에 없다.[174)]

토마스의 논지를 추리면 세 가지로 말할 수 있다. 첫째, 본질이나 무엇임의 인식에 속하지 않는 것은 다 밖에서 오는 것이며 본질과 합성을 이룬다는 것이다. 둘째, 존재는 본질이나 무엇임과는 다른 것이라는 것이다. 왜냐하면 불사조가 무엇인지를 인식하더라도, 그 존재여부는 모를 수도 있기 때문이다. 셋째, 본질과 존재가 같은 것은 신 밖에 없다는 것이다. 넷째, 그러므로 존재자에게 있어서는 본질과 존재는 서로 다른 것일 수밖에 없다는 것이다. 토마스의 이런 말은 본질과 존재의 실제적 구별과 관련이 있다. 그런데도 토마스의 이런 말들을 통해 존재와 본질의 선후문제를 논할 수 있는 것은 존재가 외부로부터 오기 때문이다. 이 외부로부터 온다는 것은 신이 존재자들에게 존재를 분유한다는 의미를 내포한다. 신이 존재를 분여할 때 그 존재를 수용하는 주체도 창조한다. 그러므로 본질은 존재와 함께 창조되는 것이다. 따라서 다음과 같이 말할 수 있다. 즉 신은 존재 자체이다. 그리고 신의 존재는 자기 본질과 같다. 신은 존재자를 창조할 때, 존재자에게 존재를 준다. 그런데 신은 존재 자체이면서 본질 자체이기 때문에, 신이 존재자에게 존재를 준다고 할 때, 존재를 주는 만큼 동시에 본질도 함께 주는 것이다. 창조된 모든 존재자는 존재와 본질의 합성체로 존재하게 된다. 본질은 존재를 통해서 실제화된다. 왜냐하면 존재는 '현행actus'이고, 본질은 '가능potentia'이기 때문이다. 그러나 본질은 한편으로 존재의 종류를 규정한다. 그래서 모든 존재자들은 존재와 본질의 합성체로 존재하며, 이때 존재가 본질에 부합된다는 의미에서 존재는 본질에 의해 제약된다. 그러므로 존재와 본질의 선후문제에 있어서, 주자학에서처럼 두 가지 점에서 말할 수 있다. 첫째, 법적인 측면에서 존재는 본질에 선행한다. 둘째, 사실적인 측면에서 모든 존재자는 존재와 본질의 합성이기 때문에 존재와 본질은 서로를 규정하며 선후를 논하기는 어렵다. 그러나 궁극적으로 본질을 현실화하는 것은 존재이기 때문에, 존재가 본질에 앞서 존재한다고 말할 수 있다.

3) 무한존재(太極, Deus)와 유한존재(萬物, ens)의 정태적·동태적 의미

주자학과 토미즘에서 존재자는 두 가지 의미를 지니고 있다. 즉 그것은 정태적 의미와 동태적 의미이다. 그런데 존재자는 또 두 가지로 분류된다. 그것은 무한 존재자와 유한 존재자이다. 무한 존재자는 토미즘에서 '신'이고, 주자학에서는 '태극'이 이에 해당한다. 유한 존재자는 토미즘에서 '엔스ens', 즉 '존재자'이고, 주자학에서는 '인人·물物', 즉 '만물萬物'이다. 존재자의 정태적·동태적 의미를 무한 존재자의 측면과 유한 존재자의 측면에서 각각 고찰할 수 있다. 그런데 무한 존재자가 유한 존재자의 원인이 되므로, 무한 존재자의 정태적 의미와 동태적 의미를 먼저 고찰해보자.

토미즘에서 신은 주지하듯, 존재 자체이다. 우리는 이미 신이 불변임을 살펴보았다. 신이 불변임은 신의 제일원인이자 제일능동인에서 비롯한다. 신은 제일능동인인 한 그 자체 불변이다. 토마스는 신이 불변인 이유를 다음과 같이 말하고 있다.

> 첫째, 우리가 신이라고 부르는 어떤 제일존재자가 있으며, 이런 제일존재자는 어떠한 가능태의 혼합도 없는 순수 현실태여야 한다. 그것은 단적으로 가능태는 현실태보다 뒤의 것이기 때문이다. 그런데 어떤 모양으로든 변하는 것은 다 어떤 의미로 가능태에 있는 것이다. 신은 어떤 의미로도 변할 수 없다는 것은 이런 데서도 분명하다.
>
> 둘째, 움직이는 모든 것은 그 운동으로 말미암아 어떤 점에서는 머물러 있고 또 어떤 점에서는 이행해 간다. 예를 들어 백白에서 흑黑으로 움직여가는 것도 그 실체에 있어서는 머물러 있는 것이다. 이렇게 움직이는 모든 것에는 어떤 합성이 드러난다. … 신에 있어서는 어떠한 합성도 없으며 신은 전적으로 단순하다. 따라서 신은 움직일 수 없다는 것(즉, 불변임)이 명백하다.
>
> 셋째, 움직이는 것은 다 그 운동으로 말미암아 어떤 것을 얻으며, 전에는 도달하지 않았던 어떤 것에 도달한다. 그런데 신은 무한하며 자기 안에 모든 존재의 완전성의 모든 충만을 내포하기 때문에 신은 어떤 것을 얻을 수 없으며 또 전에 도달하지 못했던 어떤 것에 이를 수 있는 것도 아니다. 따라서 어떤 의미로도 운동은 신에게 적합하지 않다.[175)]

여기서 토마스는 세 가지 점에서 신의 불변을 말하고 있다. 첫째, 신은 제일존재자이며 순수 현실태이다. 어떤 의미로든 변화하는 것은 가능태에 있다는 것을 의미함으로, 순수 현실태인 신은 변화할 수 없다는 측면에서 전적으로 불변이다. 둘째, 움직이는 모든 것은 합성체이다. 그러나 신에게는 어떤 합성도 없으며 전적으로 단순하다. 그러므로 신은 움직일 수 없다는 측면에서 불변이다. 셋째, 움직이는 모든 것은 운동을 통하여 어떤 것을 얻는다. 그러나 신은 무한하며 가장 완전하기 때문에 어떤 것을 얻어야 할 필요가 없다. 신에게는 운동이 필요 없으므로 불변이다. 토마스는 신이 변화할 필요도, 움직일 필요도, 또 어떠한 운동도 필요로 하지 않는다는 의미에서 신은 전적으로 불변이라고 한다. 신이 불변이라는 이런 측면이 무한 존재자로서 신의 정태적 의미를 나타낸다고 볼 수 있다. 그런데 이런 신은 모든 존재자의 창조주이다. 신의 창조행위는 신의 동적인 측면을 드러내고, 이런 점에서의 신은 무한 존재자로서 신의 동태적 의미를 나타낸다.

> 창조한다는 것은 신에게만 고유한 작용일 수밖에 없다는 것이 한 번 봄으로써 충분히 명백하게 된다. 사실 더 보편적인 결과들은 더 보편적이며 더 먼저의 원인들에 환원되어야 한다. 그런데 모든 결과 중에서 가장 보편적인 것은 존재 자체이다. 그러므로 그것은 신이라는 첫째이고 가장 보편적인 원인의 고유한 결과여야 한다. … 그런데 이것 혹은 그런 것인 한에서가 아니고 절대적 의미의 존재, 즉 무조건적 의미의 존재를 산출하는 것은 창조의 특질에 속한다. 그러므로 창조는 신 자신의 고유한 작용인 것이 명백하다.176)

신의 창조행위를 통하여 신 그 자체는 불변이지만 신이 피조물들을 창조한다는 측면에서 신의 동태적 의미를 말할 수 있다. 그렇다면 신은 어떤 의도로 만물을 창조하는 것인가? 토마스에 의하면, 신은 "오직 자기의 완전성, 즉 자기의 좋음을 전달하려고 의

도한다."[177] 이런 신의 의도에서 모든 존재자들에 대한 신의 창조가 일어나며, 이런 신의 창조행위가 신의 고유한 작용으로서 신이 갖는 동태적 의미이다. 그렇다면 주자학에서 태극이 갖는 정태적 의미와 동태적 의미는 무엇인가?

주자학에서 태극은 천지만물의 리이고 또 리의 극치이며 동정의 리이다. 태극은 동정의 권능을 지니고 있다. 체용론體用論으로 본다면 태극이 동하는 측면은 용이고, 태극이 정하는 측면은 체이다.

> 태극은 스스로 동정의 리를 갖추고 있으므로 동과 정으로 체와 용을 나눌 수는 없다. 대개 정은 곧 태극의 체이고, 동은 곧 태극의 용이다.[178]

주희는 태극이 동정의 리를 갖추고 있다고 함으로써 태극이 동정하는 것이 아님을 분명히 하였다. 이것은 토미즘에서 신이 동정하지 않는 것과 같은 이치이다. 토미즘에서 어떤 존재자가 동정한다는 것은 그것이 합성체임을 의미한다. 그런데 신은 어떠한 합성체가 아니므로 신에게 동정은 있을 수 없다. 마찬가지로 태극도 동정이 있는 것이 아니라, 동정의 리를 갖추고 있는 것이다. 주희는 또한 동정을 가지고 체용으로 나눌 수 없다고 하였다. 그가 동정으로 체용을 말하는 것은 유행의 측면에서이다. 동정의 리를 갖춘 태극이 동하여 양을 낳고, 정하여 음을 낳는다. 이를 통하여 태극은 오행五行을 낳고, 더 나아가 만물을 낳는다. 태극이 만물을 낳는다는 점에서, 태극은 동태적 의미를 지니고 있다. 이것은 또한 유행으로서의 태극을 의미한다.

> 태극은 동정을 겸하지 않는다. 태극에 동정이 있다. 희노애락의 미발未發에도 태극이 있고, 희노애락의 이발已發에도 태극이 있다. 단지 이 태극은 이발已發의 순간에 유행하고, 미발未發의 때

에는 거두어 감추어져 있다.179)

여기서 주희는 태극이 동정을 겸하지 않고 동정이 있다고 말한다. 엄밀하게 말한다면 태극에 동정의 리가 있다고 해야 할 것이다. 태극이 동정을 겸하지 않는다는 주희의 말에서, 태극의 동태적 의미와 정태적 의미를 해석해낼 수 있다. 왜냐하면 태극에 동정의 리가 있기 때문에 태극은 이발시已發時에는 동하고, 미발시未發時에는 정한다. 그런데 주희는 태극에 음양과 동정이 있지만, 그럼에도 음과 정이 태극의 근본이라고 하였다.180) 이런 점에서 우리는 태극이 불변이며 따라서 이것이 태극의 정태적 의미를 나타내고 있다고 말할 수 있다. 이것은 본체로서의 태극을 의미한다. 다음의 말을 통해 주희는 태극에 동과 정이 모두 있지만, 태극이 동하고 정하는 것이 아님을 분명히 하였다.

> 태극은 방소도 없고 형체도 없고 형상도 없으며 머무르거나 의지할 만한 위치도 없다. 만약 미발의 때를 말하면, 미발은 단지 정이다. 동정과 음양은 모두 형이하이다. 그러나 동 또한 태극의 동이고, 정 또한 태극의 정이다. 다만 동과 정이 태극이 아닐 뿐이다.181)

태극이 정하는 측면은 태극의 정태적 의미를 나타내고, 태극이 동하는 측면은 태극의 동태적 의미를 나타낸다. 따라서 주자학과 토미즘에서 태극과 신은 본체로서 각각 그 자신은 불변이지만 태극은 만물을 낳고, 신은 모든 존재자를 창조함으로써 만물과 모든 존재자의 제일원인이자 능동인이다. 이런 두 가지 측면에서 태극과 신은 각각 무한 존재자로서 정태적·동태적 의미를 지니고 있다.

이제 유한존재자의 정태적·동태적 의미를 고찰해보자. 토미즘은 유한존재자, 즉 '엔스ens'를 두 가지 방식으로 이해한다. '존재자라는 개념conceptus entis'은 '존재자의 형상 개념conceptus formalis entis'과 '존재자의 대상 개념conceptus objectivus entis'으로 파악된다. '형상 개념conceptus formalis'에서 형상이란 어떤 것을 현실적인 것으로 만들어 주는 것을 의미한다. 다시 말해 형상 개념은 현실적인 개념, 즉 '개념을 가지는 행위actus concipiendi' 또는 '개념 작용conceptio'이라는 의미의 개념 파악함이다. 즉 존재자의 형상 개념이란 존재자를 개념 파악함 또는 존재자를 파악함이다. 존재자의 대상 개념에서 대상이란 파악함과 포착함 속에 포착될 수 있는 것, 즉 포착된 대상으로 마주 던져져 있는 것이다. 한 마디로 대상 개념은 개념 내용 또는 의미이다.182)

존재자는 관용적인 언어로 말하면, '존재하고 있는 것'을 의미한다. 엔스ens(존재자)는 숨sum(나는 존재한다)의 현재분사이다. 이 현재분사적 의미를 넓은 의미에서 동태적 의미로 해석한다. 이때 엔스는 '존재의 현행actus essendi'을 의미한다. 즉 '여기 지금 실제로 존재하는 것'을 의미한다. 다른 한편으로 존재자는 정태적 의미를 가지고 있다. 이때 엔스는 '존재하고 있는 것 자체', 즉 존재자, 또는 사물을 의미한다. 존재자와 사물의 관계를 살펴보기 위해, 하이데거의 말을 참고하자.

> 존재자, 즉 '존재하고 있는 것'이라는 표현의 이중적인 의미를 총괄해 보기로 하자. 현재분사로서의 존재자는 존재자가 어떤 존재방식에 의해 규정되어 있음을 말한다. 현재분사적 의미는 실존existentia의 계기에 역점을 두고 있는 셈이다. 이와 달리 명사적 의미는 사물res 또는 본질essentia의 계기를 강조한다. 엔스ens와 레스res, 즉 존재자와 사물은 서로 상이한 것을 뜻하면서도 서로 치환가능하다. 개개의 모든 존재자는 존재자이자 사물이다. 다시 말해 그것은 존재를 이러저러한 것으로서 가지고 있다. 사물은

좀 더 정확히 실제적 본질 또는 그냥 간단하게 본질, 말하자면 사물 내용적 본질, 무엇임, 사물성realitas(즉 실재성)으로 파악된다.183)

현재분사로서의 존재자는 존재자가 어떤 존재 방식에 의해 규정되어 있음을 의미한다. 현재분사적 의미는 존재의 계기에 중점을 두고 있다. 다른 한편으로 정태적 의미의 존재자는 본질의 계기에 중점을 두고 있다. 그래서 토미즘의 존재자는 존재와 본질의 합성체이다. 우리는 이것을 토미즘에서 존재와 본질의 '실제적 합성'이라고 말한다는 것을 이미 밝혔다.

토미즘에서 말하는 존재자의 정태적 의미와 현재분사적(즉, 동태적) 의미는 존재자가 본질과 존재의 합성인 데서 연유한다. 즉 본질이 존재자의 정태적 의미를 드러내고, 존재가 존재자의 동태적 의미를 나타내고 있다. 그런데 이런 유한 존재자로서 엔스의 정태적·동태적 의미가, 주자학에서는 선명하게 드러나지 않는다. 왜냐하면 토미즘에서 존재는 존재의 현행으로서 동태적 의미를 지니며 본질은 어떤 사물을 그 사물이게끔 규정해줌으로써 정태적 의미를 지니고 있지만, 주자학에서는 만물의 구성 요소인 리와 기가 확연하게 구분되어 동태적·정태적 의미를 지닌다고 말하기가 어렵기 때문이다. 구체적으로 말해, 리상간에서는 리가 기보다 강하여 동태적이지만, 사상간에서는 기가 리보다 강하여 리가 오히려 정태적이다. 즉 사상간에서는 현상의 기가 본체의 리를 압도한다. 그러므로 주자학의 리·기를 가지고, 토미즘의 존재·본질의 관계와 정확하게 대비시켜 유한존재자의 동태적·정태적 의미를 설명하기가 매우 곤란하다. 그렇지만 한 가지 분명한 점은, 이 세계에 존재하는 '모든 존재자들' 또는 '만물'은 모두 그것이 '특정한 그 사물'로서 존재하고 있는 측면에서 유한 존재자의 정태적 의미를 드러내고 있으며, 뿐만 아니라 그 사물이 이 세계 전체를 구성하는 한 존재자로서 제각기 어떤 역할을 수행하며 기능하고 있다는 점에서 만물은 활물活物로서 동태적이라고 말할 수 있다는 것이다.

제4장

주자학과 토미즘의 윤리학

1. 주자학과 토미즘의 윤리학적 사유구조

1) 최고선(至善)으로서의 무한존재와 유한존재의 선성善性

주자학과 토미즘은 존재하는 모든 것들이 다 선善하다고 여겼다. 즉 '존재와 선은 서로 치환된다Ens et bonum convertuntur.' 존재는 무한 존재와 유한 존재가 있다. 그리고 유한 존재는 무한 존재에서 유래한다. 따라서 우리는 존재와 선의 문제를 다룸에 있어 무한존재의 선성에서 유한 존재의 선성으로 고찰해 나아가야 한다. 선의 문제를 먼저 다루는 것은 선이 윤리학의 기초가 되기 때문이다. 선에는 두 가지 종류가 있다. 즉 존재론적 선과 도덕적 선이다. 존재론적 선은 실재하는 존재가 좋다는 의미에서의 선을 말한다. 도덕적 선은 의지가 이성의 명령에 따르는 당위적 의미의 선을 말한다. 선의 질서에 있어서, 존재론적 선이 도덕적 선에 선행한다. 왜냐하면 인간 이성은 먼저 존재의 좋음(善)을 인식하고 나서, 의지가 이성의 명령에 따라 도덕적 옳음으로서의 선을 실천하기 때문이다.

주자학과 토미즘은 각각 태극과 신을 '최고선Summum Bonum(至善)'으로 여겼다. 왜냐하면 존재와 선은 같은 것인데, 태극과 신은 최고 존재이기 때문에 선에 있어서도 최고선이다. 최고선으로서 태극과 신은 무한히 충만한 존재이므로 태극과 신의 선성은 무한히 흘러넘친다. 왜냐하면 위-디오니시우스Pseudo-Dionysius에 의하면,

'선은 자기 확산적Bonum est sui diffusivum'이기 때문이다. 구약의 「창세기」에 의하면, 신은 이 세계를 무로부터 창조하고 대단히 기뻐했다고 한다. 신은 좋음의 극치이고, 이런 신이 창조한 세계 또한 좋았기 때문이다. 태극과 신의 선성의 흘러넘침으로 인하여 만물과 모든 존재자들 또한 각각 태극과 신으로부터 그 선성을 분여받게 된다. 따라서 주자학과 토미즘에 의하면, 존재하는 것이면 무엇이든지간에 다 선성을 지니고 있다.

주희는 어떤 사람이 태극에 관하여 묻자, 다음과 같이 말했다.

> 태극은 가장 좋은 최고선(至善)의 도리일 뿐이다. 사람마다 각각 하나의 태극을 가지고 있으며, 또 사물마다 각각 하나의 태극이 있다. 주자周子도 태극은 천지인물의 모든 선(萬善)의 가장 좋은 모범적인 덕(表德)이라고 하였다.[184]

여기서 주희는 다음의 네 가지 점을 밝히고 있다. 첫째, 태극은 최고선이라는 것이다. 둘째, 만물, 즉 사람과 사물이 모두 태극으로부터 리를 분여받았다는 것이다. 이런 해석이 가능한 것은 인용문의 "사람마다 하나의 태극을 가지고 있고, 사물마다 각각 하나의 태극이 있다"는 말을 통해서이다. 태극은 곧 리이기 때문에, 사람과 사물에 모두 각각 하나의 태극이 있다는 것은 사람과 사물이 모두 태극으로부터 그 리를 분여받았다는 것을 의미한다. 셋째, 사람과 사물이 모두 태극으로부터 리를 분여받았다는 것은 동시에 태극으로부터 그 선성을 분여받았다는 것을 뜻한다. 왜냐하면 토미즘에서 존재가 곧 선이듯이, 주자학에서 리는 곧 선이기 때문이다. 그러므로 천지인물은 '모두 선(萬善)'이다. 넷째, 태극은 만선萬善인 천지인물의 모범적인 덕이라는 것이다.

주희는 "리는 무대無對이며 지선至善하다"[185]고 하였다. 리, 즉 태극은 상대가 없으므로 선한 것 중에서 가장 선하다. 왜냐하면 만물은 반드시 상대가 있는데, 상대가 있다는 것은 선의 상대로서 악이 있다는 뜻이다. 그러나 태극은 상대가 없으므로 오로지 선할 수밖에 없다. 따라서 태극은 지선至善이자 순선純善이라고 할 수 있다.

토미즘에서도 신은 최고선이다. 그런데 토마스는 신이 최고선이라고 말하기 전에 '선하다는 것이 신에게 적합한가Utrum esse bonum Deo conveniat'라고 먼저 묻는다. 그리고 다음과 같이 대답한다.

> 선하다는 것은 특히 신에게 적합하다. 어떤 것이 선하다는 것은 욕망하고픈 데 기인한다. 그런데 모든 사물은 다 자기 완전을 욕망한다. 결과의 완전과 결과의 형상은 능동인과 유사한 어떤 것을 지니고 있다. 그것은 모든 능동인은 자기에게 비슷한 것을 행하기 때문이다. 따라서 능동인 자체는 욕망하고픈 것이며 선의 이유를 갖는다. 다시 말해 이런 것은 능동인의 유사성이 분유되기 위해 능동인이 요구되기 때문이다. 따라서 신은 모든 것의 제일능동인이기 때문에, 신에게 좋음과 욕망의 이유가 적합한 것은 명백하다.[186]

토마스에 의하면, 어떤 것이 좋다는 것은 욕망하고픈 것이다. 왜냐하면 선은 곧 좋은 것이고, 좋은 것은 욕망할 만한 것이기 때문이다. 모든 사물이 욕망하는 것은 자기 완전을 욕망하는 것이다. 그러므로 선을 욕망한다는 것은 자기 완전을 욕망하는 것이라고 말할 수 있다. 그런데 신은 가장 완전한 자이다. 그렇다면 신은 가장 욕망하고 싶은 것이라고 할 수 있다. 역으로 말하면 가장 욕망할 만한 것은 가장 선한 것이기도 하다. 그래서 신은 최고선이다. 또한 신은 제일능동인이다. 신이 제일능동인이라는 것은 신이 가장 욕망한다는 것을 의미한다. 그런데 욕망하는 것은 곧 선을 욕망하는 것이므로, 선하다는 것은 제일능동인인 신에게 적합한 것이다. 게다가 토마스는 위-디오니시우스가 그의 『신명론*De divinis nominibus*』에서, 신은 "그것으로 인해 모든 것이 있게 된다는 의미로, 선하다고 하면서 선을 제일능동인인 신에게 귀속시켰다"[187]고 하였다. 선하다는 것이 신에게 적합하다고 말하고서, 토마스는 이런 신이 최고선임을 논증한다.

> 신은 어떤 유類나 사물의 질서에 있어서만이 아니라 절대적으로 최고선이다. 이와 같이 신에게 선이 귀속되는 것은 욕구되는 모든 완전성이 제일원인으로서의 신으로부터 흘러나오기 때문이다. … 따라서 선이 신 안에 있는 것은 일의적이 아닌 만물의 제일원인으로서의 신 안에 있기 때문에 선은 신 안에서는 가장 탁월한 모양으로 있어야 한다. 이런 이유 때문에 신은 최고선이라고 불리운다.[188]

여기서 토마스는 선이 신에게 귀속되는 것이 제일원인으로서의 신으로부터 욕망되는 모든 완전성이 유출되기 때문이라고 한다. 토마스가 신이 최고선이라고 말하는 논거는 신이 만물의 제일원인이라는 데 있다. 신은 제일원인이기 때문에 욕망되는 모든 완전성이 신으로부터 흘러나오는 것이다. 신은 욕망되는 모든 완전성의 원두처原頭處이다. 그러므로 신은 선 중에서 최고선이라는 귀결에 이르게 된다. 이것은 주자학에서 태극이 최고선이 되는 까닭과 같다. 왜냐하면 태극은 만물의 제일원인이고, 따라서 만선인 만물의 모범적인 덕으로서 지선이기 때문이다.

더 나아가 토마스는 신만이 유일하게 그의 본질에 의해 선하다고 한다. 그의 말을 들어보자.

> 신만이 홀로 본질에 의해 선하다. … 그것은 신의 본질만이

그 존재이기 때문이다. … 게다가 신은 자기 이외의 다른 어떠한 것에 대해서도 그것을 목적으로 향해서 질서지워지는 것이 아니고 오히려 그 자신이 모든 사물의 최종목적이다. 따라서 신만이 모든 양태의 완전성을 그 본질에 의해 갖는 것이다. 그러므로 신만이 그 본질에 의해 선한 것이다.[189)]

토마스의 말을 통해, 우리는 다음과 같은 숙고를 할 수 있다. 첫째로, 신의 존재와 본질은 같다는 것이다. 존재가 곧 좋음이자 신의 본질이기에 신의 선성 또한 신의 본질이라고 말할 수 있다. 둘째로 신은 만물의 최종목적이라는 것이다. 여기서 만물이 최종목적인 신으로 향하며 또한 신은 만물이 닮으려고 하는 모범적인 덕이라고 할 수 있다. 셋째로 따라서 신은 모든 완전성을 그의 본질에 의해 갖고 있다는 것이다. 이상의 말을 통해 우리는 신은 만물의 제일능동인이자 제일원인으로서 모든 완전성을 구현하고 있는 최고의 좋은 존재이며, 따라서 만물은 이런 신의 선성을 분여받아 최종목적으로서의 신으로 향하고 있음을 알 수 있다. 태극이 최고선으로 만물의 만선의 모범적인 덕인 것처럼, 신 또한 최고선으로서 모든 존재자들의 모범적인 덕이라고 할 수 있다.

이제 유한 존재인 '만물'과 '모든 존재자들'의 선성에 관하여 고찰해보자. 유한 존재인 만물과 존재자들의 선성을 네 가지 점에서 고찰할 수 있다. 첫째는 만물과 존재자가 선하다고 하는데, 왜 선인지 하는 문제이다. 둘째는 존재자와 선의 선후문제이다. 셋째는 존재자는 자기 완전을 욕구하므로, 선은 목적인을 갖는다는 것이다. 넷째는 존재의 유비가 성립하듯이, 선의 유비도 성립한다는 것이다.

첫 번째로 만물과 존재자들은 구체적으로 왜 선하다는 것인가? 먼저 주자학에 의하면, 천지만물은 선하지 않은 것이 없다. 왜냐하면 천도의 유행은 끊임없이 흐르는데, 이런 천도의 연속적 흐름을 하나의 연속하는 선으로 보고 있기 때문이다. 『주역』「계사전」에 다음과 같은 말이 있다.

> 한 번은 음이 되고 한번은 양이 되는 것을 도라고 한다. 이 도를 이어나가는 것이 선이고, 또 이 선을 이루는 것이 성이다.[190]

「계사전」의 이 말에 관하여, 주희는 다음과 같이 해석한다.

> 한 번은 음이 되고 한 번은 양이 되는 것을 도라고 한다는 것은 태극을 말한다. 이 도를 이어나가는 것은 생명의 흐름이 끊임없이 이어진다는 뜻이고 양에 속한다. 이 선을 이루는 것은 만물이 각각 천부의 성질을 갖추고 있다는 뜻이며 음에 속한다.[191]

주희는 천도가 '일음일양'하는 것을 태극으로 보았고, 또 이 천도의 '생생불이'를 선으로 여겼으며, 이 선을 이루는 것을 성이라고 하였다. 성이란 만물에 내재한 천리를 말한다. 만물에는 성리性理가 내포되어 있으며, 이 성리는 곧 성선性善이다. 만물은 성선으로서 선하지 않은 것이 없다. 이와 같이 주자학에서는 "천지가 생명의 흐름을 쉬지 아니하고, 만화萬化가 유행하는 것은 단지 하나의 선일 뿐이다"[192]라고 하였다. 다시 말해 만물이 선한 까닭은 천지인물이 천도, 즉 태극으로부터 그 선성을 분여받았기 때문이고, 이런 선성이 끊임없이 이어져 나가는 역동적 흐름이 그 자체로 선이다.

토미즘에서 존재자가 선한 까닭은 무엇인가? 주자학에서 만물이 선인 것처럼, 토미즘에서도 존재자는 곧 선이다. 토마스는 존재자가 왜 선인지를 다음과 같이 말하고 있다.

그러므로 각각의 사물은, 그것이 맨 처음 것을 어떤 유사의 방식으로 분유하는 한, 그 본질에 의해 존재자이며 선인 맨 처음 것에 근거하여, 존재자이며 선이라고 불리울 수 있다. … 그러므로 각각의 사물은 모든 선성의 원형적이며 산출적이고 목적적인 제일원리와 같은 신적 선성에 의해 선이라고 불린다.193)

토마스에 의하면, 모든 존재자가 선한 까닭은 신적 선성의 분유에 의한다. 모든 존재자는 우선 제일원인인 신에 의해 존재자이며, 동시에 선이라고 불리울 수 있다. 그래서 존재자는 곧 선이 된다. 다시 말해 존재자와 선은 서로 치환된다. 토마스는 존재자와 선의 이런 관계에 관하여 다음과 같이 말한다.

선과 존재자는 사실상 같은 것이며 양자의 차이는 다만 이치상의 차이뿐이다. 그것은 다음에서와 같이 명백하다. 사실 선의 이유는 어떤 것이 욕망할 만한 것이라는 데서 성립한다. 따라서 아리스토텔레스는 윤리학 제1권에서 '선은 모든 것이 욕구하는 것이다'라고 하였다. 그런데 명백히 모든 것은 그것이 완전한 것인 한 욕구될 성질의 것이다. 그 이유는 모든 것은 자기 완전을 욕구하기 때문이다. 그런데 모든 것은 그것이 현실태로 있는 한 그런 것으로서 완전한 것이다. 그러므로 어떤 것이 존재자인 한 그것은 선인 것이 명백하다.194)

토마스는 아리스토텔레스를 따라, 선이란 모든 것이 욕망(또는 욕구)하는 것이라고 하였다. 그런데 모든 존재자는 각각 자기 완전을 욕망하며, 또 존재자는 그것이 현실태로 있다는 사실에서 이미 자신의 완전성을 갖고 있다. 따라서 우리는 모든 존재자는 선이라고 말할 수 있다.

유한 존재(萬物, ens)와 선의 선후문제는 어떠한가? 주자학과 토미즘에서 만물과 존재자가 모두 선에 선행한다고 말할 수 있다. 어떤 근거에서 만물과 존재자는 선에 선행하는가? 토마스는 존재자가 개념상 선에 선행한다고 말한다. 토마스의 말을 살펴보자.

> 이치상 존재자는 선에 선행한다. 사실 명칭으로 말미암아 의미되는 개념은 지성이 사물에 대해 파악하며 말로 표현하는 그것이다. 그러므로 지성의 파악에 있어서 먼저 오는 것이 이치상 선행한다. 그런데 지성의 파악에 있어서는 존재자가 먼저 오는 것이다. 그 이유는 … 어떠한 것도 그것이 현실적으로 있는 한에서 인식될 수 있는 것이기 때문이다. 따라서 존재자는 지성의 고유한 대상이며 이런 의미로 마치 소리가 맨 먼저 들을 수 있는 것과 마찬가지로 존재자는 맨 먼저 알 수 있는 것이다. 그러므로 존재자는 이치상 선에 선행한다.[195)]

여기서 토마스는 존재자가 이치상 선에 선행한다고 하였는데, 그가 그렇게 말한 이유는 지성이 파악하는 것은 개념을 통해서 인식되기 때문이다. 그런데 지성이 맨 먼저 인식할 수 있는 것은 존재자이기 때문에, 지성의 고유한 대상으로서 존재자는 개념상 선에 선행한다는 것이다.

주자학에서도 만물이 선에 선행한다고 말할 수 있다. 주희의 다음과 같은 말에 주목해 보자.

> 한번은 음이 되고 한번은 양이 되는 것, 이것이 천지의 리이다. 위대하다! 건원이여. 만물은 (건원을) 받아 비로소 시작하니, 곧 (이 건원을) 끊임없이 이어나가는 것이 선이다.[196)]

우리는 주희의 이 말을 통하여, 만물이 건원의 덕을 바탕으로 하여 비로소 존재하게 되고, 따라서 만물을 통하여 이 건원의 덕을 끊임없이 이어나가는 것이 다름 아닌 선임을 알 수 있다. 그러므로 우리는 우선 만물이 건원의 덕을 받았다는 점에서 선과 같다고 말할 수 있고, 이 선은 만물을 통하여 비로소 드러나기 때문에 만물이 선에 논리적으로 우선한다고 말할 수 있게 된다.

세 번째로, 선이 목적인을 갖는다는 말의 의미를 고찰해 보자. 토미즘에 의하면, 존재자는 선을 욕망하며, 선은 욕망을 움직이게 하는 동기가 되므로, 선이 목적인을 갖는다고 말한다. 토마스는 “선은 모든 것이 욕구하는 것이며, 이런 것은 목적의 이유를 갖는 것이기 때문에 선은 목적의 개념을 갖는 것이 분명하다”고 말한다.[197] 선이 이와 같이 목적인을 갖게 되는 이유는 선인 존재자가 최고선인 신으로부터 그 선성을 분여받았기 때문이다. 그러므로 모든 존재자에게 자신들의 제일원인인 신이 최종목적이 된다. 그런데 존재자는 곧 선과 같으므로, 모든 선은 곧 최고선을 그 최종목적으로 갖게 되는 것이다. 따라서 바로 이 선의 최종목적은 다름 아닌 신神이다.

마찬가지로 주자학에서도 만물은 모두 지선인 태극으로부터 그 선성을 분여받았기 때문에, 만물은 곧 선하다. 그런데 태극은 만물의 제일원인이므로, 만선인 만물은 최종목적으로서 지선인 태극으로 향한다. 왜냐하면 태극은 만물의 모범적 원인이고, 만물은 이런 태극을 닮으려고 하기 때문이다. 그러므로 주자학과 토미즘에서 만선인 만물과 모든 존재자들은 각각 최고선인 태극과 신을 그 최종목적으로 한다.

네 번째로 고찰할 것은 존재의 유비적 관계가 성립하듯이, 선의 유비성도 성립한다는 것이다. 주자학에서 태극과 만물의 관계, 또 토미즘에서 신과 모든 존재자의 관계는 유비적 관계이다. 이런 존재론적 유비성이 성립하는 것은 만물과 모든 존재자가 각각 태극과 신으로부터 그 리와 존재를 분여받았기 때문이다. 그런데 우리는 선에 관한 고찰에서 또한 만물과 모든 존재자가 각각 태극과 신으로부터 그 선성을 분여받았음을 살펴보았다. 그러므로 만선과 최고선에 있어서도 선의 유비적 관계가 성립한다고 말할 수 있다. 그렇지만 만물과 모든 존재자들의 선성은 최고선인 태극과 신의 선성과 같을 수는 없다. 그래서 토마스는 모든 것의 선성은 하나지만, 많은 선성이 있다고 하였다. 많은 선성이 있다는 것은 선의 관계들이 평등적이 아니라 차등적임을 나타낸다. 왜냐하면 주자학과 토미즘에서 궁극 원인을 갖는 만물과 모든 존재자들은 각각 자신들의 원인인 태극과 신을 제각기 닮을 수 있을 뿐이지, 결코 그것과 같을 수는 없기 때문이다. 바로 여기서 선의 결핍으로서의 악의 문제가 발생한다.

2) 기氣의 편벽과 존재자ens의 결핍으로서의 악惡

주자학과 토미즘은 존재하는 세계가 그 자체로 선하다고 여기지만, 현실의 세계에서는 필연적으로 악이 발생한다. 왜냐하면 태극과 신이라는 절대적 존재에 의해 기인하는 만물과 모든 존재자들의 세계는 상대적인 것으로서 선에 대해 악이 그 짝을 이루기 때문이다. 이때 선은 존재론적 좋음이 악과 대비해서 도덕적 선으로 옮겨진다. 선과 악이 대비되는 상대적인 이 세계는 결코 우주 만물의 제일원인인 절대자와 결코 같을 수 없다. 그러므로 필연적으로 선의 결핍으로서 악이 생기게 된다. 이 악의 발생을 주자학에서는 '기의 편벽'에 의한 것이라고 보았고, 토미즘에서는 '존재자의 결핍privatio entis' 또는 '선의 결핍privatio boni' 때문이라고 보았다.

먼저 주자학에서 악에 관하여 어떻게 말하는지를 고찰해보자. 주희는 먼저 이 세계가 상대적인 세계임을 밝힌다.

> 천하의 사물은 일찍이 상대가 없은 적이 없다. 음이 있으면 곧 양이 있고, 인이 있으면 곧 의가 있고, 선이 있으면 곧 악이 있고, 말이 있으면 곧 침묵이 있고, 움직임이 있으면 곧 고요함이 있다.198)

태극에서 생기하는 이 세계는 상대적인 세계이다. 그러므로 모든 사물에는 반드시 그 짝이 있다. 태극은 지선이지만, 사물의 세계에는 악이 있게 된다. 그렇다면 이 세계의 악은 어떻게 설명될 수 있는 것인가? 주희는 다음과 같이 말한다.

> 하늘이 명령한 성은 본래 치우친 적이 없다. 단지 품부받은 기질에 치우침이 있기 때문에, 기운에 어둡거나 밝고 두텁거나 얇은 차이가 있게 된다. … 그러나 이 리는 단지 선할 뿐이다. 이미 리라고 한다면, 어떻게 악할 수 있겠는가! 이른바 악은 오히려 기로 말미암은 것일 뿐이다.199)

여기서 기는 두 가지 점에서, 악의 원인으로 작용한다. 첫째, 기는 질료인이다. 그 이유는 기는 제한성을 지니는 그릇(器)의 뜻을 가지고 있기 때문이다. 둘째, 기는 작용인이다. 그 이유는 기가 제한성의 뜻과 함께, 작용인으로서의 기운(氣)의 뜻도 지니고 있기 때문이다. 그러므로 질료인으로서의 기는 제한성을 지니면서, 또한 작용인으로서 품부받은 기질에 차이를 빚어낸다. 즉 악이란 그 자체로 존재하는 것이 아니라, 기질의 치우침(偏)·막힘(塞)·무거움(重)·거침(粗)·탁함(濁)·잡박함(駁)에 의해 생겨나는 것이다.

토마스 또한 악이 선의 결핍임을 분명히 하였다. 그는 다음과 같이 말한다.

> 악은 선의 결핍이다. 그런데 선은 근원적으로 또 그 자체로서는 완전성 안에 그리고 현실태 안에 성립된다. 그런데 현실태는 두 가지가 있다. 즉 제일현실태와 제이현실태이다. 제일현실태는 사물의 형상과 완전성이고, 제이현실태는 작용이다. 따라서 악도 두 가지이게 된다. 그 하나로는 형상이나 어떤 부분의 결핍에 의한 것이다. 이런 부분은 사물의 완전성을 위해 요구되는 것이다. 그것은 예를 들어 맹목이나 지체의 결핍을 갖는 것이 악인 것과 같은 경우이다. 또 다른 하나로는 있어야 할 작용이 결핍되는 경우이다. 그것은 그런 작용이 전혀 없기 때문이거나 혹은 있어야 할 양태나 혹은 있어야 할 질서를 갖지 않기 때문이다.200)

여기서 토마스는 악에 관하여 세 가지 점을 말하고 있다. 첫째, 악은 선의 결핍이라는 것이다. 둘째, 악은 형상이나 어떤 부분의 결핍에 의한다. 이것은 이른바 물리적 악과 관계된다. 셋째, 악은 있어야 할 작용이 결핍되는 경우이다. 이것은 도덕적 악과 관계된다. 왜냐하면 도덕적 악이란 주로 행위와 관계되기 때문이다. 토마스는 이런 악이 서로 다른 두 가지 원인을 갖게 된다고 말한다.

> 악은 작용의 경우와 결과의 경우에 각기 다르게 원인된다. 작용에 있어서 악이 원인되는 것은 근원적 능동자의 것이든 도구적 작용자의 것이든 간에 근원적인 것들의 어떤 작용의 결함 때문이다. … 그런데 악은 어떤 사물 안에 그러나 작용자의 고유한 결과가 아닌 데에, 어떤 때는 작용자의 힘에 의해 또 어떤 때는 작용자나 질료의 결합에 의해 원인된다.201)

토마스에 의하면, 악의 발생원인은 두 가지 점이다. 하나는 작용의 결함 때문이고, 다른 하나는 질료의 결함 때문이다. 주자학에서 악의 원인이 기가 지니는 두 가지 측면, 즉 작용인과 질료인이라고 말한 것처럼, 토미즘에서도 악은 작용인과 질료인의 결함에서 발생한다고 말할 수 있다.

토마스와 주희는 다음과 같은 입장을 표명함으로써, 악이 결코 본성일 수 없음을 분명히 하였다. 먼저 토마스의 말이다.

> 선은 욕망하고 싶은 모든 것이다. 이렇게 모든 자연적 성향natura은 자기 존재와 완전성을 욕구하는 것이므로, 그 어떤 본성이든 그것의 존재와 완전성은 반드시 선의 성질bonitatis의 이유를 갖는다고 말해야 한다. 그러므로 악은 어떤 존재이거나 어떤 형상 내지는 본성을 의미하는 것일 수 없다.[202)]

토마스가 악이 자연적 성향일 수 없다고 말한 것처럼, 주희도 악은 결코 성이라고 여길 수 없다고 보았다.

> 근원은 모두 선하지만 기가 치우침으로 말미암아 성도 치우치게 되었다. 그러나 이것 또한 성이다. 예를 들어 어떤 사람이 혼신을 다해 가엾고 불쌍히 여기면서 (불의를) 부끄러워하고 (불선을) 미워하는 마음이 없거나, 부끄러워하고 미워하면서 가엾고 불쌍히 여기는 마음이 없으면, 이것은 곧 악덕이다. 이것을 성이라고 여긴다면 옳지 않다.[203)]

요컨대, 주자학과 토미즘에 의하면, 절대존재인 태극과 신에서 유래하는 세계는 상대적인 세계이다. 세계가 상대적이라는 것은 이 세계가 유한하다는 것을 의미하고, 유한한 세계는 리일분수 또는 존재론적 유비에 의해, 전체적으로는 좋은 세계이지만, 필연적으로 결격을 내포하지 않을 수가 없다. 왜냐하면 만물과 모든 존재자들에게 차등이 생기기 때문이다. 차등이 생긴다는 것은 만물과 존재자들의 세계가 결코 자신들의 궁극원인과 동일할 수 없다는 것을 의미한다. 따라서 만물과 모든 존재자들은 차등적이며 비례적으로 각각 리와 존재의 결핍을 발생시킨다. 그러나 주자학과 토미즘은 근본적으로 존재하는 모든 것을 좋은 것으로 여기기 때문에, 악惡은 적극적으로 이 세계에 존재하는 것이 아니라, 선들의 다양한 차등의 질서에서 소극적으로 등장한다.

2. 주자학과 토미즘의 윤리학의 원리

1) 도덕의 내적 원리들
: '심心·성性·정情과 의意·지志'와 '이성·의지·욕망'

주자학과 토미즘은 인간의 '마음'과 '영혼'의 이성적 능력을 인간의 가장 본질적인 면이라고 여겼다. 인간의 이성적 능력은 먼저 실재하는 세계의 존재자들을 인식하고, 그 존재자들의 세계를 좋다고 여긴다. 왜냐하면 존재하는 모든 것은 최고선인 리로서의 태극과 존재 자체로서의 신이 빚은 작품이기 때문이다. 그런데 존재하는 모든 것들 중에 인간만이 이성의 탁월한 능력을 지니고 있다. 인간은 이 세계를 가장 잘 인식할 수 있으며, 이런 인식은 곧 행동을 수반하게 된다. 왜냐하면 이 세계의 상대적 결격을 인식한 인간은 이 세계에 다시 본연의 선을 실현시키려는 당위의 열망을 품게 되기 때문이다. 그래서 주자학과 토미즘은 둘 다 선지후행先知後行을 말한다.

주자학과 토미즘은 인간의 영적인 측면뿐만 아니라, 인간의 육체적인 측면도 동시에 고려한다. 왜냐하면 인간은 '마음과 몸', 또는 '영혼과 육체'의 합성체로서의 인간이기 때문이다. 따라서 인간의 이성적 능력과 의지적 능력, 그리고 감각적 능력을 모두 고려한다. 주자학은 도덕의 내적 원리들로 '심心·성性·정情'과 '의意·지志'를 말하고, 토미즘은 '이성intellectus·의지voluntas·욕망appetitus'을 말한다. 주자학과 토미즘에서 말하는 인간의 이성적·의지적·감각적 능력이라는 세 가지 측면에서 도덕의 내적원리들을 고찰할 것이다.

첫째로, 주자학과 토미즘은 인간의 영적인 능력으로 각각 '마음'과 '영혼'을 말한다. 주자학에서는 마음(心)이 이성(知)과 의지(意)의 능력을 지니고 있고, 토미즘에서는 영혼anima이 이성ratio과 의지voluntas의 능력을 지니고 있다. 그런데 토미즘에서는 이성과 의지라는 용어를 사용하고 있지만, 주자학에서는 그런 세분된 용어를 사용하지 않고 마음으로써, 이성과 의지의 문제를 함께 다루고 있다. 이성은 인간의 인식능력을 말하는데, 두 철학 모두 이론이성과 실천이성이라는 두 측면에서 말하고 있다.

둘째로, 주자학과 토미즘에서 의지는 지성적 욕망을 뜻한다. 그리고 이런 인간의 의지가 이성적인 판단에서 개방되어 있기 때문에 자유의지라고 말한다. 그런데 자유의지의 욕망은 지성적 욕망과 감각적 욕망으로 나누어진다. 토미즘에서의 지성적 욕망과 감각적 욕망은 주자학의 도심道心과 인심人心에 각각 해당한다. 도심은 성性에 해당되고, 인심은 정情에 해당한다. 욕망으로서의 마음이 성과 정을 주재한다는 주자학의 '심통성정心統性情'의 이론을 토미즘의 지성적 욕망과 감각적 욕망의 두 측면에서 고찰할 수 있다.

셋째로, 주자학과 토미즘에서 말하는 욕망은 이성의 명령에 복종할 때 선이 되고, 이성의 명령을 거스를 때 악으로 흐른다. 각각 '정情'과 '정념passio'을 말하고 있는데, 이것들은 바로 이성의 명령에 복종하느냐 하지 않느냐의 여부에 따라 선이 될 수도 있고 악이 될 수도 있다. 따라서 정과 정념이 어떻게 선악으로 갈라질 수 있는가를 고찰할 수 있다.

먼저 주자학과 토미즘에서 말하는 이성적 능력을 살펴보자. 주자학과 토미즘은 인간의 이성을 이론이성과 실천이성으로 구분한다. 이성은 인식의 측면에서 보면 이론이성이고, 행동의 측면에서 보면 실천이성이기 때문이다. 주자학에서는 이론이성과 실천이성의 측면을 『대학大學』의 '격물치지格物致知'와 '성의정심誠意正心'에서 논하고 있다. 격치格致와 성정誠正의 두 요목은 비록 구분되어 있지만, 동시에 성립한다고 볼 수 있다. 비록 격치의 지식(scientia)과 성정의 의식(con-scientia)이 비록 '밖과 안'의 차이를 드러내고 있지만, 사실상 이 둘은 서로 분리되어 성립하는 것이 아니기 때문이다. 주희는 격치의 지식과 성정의 의식을 논하면서 격치의 앎은 마음의 신명神明으로서의 이성이 모든 이치를 살피는 능력을 의미하기 때문에 주로 지식을 구분하는 것을 말하고, 성정은 마음의 의지가 발동하여 사실이 성립하는 기틀을 관리함을 의미하기 때문에 주로 행위를 다스리는 것을 말한다고 하였다.[204] 그래서 주희는 "격물은 앎(知)의 시작이고, 성의는 행위(行)의 시작이다"[205]라고 하였다. 뿐만 아니라 "치지는 성의의 기본이고, 근독謹獨은 성의의 보조이다"[206]라고 함으로써, 행위에 앞서 먼저 아는 것이 중요함을 말하였다.

토미즘에서도 이성을 이론이성과 실천이성으로 구분하여 말하고 있다. 그러나 주자학과 마찬가지로 이론이성과 실천이성은 서로 다른 능력이 아니다. 토마스는 다음과 같이 말하고 있다.

> 실천이성과 사변이성은 각기 다른 능력이 아니다. … 그런데 사변이성과 실천이성은 다음과 같은 점에서 차이가 난다. 즉 사변이성은, 그것이 파악하는 것을 행동에 질서지어 주지 않고 다만 진리의 고찰에로만 질서지어 주는데, 실천이성이라고 하는 것은 파악한 것을 행동에로 질서지어 주는 이성이다.[207]

토마스가 이론이성과 실천이성이 각기 다른 능력이 아니라고 하는 것은 두 이성이 모두 영혼의 한 능력에 속하기 때문이다. 이론이성과 실천이성은 목적에 있어서 차이가 날 뿐이다. 즉 이론이성은 인식의 측면을 다루고, 실천 이성은 행동의 측면을 다룬다. 그러나 사실상 인식과 행동은 구분되지만 서로 분리하여 말할 수는 없다. 이성을 통하여 인식에서 행위로 나아가지만, 구체적으로 행동을 담당하는 것은 인간의 의지이다. 그래서 주희도 다음과 같은 말을 하고 있다.

> 지성(知)과 의지(意)는 모두 마음(心)에서 나온다. 지성은 별식別識을 담당하고, 의지는 영위營爲를 담당한다. 지성은 성性과 체體에 가깝고, 의지는 정情과 용用에 가깝다.208)

여기서 주희가 말하는 요점은 세 가지이다. 첫째, 마음은 지성과 의지의 두 능력을 지니고 있으며, 지성은 인식을 담당하고, 의지는 행위를 담당한다는 것이다. 둘째, 지성이 성性에 가깝고 의지가 정情에 가깝다고 말함으로써, 지성과 의지의 능력을 지닌 마음이 성과 정에 관계하고 있음을 밝히고 있다는 것이다. 이것은 바로 주자학의 '심통성정心統性情'의 이론과 직결된다. 셋째, 주희는 지성과 의지의 관계를 체와 용으로 말함으로써, 지성이 의지보다 우선함을 뜻하였다.

그렇다면, 먼저 토미즘에서는 지성과 의지의 관계를 어떻게 말하고 있는지 살펴보자. 토마스는 주희와 마찬가지로, "지성이 의지보다 더 고귀하다"209)고 여겼다. 그러면서 지성과 의지의 관계를 두 가지 측면에서 고찰하였다.

> 어떤 것이 움직여준다는 데는 두 가지 양태가 있다. 그 하나의 양태로는 목적의 양태에 의한 것인데, 그것은 목적을 실현하는 자를 움직인다고 하는 경우이다. 이런 양태로 지성은 의지를 움직인다. 그것은 지성에 의해 파악된 선은 의지의 대상이며 또 이런 선은 목적으로써 의지를 움직이기 때문이다. 다른 하나의

양태로는 어떤 것이 작용자의 양태로써 움직여준다고 한다. 변화시키는 것이 변화되는 것을 움직이고 충격을 가하는 것이 충격을 받는 것을 움직이는 경우가 그렇다. 그리고 이런 양태로써 의지는 지성을 움직이며 영혼의 모든 능력을 움직인다. … 의지의 대상은 선 일반이며 목적 일반이다. 그런데 각각의 능력은 자기에게 적합한 고유한 선과 관련된다. 그것은 예를 들어 시각은 색의 지각과 관련되고 지성은 진리의 인식과 관련되는 것과 같다. 그러므로 의지는 작용자의 양태를 통해 영혼의 모든 능력을 각자의 활동에로 움직여간다.[210]

토마스는 여기서 두 가지 양태, 즉 목적의 양태와 작용자의 양태를 말함으로써, 지성과 의지의 관계를 설명하고 있다. 첫째, 목적의 양태로서, 지성은 의지를 움직인다. 왜냐하면 지성에 의해 파악되는 것은 선이고, 이런 선은 의지가 목적으로 삼고 있는 대상이기 때문이다. 둘째, 작용자의 양태로 의지는 지성을 움직인다. 그 까닭은 의지의 대상은 선 일반이고, 지성에게 적합하고 고유한 선은 진리의 인식이며, 따라서 의지는 지성이 자신의 선, 즉 진리를 인식하도록 지성을 움직이기 때문이다. 이와 같이 지성과 의지는 상호작용한다.

토미즘에서 지성은 인식능력을 말하고, 의지는 욕망하는 능력을 말한다. 그런데 욕망하는 능력에는 두 가지가 있다. 그것은 감각적 욕망과 지성적 욕망이다. 의지는 지성적 욕망에 해당한다. 우리는 이 지성적 욕망으로서 인간의 의지는 자유의지인가라고 물을 수 있다. 토마스는 그렇다고 말한다.

인간은 자유의지를 갖는다. … 인간은 판단에 근거하여 행동한다. 그것은 인간이 인식력에 의해 어떤 것을 피해야 할 것인지 추구해야 할 것인지를 판단하기 때문이다. 그런데 그것은 이런

> 판단의 개개의 행하여야 할 것에 있어 자연적 본능에 근거해서가 아니라 오히려 이성의 일종의 사고에 근거해 있기 때문이다. 그러므로 그는 각기 다른 여러 방향으로 갈 가능성을 갖고 있으면서 자유로운 판단에 근거하여 작용한다. 사실 이성은 우연적인(비필연적인) 것들에 대해서는 상반되는 것들 중 그 어느 것으로도 갈 수 있다. … 그런 것들에 관한 이성의 판단은 각기 다른 것들에 대해 열려 있어 하나에로 결정되어 있지 않다. 이렇게 인간은 이성적이라는 바로 그것 때문에 자유의지를 가져야 한다.211)

토마스에 의하면, 인간이 자유의지를 가지는 것은 무엇보다도 이성적 존재이기 때문이다. 인간은 이성적 판단에 근거하여 행동하는데, 이런 이성적 판단은 판단이 내려지기 전까지는 어느 것에도 결정되어 있지 않고 개방적이기 때문이다. 토마스는 이와 같이 인간이 자유의지를 가진다고 말하고 나서, 자유의지가 능력potentia이며, 특히 욕망하는 능력이라고 말한다.

> 자유의지에 고유한 것은 선택이다. 사실 우리가 자유의지를 갖는다고 하는 것은 우리가 한쪽을 거부하고 다른 쪽을 받아들일 수 있는 것, 즉 선택할 수 있는 것에 근거한다. 그러므로 자유의지의 본성은 선택에서 고찰되어져야 한다. … 선은 그것이 선인 한에서 욕구의 대상이기 때문에 선택은 주로 욕망하는 힘의 현행이라는 귀결이 된다. 이렇게 자유의지는 욕망하는 능력이다.212)

자유의지가 욕망하는 능력이라고 한다면, 자유의지는 의지와 같은 능력인가라는 물음이 제기된다. 이 점에 관하여 토마스는 다음과 같이 말한다.

욕망하는 능력들은 파악하는 능력들에 비례적이어야 한다. 그런데 지성적 파악의 측면에서 지성과 이성이 서로 구분되는 것처럼, 지성적 욕망의 측면에서는 의지와 자유의지, 즉 선택력과 다른 것이 아닌 자유의지가 서로 구분된다. … 지성이 이성에 대한 것과 같이 그렇게 의지는 선택력, 즉 자유의사에 대한다는 것이 명백하다. … 인식하는 것(지성의 작용)과 추리하는 것(이성의 작용)은 마치 운동하는 것과 정지하는 것이 동일한 힘에 속하는 것과 같이 동일한 능력에 속한다. 이 때문에 의지와 자유의지는 두 능력이 아니라, 오히려 하나의 능력이다.[213)]

토마스의 의하면, 의지와 자유의지는 인식하는 지성의 작용과 추리하는 이성의 작용이 한 능력에 속하는 것처럼, 의지와 자유의지는 두 능력이 아니라, 한 능력이라는 것이다. 다시 말해 의지와 자유의지의 관계는 지성과 이성의 관계와 같다는 것이다. 주자학에서도 인간만이 이런 자유의지를 갖고 있다고 말한다. 주희는 인간의 이성이 격치格致에 의해 성리를 궁구하여 그것을 알게 되면, 그 다음에는 그 성리를 보존하고 함양하는 노력을 기울여야 한다고 말한다. 바로 여기서 인간의 자유의지가 발동한다. 주희는 이 점을 다음과 같이 말하고 있다.

궁리와 함양은 마땅히 함께 해야 한다. 만약 조금이라도 아는 것이 없다면, 함양의 공효에 이르지 못하게 된다. 만약 깊이 성리를 보존하지 못하면, 의리의 오묘함을 다할 수 없다. 바로 마땅히 서로 교환하여 사용하면, 각각이 그 공효에 이르게 될 것이다.[214)]

여기서 주희는 자유의지가 곧 이성적 욕망임을 말하고 있다. 물론 자유의지라는 용어를 사용하고 있지는 않지만, 그의 뜻은 도덕적 선의지가 이성의 지적 명령에 복종하는 욕망임을 말하고 있다. 이런 점은 토미즘에서도 마찬가지이다. 토미즘에 의하면, 이성의 명령에 복종하는 의지가 자유의지이며, 이 자유의지가 선 일반을 욕망한다.

토마스는 먼저 욕망하는 능력이 영혼에 속하는 능력임을 말하고 난 다음, 감각적 욕망과 지성적 욕망이 서로 다른 능력이라고 말한다.

> 지성적 욕망은 감각적 욕망과는 다른 능력이라고 말해야 한다. 사실 욕망하는 능력은 파악된 것에 의해 움직여지는 수동적 능력이다. 그러므로 파악된 욕구하고픈 것은 움직여지지 않고 움직여주는 것인 데 반해, 욕망은 움직여지고 움직여 주는 것이다. … 그런데 수동적인 것들과 움직여지는 것들은 능동적인 것들과 움직여 주는 것들의 구별에 따라 구별된다. 그것은 움직이는 것은 움직여지는 것에 조화되고 능동적인 것은 수동적인 것에 조화되어야 하기 때문이다. 그리고 수동적 능력 자체는 그 능동자에로의 질서에서 그 고유한 특질을 갖게 된다. 그러므로 지성에 의해 파악되는 것과 감각에 의해 파악되는 것은 각기 다른 류에 속하는 것이기 때문에 지성적 욕망도 감각적 욕망과는 다른 능력이라는 귀결에 도달한다.[215)]

토마스에 의하면, 지성에 의해 파악되는 것과 감각에 의해 파악되는 것이 서로 다른 것처럼, 지성적 욕망과 감각적 욕망은 서로 다른 능력이다. 마찬가지로 주희도 먼저 도심道心과 인심人心은 한 마음에 속하는 것이라고 한 다음, 도심과 인심으로 구분하고 있다. 왜냐하면 도심과 인심은 서로 다른 대상을 욕망하기 때문이다. 도심은 지성적인 것을 욕망하고, 인심은 감각적인 것을 욕망한다.

사람에게는 단지 하나의 마음이 있을 뿐이다. 다만 지각이 도리를 얻으면 도심이 되고, 지각이 소리·색·냄새·맛 같은 것을 얻으면 인심이 된다. … 도심과 인심은 본래 하나인데, 단지 지각된 것이 같지 않을 뿐이다.216)

도심은 지성적 욕망으로서 도덕의식이며, 인심은 감각적 욕망이다. 마음은 본래 하나인데, 도심과 인심으로 구분하는 까닭은 무엇인가? 그것은 사람이라면 누구나 형체와 성리를 지니고 있고, 또 도심과 인심의 출처가 같지 않기 때문이다.

마음의 허령한 지각은 하나일 뿐이다. 인심과 도심의 다름이 있다고 한 것은, 혹은 그것이 형기形氣의 사사로움에서 나오고 혹은 성명性命의 바름에서 생겨서 지각한 것이 같지 않기 때문이다. 그래서 혹은 위태하여 불안하고 혹은 미묘하여 보기가 어렵다. 그러나 사람은 형기를 가지고 있지 않음이 없으므로 비록 상지上智라도 인심이 없지 않고, 또한 이 성을 가지고 있지 않음이 없으므로 비록 하우下愚라도 도심이 없지 않다.217)

여기서 유의해야 할 점은 주자학에서 도심과 인심을 구분하여 말한다고 해서, 인간의 마음에 두 마음이 있는 것은 아니라는 것이다. 도심과 인심으로 구분하는 까닭은 인간이 몸과 정신의 존재이기 때문이다. 정신만을 가지고 인간이라고 말할 수 없고, 또 몸만을 가지고 인간이라고 말할 수 없다. 인간은 몸을 가진 존재이기에 그 몸이 어떤 정신을 가장 조심스럽게 하거나, 또는 겸허하게 할 수 있다. 반면에 인간은 몸이 있기에 방자하고 태만하고 멋대로 행동할 수도 있다. 전자가 도심이고, 후자는 인심에 의한 인욕의 태도이다. 도심은 항상 선하고 밝아서 인욕으로 흐를 수 없지만, 인심은 주로 감각에 의존하기 때문에 인욕으로 흐르기가 쉽다. 그렇다고 해서 인심이 곧 인욕은 아니다. 따라서 도심과 인심은 단지 인간의 지성적·감각적인 두 측면을 드러내는 것이지 결코 다른 두 마음은 아니다. 이런 도심과 인심의 두 측면을 지닌, '한 마음(一心)'이 성과 정을 주재한다. 이것이 바로 '심통성정'의 이론이다. 주자학에서 말하는 심心·성性(리理)·정情의 의미와 그 관계를 고찰해보자.

> 마음이 성·정을 통하니, 통統은 겸한다는 뜻이다.218)

> 성은 체이고 정은 용이며, 성정은 모두 마음에서 나오니, 마음은 성·정을 거느릴 수 있다. 통은 군사를 거느린다고 할 때의 통을 말하는데, 말하자면 주재할 수 있다는 뜻이다.219)

여기서 주희는 마음이 성과 정을 모두 포함하고 있으면서, 또 마음이 성과 정을 주재하고 있음을 말하고 있다. 도심과 인심의 측면에서 보면, 도심은 성이고 인심은 정임을 의미한다. 마음은 도심과 인심의 한 마음으로서 성과 정을 모두 주재한다고 할 수 있다. 그래서 '심통성정'에서 '통'이라는 말은 '겸한다'와 '주재한다'는 두 가지 뜻을 지니게 된다. 그리고 주희는 성을 체라고 하고 정을 용이라고 함으로써, 성이 마음의 본체이고 정은 마음의 작용으로서 욕망임을 뜻하였다.

> 성은 곧 리이다. 마음에 있는 것을 성이라고 부르고, 일에 있는 것을 리라고 부른다.220)

주희에 의하면, 마음의 본체로서 성은 곧 리이며 성은 그 자체로 선을 의미한다. 따라서 성리는 성선을 의미한다. 주희는 또 마음에 있는 것을 성이라고 하고, 일에 있는 것을 리라고 하였다. 그렇다면 마음과 일의 일치는 성과 리의 일치를 의미한다. 이 심지성心之性과 사지리事之理의 일치는 곧 진리를 의미한다. 따라서 주자학에서 성리와 성선, 그리고 진리는 서로 치환된다. 토미즘에서도 마찬가지로 존재와 선, 진리는 서로 치환된다. 토마스는 아리스토텔레스의 말을 인용하여 다음과 같이 말한다. "아리스토텔레스는 『형이상학』 제6권에서 의지의 대상인 선과 악은 사물들 안에 있고, 지성의 대상인 참과 거짓은 정신 안에 있다." 아리스토텔레스의 이 말에서 추론해 보면, 사물과 정신이 일치할 때, 그것은 사물의 선과 정신의 진리가 일치함을 의미하는 것이 된다. 그런데 주자학과 토미즘에서 선이란 '올바른 이성recta ratio'과 일치하는 한에서 선이다. 다시 말해 욕망이 이성을 따를 때는 선이 되지만, 욕망이 이성을 거스를 때는 악이 된다. 그러면 욕망이 어떻게 선과 악으로 갈라지는가를 고찰해보자.

주희는 '성은 마음의 리이다. 정은 성이 움직인 것이다. 마음은 성·정을 주재한다(性者, 心之理. 情者, 性之動. 心者, 性情之主)'고 말하면서, "성은 정과 짝하여 말한 것이고, 마음은 성·정과 짝하여 말한 것이다. 이와 같이 합당한 것이 성이고, 움직이는 것이 정이며, 주재하는 것이 마음이다. 무릇 마음과 성은 하나이면서 둘인 듯하고, 둘이면서 하나인 듯하다"221)고 하였다. 성은 드러나자마자 곧 정이 된다. 정에는 선악이 있지만 성은 완전히 선하다. 성은 선하지 않을 수 없지만, 마음이 드러나서 정이 되면 선하지 않을 수도 있다. 그러나 선하지 않다고 해서 마음이 아니라고 말할 수는 없다. 마음의 본래 모습은 본디 선하지 않을 수 없지만, 그것이 선하지 않게 흐르는 것은 정이 사물에 옮겨져서 그렇게 되는 것이다.

> 욕망은 정이 발출한 것이다. 마음을 물에 비유한다면, 성은 물의 고요함이고, 정은 물의 흐름이다. 욕망은 물이 파란을 일으키

는 것인데, 파란을 일으키는 것은 좋은 것도 있고 좋지 않은 것도 있다. 좋은 욕망은 '나는 인仁을 욕망한다'는 뜻과 같으며, 좋지 않은 욕망은 한쪽 방향으로 치달아서 거세게 파도치는 것과 같다. 대개 좋지 않은 욕망이 천리를 없애려고 하는데, 마치 막혀 있던 물이 터져서 해를 당하지 않는 곳이 없는 것과 같다.222)

주자학에서 말하는 욕망, 즉 정의 발동을 토미즘에서는 감각적 욕망으로 말한다. 토마스는 감각적 욕망으로서 '정념'을 설명하는데, 이 정념은 주자학의 정과 상통하는 점이 있다. 주자학에서 악이 개입할 수 있는 것은 성이 움직여 정으로 발동함으로써이다. 그러나 정은 무조건 악으로 타락하는 것이 아니라, 악으로 될 소지를 가지고 있을 뿐이다.

토미즘에서도 도덕적 선bonum 또는 악malum이 주자학의 정情과 마찬가지로 정념passio 속에 있을 수 있다고 말한다. 그러나 토마스는 이성ratio에 의해 통제된 정념은 선하다고 하였다. 주희 역시 마음이 중심을 잃어버리면 오히려 선하지 않을 때가 있다고 하였다. 이 말은 동시에 마음에 의해 통제된 정은 선하다는 의미를 함축하고 있다.

주자학의 '정'과 토미즘의 '정념'은 모두 감각적 욕망에 속하는 것이다. 토미즘에서는 정념이 그 고유한 의미에 있어서 육체적 변화를 의미하므로, 이성적 욕망이나 의지보다는 감각적 욕망에 속한다. 주자학에서도 의意와 지志가 모두 정에 속한다고 하였는데, 의는 '마음에서 발하는 것(心之所發)'이고 지는 '마음이 나아가는 것(心之所之)'이라고 하여, 모두 마음에 속한다고 보았다. 이때의 마음이란 인심으로서 감각적 욕망에 해당한다고 할 수 있다. 그런데 주자학에서 지는 떳떳하게 하려는 일을 주장하는 것이며, 의는 사사롭게 멋대로 행동하는데 드러난 것이라 하였다. 따라서 인심이 도심을 따르는 것이 지이고, 인심이 인욕으로 흐르는 것이 의라고 할 수 있다. 결국 주자학과 토미즘은 자연의 모든 것은 다 좋고 선하며, 인간의 경우에 있어서도 본디 선하지만, 인간의 감각적 욕망에서 비롯하는 정념과 정이 이성과 마음의 통제에서 벗어날 때, 악이 될 소지가 있다고 하였다. 따라서 이성과 선의지에 의한 자발적이고 도덕적인 수양과 덕의 실천을 강조하게 된다.

2) 도덕의 실천원리 : 경敬과 덕德(Virtus)

주자학과 토미즘은 이성의 올바른 인식을 통해 선을 욕망하는 의지적 노력의 철학이다. 인간 이성의 탁월한 능력은 모든 존재의 자연성을 좋은 것으로 인식하고, 그의 자유의지의 능력은 그 자연성의 좋음을 욕망하며, 그것을 도덕적 옳음의 당위성으로 치환하여 힘써 실천하려고 노력한다. 두 철학은 인간의 이성적이며 도덕적인 당위의 실천원리로서 각각 '경敬'과 '덕virtus'을 말하였다. '경'과 '덕'은 도덕적 실천원리의 성격을 지니고 있지만, 그 바탕은 인간의 이성에 기초하고 있다. 주자학의 경과 토미즘의 덕은 이성과 일치하는 한에서 윤리적 덕이라고 할 수 있다. 경과 덕은 다음 네 가지 점에서 공통의 성격을 지니고 있다.

첫째, 경敬과 덕virtus은 선한 행위적 습관habitus이다.
둘째, 경과 덕은 이성의 올바른 선택에 의한 도덕적 선이다.
셋째, 경과 덕은 지성적인 덕과 윤리적인 덕으로 구분된다.
넷째, 경과 덕은 각각 천리와 신Deus을 궁극목적으로 한다.

먼저 경과 덕이 선한 행위적 습관이라는 말의 의미를 고찰해 보자. 토미즘에서 덕은 어떤 능력을 완전하게 만드는 것을 의미한다. 인간에게 덕이란 이성적 능력들을 완전하게 하는 것이다. 토마스는 덕이란 무엇인가라는 물음에, 무엇보다도 덕은 습관이라고 말한다.

> 덕이란 어떤 능력의 최종적인 완성을 의미한다. 그렇지만 어떤 것의 완성은 특히 그것의 목적과 관련해서 고려된다. 하지만 어떤 능력의 목적은 그것의 현행에 있다. 능력은 그것이 그것의 현행을 결정짓는 한에서만 완전하다고 말할 수 있다. 이제 바로 그들의 자연적 능력에 따라서 그들의 행위에로 향하는 어떤 능력들이 있다. 예를 들면 타고난 현행적 능력들이다. 이런 능력들은 그 자체로 그것에 따라서 덕이라고 불리운다. 그렇지만 인간에게 고유한 이성적 능력들은 하나의 행위로 결정되는 것이 아니라, 오히려 다수의 행위들 앞에 놓여지게 된다. 이성적 능력들이 행위들로 향하게 되는 것은 습관을 통해서이다. 그러므로 인간의 덕은 습관이다.[223)]

일반적으로 덕은 최종적인 완성을 의미한다. 완성은 반드시 목적이 있기 마련이고, 이런 목적이 실현되기 위해서는 행위로 나아가야 한다. 다시 말해 행위를 통해 그 목적을 달성해야 한다. 목적이 완전히 이루어졌을 때, 즉 최종적인 완성에 도달했을 때, 그것을 덕이라고 부른다. 덕은 타고난 현행적 능력에 따라 완성되는 그 자체로서의 덕이 있고, 또 이성적 능력들의 행위를 통해 실현되는 덕이 있다. 그런데 인간의 이성적 능력들은 습관을 통해서 행위로 나아간다. 그렇게 때문에 인간의 이성적 능력들의 최종적인 완성을 의미하는 덕은 습관을 통해서 도달되는 것이다.

주자학에서도 '경'은 덕과 같은 뜻을 지니고 있다. 즉 경은 덕으로서, 도리를 완전히 살피는 데 있다. 주희는 요임금을 빌어, 덕이 경임을 말하면서, 경을 통하여 도리를 다 하여야 한다고 말한다.

> 요임금의 덕을 말하면서 전혀 다른 글자를 쓰지 않았고, 경이라는 글자를 가장 먼저 사용하였다. 지금 성현의 수많은 말씀과 크고 작은 일처리를 살펴보면, 경에 근본하지 않은 것이 없다. 자기의 정신을 여기에 거두어들여야 비로소 도리를 다할 수 있다. 도리를 다하지 못하는 것은 단지 한결같이 집중하지 않았기 때문이다.224)

이처럼 덕과 경은 서로 치환될 수 있다. 주자학의 경은 토미즘의 덕과 마찬가지로, 본성적으로 지니고 있다기보다는, 반복적인 행위를 통하여 습관으로 형성되어지는 것이다. 그렇기 때문에 경을 유지하기 위해서는 무엇보다도 습관을 통해 익숙해져야 한다.

> 스스로 반드시 경을 유지해야 하는데, 조금이라도 느슨해지면 곧바로 잃어버리기 때문에 언제나 깨어 있어야 한다. 오랜 시간이 지나서 익숙해지면 '마음이 바라는 것을 좇더라도 법도를 벗어나지 않는' 경지를 알 수 있게 된다.225)

주자학과 토미즘에서 말하는 경과 덕은 모두 자연적 성향에 속하는 것이 아니라, 습관에 속하는 것이기 때문에 조금이라도 방심하면, 그것을 상실할 수 있다. 그래서 주희는 경이란 잃어버린 마음을 되찾는 것이라고 말하고, 토마스는 덕이란 습관이기 때문에 약화되거나 감소될 수 있다고 말한다.226) 경을 유지하기 위해서는 무엇보다도 마음의 깨어있음을 통해 오랜 시간 동안 익숙해져야 한다. 그래서 주희는 경의 공부방법에 관해 "단지 익숙하게 익힐 뿐이다. 익숙해지면 저절로 오래 지속된다"[227]고 하였다. 토마스도 "덕이라는 것은 인간을 선한 행위를 수행하도록 하는 지속적인 방식 속에 두는 그러한 습관을 말한다"[228]고 하였다. 즉 습관이 덕의 행위 규범이다. 이런 경과 덕은 습관인 한에 있어서, 행위와 관련하기 때문에 행위적 습관이라고 할 수 있다. 그런데 행위적 습관으로서의 경과 덕은 선한 것이다. 따라서 경과 덕은 선한 행위적 습관이다. 토마스는 덕이 선한 행위적 습관임을 다음과 같이 말하고 있다.

> 이미 말했듯이, 덕이란 어떤 능력의 완전을 의미한다. 그렇기 때문에 어떤 사물의 덕은 그 사물이 할 수 있는 최상으로 고정된다. 이런 어떠한 최상의 능력은 반드시 선하다. 왜냐하면 모든 악은 결핍을 의미하기 때문이다. … 이런 이유로 어떤 것의 덕은 반드시 선과 관련하여 판단되어져야 한다. 그러므로 행위적 능력인 인간의 덕은 선한 습관이자 선의 작용이다.[229]

토마스에 의하면, 덕은 선할 수밖에 없다. 왜냐하면 악이란 결핍에 불과한데, 덕은 어떤 능력의 완전을 뜻하기 때문에 최고의 능력이다. 이런 최고의 능력으로서의 덕은 결핍일 수 없으므로 자연히 선이라고 할 수밖에 없다. 주자학에서도 '경'은 선과 관련된다. 경은 인간의 마음을 하나로 하여, 그 마음을 언제나 밝고 빛나게 한다. 마음이 밝고 빛나게 되면, 천리가 항상 밝아서 저절로 인욕을 없앨 수 있다. 그래서 주희는 경에 관해 다음과 같이 말한다.

> 경은 온갖 사특함을 물리칠 수 있다.[230]

> 단지 마음속에 망령된 생각이 없고, 마음 밖에 망령된 행동이

없을 뿐이다.231)

또한 주희는 "경이란 사람을 지탱시켜 주는 것이다. 사람이 방자하고 태만할 때, 경을 바탕으로 삼는다면 곧 일어나는 이 마음을 지탱할 수 있다. 항상 이와 같을 수 있다면, 비록 방탕하고 편벽되며 간사하고 거만한 생각이 싹트더라도 역시 물리칠 수 있다"232)고 하였다.

토마스도 덕이란 정신의 선한 성질로서, 그 때문에 올바르게 살아가게 되고, 아무도 그것을 나쁘게 사용하지 않는 그런 성질의 것이라고 하였다.233) 따라서 주자학의 경과 토미즘의 덕이 선한 행위적 습관임을 알 수 있다.

만약 인간이 선하거나 선한 의지를 가지고 있지 않다면, 그는 악의 영역에 속해 있는 것이다. 왜냐하면 인간은 선하거나 아니면 악하기 때문이다. 인간이 선의 영역에서 벗어나 있다는 것은 천리를 보존하는 그 마음을 잃어버렸다는 것이다. 주자학에서 말하는 경은 바로 이 잃어버린 마음을 되찾으려고 하는, '마치 밭을 갈고 물을 대는' 의지적 노력과 같다.

> 사람은 단지 잃어버린 마음을 되찾아야 한다. 무엇으로 마음을 되찾을 것인가? 단지 경할 뿐이다. 사람이 경하면 곧바로 이 마음이 몸에 간직된다.234)

주희는 경으로써 잃어버린 마음을 되찾아야 한다고 말하고 있다. 이 마음이란 이성의 능력을 의미한다. 왜냐하면 도덕적 선의지는 이성과 합치할 때에만 선할 수 있기 때문이다. 경은 잃어버린 마음, 즉 올바른 이성을 되찾으려는 인간의 노력을 의미한다. 경이란 올바른 이성을 되찾는 것이고, 또 경은 이런 올바른 이성의 통제에 의해서만 유지될 수 있다.

이제 두 번째로 경과 덕이 올바른 이성에 의한 도덕적 선이라는 말의 의미를 고찰해 보자. 토미즘에서 덕은 선한 의지에 의해 움직여지는 한에 있어서만 이성 속에 있을 수 있다. 토마스는 잘 산다는 것은 잘 행동한다는 것이고, 잘 행동한다는 것은 올바른 선택에 달려있으며, 올바른 선택을 위해서는 '현명의 덕prudentia'이 필요하다고 하였다.

> 현명의 덕은 인간 생활에 필요한 최상의 덕이다. … 올바른 선택은 반드시 두 가지 요소를, 즉 예정된 목적과 그러한 예정된 목적으로 적절하게 방향지워진 어떤 것을 포함하고 있다. 인간은 참으로 욕망하는 부분에서 영혼을 완전하게 하는 덕에 의하여 그의 예정된 목적으로 방향지워져 있다. 그리고 그 욕망하는 부분의 대상은 선과 목적이다. 그렇지만 인간이 그의 예정된 목적에 어울리는 것에 올바르게 적응하기 위해서, 그는 이성적 덕이 필요하다. 왜냐하면 사물에 대해서 어떤 목적으로 방향지워진 조언과 선택은 이성의 행위들이기 때문이다. 따라서 지성적 덕은 그의 이성 안에서 그것을 보충할 필요성이 있고, 또 그것이 이러한 것들에 잘 적응하도록 할 필요성이 있다. 이런 덕이 현명의 덕이다. 그리고 결과적으로 이 덕은 훌륭한 삶에 필요하다.[235]

인간이 덕으로 나아가기 위해서는 올바른 선택이 필요하다. 올바른 선택을 한다는 것은 선을 선택한다는 것을 의미한다. 그런데 선을 선택하기 위해서는 이성의 덕이 필요하다. 사물에 대해 방향지워진 선택은 이성에서 비롯하는 행위이기 때문이다. 이런 까닭으로 토마스는 현명의 덕이 필요하다고 말하는 것이다. 그런데 주희에게서도 유사한 생각을 읽을 수 있다.

> 경에는 '죽은 경(死敬)'과 '살아있는 경(活敬)'이 있다. 만약 하나

에 집중하는 경만을 지키면서, 일에 직면하였을 때 의로써 처리하여 옳고 그름을 분별하지 못한다면, 죽은 경이다. 익숙해진 뒤에는 경에 곧 의義가 있고 의에 곧 경이 있다. 고요할 때는 경敬한지 불경不敬한지를 살피고, 움직일 때는 의로운지 불의不義한지를 살핀다.236)

즉 사물과 접하면 그 옳고 그름을 판단해야지 단지 경만을 지켜서는 안 된다는 것이다. 왜냐하면 경과 의는 두 가지 일이 아니기 때문이다. 의義는 경을 유지하는 도중에 사물이 다가오면 응할 수 있고 일이 닥치면 판단할 수 있는 것이다. 이것을 토미즘에서는 올바른 선택을 위해서 현명의 덕이 필요하다고 하였다. 주희가 잃어버린 마음을 찾는 경敬의 방법으로 '널리 배우고, 자세히 묻고, 신중히 생각하고, 밝게 분별하고, 힘써 실천하는 것(博學·番問·愼思·明辯·力行)'을 제시한 것처럼, 이 현명의 덕은 '좋은 조언good counsel(eubulia), 훌륭한 판단력good judgment(synesis), 특별한 경우에 있어서의 뛰어난 판단력good judgment on exceptional cases(gnome)'을 수반한다.

이제 세 번째로 고찰해야 할 것은 경과 덕이 지성적인 덕과 윤리적인 덕으로 구분된다는 것이다. 이 지성적인 덕과 윤리적인 덕은 인식과 행위의 두 측면을 말하는 것이며, 인간의 가장 본질적인 능력인 이성과 의지의 두 능력에서 비롯하는 것이다. 토마스는 인간에게는 지성적·의지적 원리 외에 다른 원리는 없으며, 따라서 덕도 지성적 덕과 윤리적 덕으로 충분하다고 하였다.

인간의 덕은 그가 잘 행동할 수 있도록 그 인간을 완전하게 하는 습관이다. 『영혼론』에서 말해진 것처럼, 인간에게 있어서는 이성 또는 지성과 욕망이라는 인간 행위의 두 원리들뿐이다. 따라서 모든 인간의 덕은 이러한 원리들 중 하나에 대해서 완전해야 한다. 이에 따라 만약 그 덕이 인간의 행위가 선할 수 있도록 하기 위해서 인간의 사변적 또는 실천적 지성을 완전하게 한다면, 그것은 지성적 덕일 것이다. 반면에 그 덕이 그의 욕망을 완전하게 한다면, 그것은 윤리적 덕일 것이다. 그러므로 모든 인간의 덕은 지성적 덕이거나 아니면 윤리적 덕이라는 결론이 나온다.[237]

윤리적 덕은 도덕 원리를 상기시키는 지성의 인식 능력과 선택을 잘 할 수 있게 하는 현명의 덕이 없이는 성립할 수가 없다. 이러한 윤리적 덕은 처음부터 끝까지 이성의 규칙으로부터 그 선함을 소유한다. 토미즘에서 덕을 지성적 덕과 윤리적 덕으로 구분하는 것처럼, 주자학에서도 이러한 지성적 덕과 윤리적 덕의 의미를 말하고 있다. 다음의 말을 통해 주희가 인식과 실천을 모두 강조하고 있음을 알 수 있다.

> 사람들은 대부분 '익숙하면서도 살피지 못한다'[238]는 구절을 오해하고 있다. 사람이 진실로 부모를 섬길 때 효도하고 형을 따를 때 우애롭고 친구와 교제할 때 신의가 있으면서도 끝내 그런 까닭을 인식하지 못하는 것이 '익숙하면서도 살피지 못한다'는 뜻이다. '살피다(察)'라는 글자는 '사물을 살피다'의 '살피다'가 아니고, 그런 까닭을 인식한다는 뜻이다. 요즘 사람들은 대부분 '살피다'라는 글자에만 힘쓰고, 오히려 '익히다(習)'라는 글자는 소홀히 한다. 어떤 일을 하려고 하자마자 오히려 하나의 마음을 쪼개어 하나의 마음을 살피니, 가슴속이 어지러워져서 일이 더욱 복잡하다고 느끼게 된다.[239]

여기서 주희가 말하는 '찰察'은 인식을 의미하고, '습習'은 실천을 의미한다. 찰은 지성의 사변적 기능으로서 참된 것을 아는 것이며, 습習은 지성의 실천적 기능으로서 선을 아는 것이다. 이성적 존재인 인간에게 있어서, 선한 것은 인간의 이성적 본성에 따라서, 이성에 일치한다. 그래서 주자학의 '경'은 잃어버린 마음을 찾는 것이고, 토미즘의 덕은 이성과의 일치를 의미한다. 주자학과 토미즘은 지성적 덕과 윤리적 덕을 두 측면을 모두 고려하되, 우선 지성적 덕의 강조를 통해 윤리적 덕으로 나아간다. 따라서 두 철학의 윤리학은 선지후행先知後行의 윤리학이다. 그러나 이 선지후행은 주자학과 토미즘이 이성의 명령을 따르는 것을 선으로 보고, 반면에 이성에 일치하지 않는 것은 악으로 간주하는 이성의 윤리학이기 때문에, 먼저 아는 것이 중요하다는 측면을 강조한 것일 뿐이다.

네 번째로 주자학과 토미즘에서 경과 덕이 지니는 목적이 무엇인지를 고찰해 보자. 주자학은 경의 공부론을 통해 천리를 보존하고 인욕을 멸함으로써, 성인이 되려고 하고, 토미즘은 덕의 실천을 통하여, 최종목적인 신을 닮으려고 한다. 주자학에서 말하는 경은 행동의 장중함과 경건함을 통하여 영혼의 지복을 회복하겠다는 성지誠之의 거경학적居敬學的 행위를 의미한다. 경은 마음속에 자연의 성誠, 즉 천리를 새롭게 복원시키는 계기를 만든다. 이 천리를 새롭게 복원시킨다는 것은 자연의 섭리인 천리를 정신의 섭리인 자유로 탈바꿈시키면서, 자연의 소이연지리所以然之理를 자유의 소당연지리所當然之理로 내면화시킨다는 것을 의미한다. 따라서 경은 결국 천리에 침잠함으로써 자신을 잊어버리고, 그 천리와 하나가 되는 천인합일天人合一의 경지로 나아가는 지름길이다.

마찬가지로 토미즘의 덕은 궁극적으로 각자의 완성을 위하여 신을 닮으려고 하는 의식적 노력이다. 여기서 덕은 보다 구체적으로 신앙fides의 형태로 나타난다. 믿는다는 것은 확고한 동의를 가지고 생각하는 것이다. 따라서 신앙이란 눈에 보이지 않는 초자연적 본성에 대한 지성의 동의이다. 신앙은 인간 이성을 초월하는 그 어떤 것을 믿는다는 것이다. 그런 의미에서 신앙은 인간에게 지복으로 인도하는 고유한 길을 가르쳐 준다. 이런 신앙의 효과는 경외敬畏이다. 이것은 주자학에서 인간을 천리로 인도하는 경이 외畏의 뜻을 가지고 있는 것과 같다. 마음이 경을 유지하여 항상 깨어 있으면 "마음 속 깊은 곳에서 초월적인 상제를 마주 대하면서"240) 마음은 아무런 사심도 없이 적연부동해진다. 마찬가지로 신앙이란 신에 대한 경배로서 인간의 마음을 정화시키며, 초자연적인 신과 하나가 되도록 인간을 고양시키는 덕이다. 그러므로 주자학이나 토미즘이나 모두 각각 천인합일과 신인합일을 꿈꾼다. 이 길로 이끄는 것이 '경敬'과 '신앙fides'이다. 그러나 토미즘보다는 주자학에서 이 천인합일의 꿈은 보다 더 현실적인 것으로 나타난다.

3) 도덕의 실천이념 : 인仁과 애덕愛德(Caritas)

주자학에서 말하는 '인仁'과 토미즘에서 말하는 '까리따스caritas'는 도덕 실천의 이념으로서 굳건한 토대를 이루고 있다. 인과 까리따스는 천지와 인간, 또는 신과 인간의 유대가 각각 천지와 신으로부터 유래하는 사랑을 통하여 '생명의 의지(生意)'가 온 우주 전체에 충만해 있음을 알리는 선언이다. 인과 까리따스는 우주 속에 존재하는 모든 것들이 다 한가족임을 인식하고 그 가족을 사랑으로서 감싸고 있는 생의生意의 충만함을 의미한다. 인과 까리따스는 이러한 우주의 가족에 대한 사랑을 실현하려는 도덕의 실천이념이라고 할 수 있다. 주자학에서의 인은 천지와 인간이 공유하는 것이고, 토미즘에서 까리따스는 신과 인간이 친교amicitia로서 함께 나누는 것이다.

먼저 주자학에서 말하는 인仁의 의미를 고찰해 보자.

> 천지는 물物을 낳는 것을 마음으로 삼는다. 그래서 인人·물物의 생함 또한 각각 천지의 마음을 얻어 그 마음으로 삼는 것이다. 그러므로 마음의 덕이 비록 전체를 통괄하여 다스리며 처음부터 끝까지 서로 연결하여 모든 곳에 갖추어져 있다고 말할 수 있지만, 한 마디로 총괄하면 인仁이라고 말할 뿐이다.241)

인仁이란 천지가 만물을 낳는 마음이 사람에게도 있는 것을 말한다. 인은 우주적인 의미에서 말하면 '천지의 마음(天地之心)'이고, 사람의 측면에서 말하면 '사람의 마음(人之心)'이다. 천지와 사람은 인을 통하여 하나로 이어져 있다고 볼 수 있다. 인은 천지의 마음과 사람의 마음을 이어주는 '마음의 덕(心之德)'인 것이다. 그런데 여기서 말하는 자연성의 천지는 지성화시켜 말하면 태극이다. 그러므로 인이란 태극과 인간을 이어주는 마음의 덕이다. 이 우주는 온통 태극이 아닌 것이 없다. 우주 속에 존재하는 것이면 무엇이든지 태극의 리를 다 분여받았다. 전체로 보면, '통체일태극統體一太極'이고 나누어 보면, '각구일태극各具一太極'이다.

토미즘에서도 까리따스는 신과 인간을 이어준다. 토마스는 까리따스에 관하여 다음과 같이 말하고 있다.

> 신의 행복을 공유함으로써, 인간이 신과 공유하는 것이 있다. 아미치시아amicitia(친교)가 이것에 기초하고 있다. 사도 바울이 그것을 말하고 있다. "너희를 불러 그의 아들 예수 그리스도 우리 주로 더불어 교제케 하시는 하나님은 미쁘시도다." 이러한 종

류의 교제가 기초하고 있는 사랑이 까리따스이다. 따라서 까리따스가 신과 인간의 친교임이 분명하다.[242)]

여기서 토마스는 까리따스를 신과 인간의 '친교amicitia'라고 정의내리고 있다. 이것은 인간이 신의 행복을 공유하고 있는 데서 비롯한다. 이런 점에서 주자학의 인과 토미즘의 까리따스는 절대자와 인간을 이어주는 교량과 같다. 이와 같은 입장을 '자연의 인간동형론anthropomorphism'이라는 관점에서 해석할 수 있다. 주자학과 토미즘은 둘 다 자연성을 인격성의 배후의 본질로 여기고 있다는 점에서 자연의 인간동형론의 철학을 그 배경으로 하고 있다.

> 자연의 인간동형론은 자연의 본성을 인간의 본성으로 전이시켜 자연성을 인간성의 존재론적 기반으로 삼으면서 지성이나 선의지로서의 인간성에 대한 강력한 신뢰를 표방하는 휴머니즘의 철학을 전개시켜 나간다.[243)]

천지가 만물을 생하는 마음을 분여받아, 인간의 마음으로 삼았다는 점에서, 그리고 신의 행복을 인간이 함께 공유하고 있다는 점에서, 두 철학은 모두 자연의 인간동형론을 배경으로 하고 있다. 자연의 인간동형론의 의미는 자연성으로서의 성즉성誠卽性의 본연지선本然之善을 인간이 인식과 행위, 즉 이론이성과 실천이성의 노력을 통해 이 세계에 실현시키겠다는 낙관적 의지를 말한다. 그런 낙관론적 세계관이 가능한 것은 인간이 이성적 존재이기 때문이다. 주자학은 인간의 이성이 지성적·도덕적으로 새 세상을 만들 수 있다고 보는 이성주의의 철학이다. 이 점에서 토미즘도 예외가 아니다. 왜냐하면 신이 창조한 우주를 이해하는 가장 확실한 길이 이성이라고 여겼기 때문이다. 신이 창조한 이 세계를 인간이 이해할 수 있는 길은 이성밖에 없다는 것이다. 따라서 주자학과 토미즘은 이성의 낙관주의에 기초하고 있다. 이러한 이성주의에 기초하여, 자연과 인간의 친밀한 관계맺음을 주자학은 인仁으로 파악하였고, 토미즘은 까리따스로 이해하였다.

토마스에 의하면, 까리따스는 영혼 안에 창조된 어떤 것이며, 성령으로부터 유래한다. 까리따스의 사랑은 모든 덕의 뿌리이다. 만물로 하여금 각각 그들의 고유한 목적으로 움직이게 하는 신은 만물에게 각각 그들의 목적으로 향하게 하는 형상들을 부여하였다.[244] 토마스는 까리따스가 '덕들의 형상forma virtutum'이라고 하였다.[245] 주희의 입장에서 보자면, 인은 천지로부터 인간이 부여받은 '마음의 덕'이다. 이러한 인仁은 인의예지仁義禮智라는 네 덕 중에서 으뜸의 덕이다. 까리따스와 인은 그 유래를 신과 천지에 두고 있다는 점에서, 또한 까리따스와 인이 모든 덕들의 뿌리이자 으뜸이라는 점에서 유사성을 보이고 있다.

토미즘에 의하면, 인간의 덕은 두 가지의 기준을 가지고 있다. 하나는 인간의 이성이고, 다른 하나는 신이다. 올바른 이성을 따르는 것이 덕이라면, 까리따스는 그 덕을 통해서 신을 따르고 신에게 도달한다. 따라서 까리따스는 올바른 이성의 최고 규범이자 덕이다.[246] 까리따스는 모든 덕 중에서 가장 탁월하다. 왜냐하면 그 자체로 신과 관련되기 때문이다.[247]

주희는 토마스가 인간의 덕이 두 가지 기준을 가지고 있다고 한 것처럼, 모든 덕의 으뜸인 인을 두 가지 측면에서 논하였다. 그 하나는 천지의 인, 즉 천지의 마음의 덕이고, 다른 하나는 인간의 인, 즉 인간의 마음의 덕이다.[248]

> 대개 천지의 마음은 네 덕을 가지고 있는데, 원형이정元亨利貞이라고 하며, 원元이 나머지 모두를 통괄한다. 이 네 덕의 운행은 춘하추동의 순서로 나타나며, 봄의 살아있는 기가 두루 미치지

않는 곳이 없다. 그러므로 사람의 마음 또한 네 덕을 지니고 있는데, 인의예지仁義禮智라고 하며 인仁이 나머지 모두를 포괄한다.249)

여기서 인의예지의 도덕성은 바깥세계의 자연스러운 원형이정의 생물학적 생명의 도가 내면세계의 자유스러운 도덕적 가치의 도로 치환되었음을 의미한다. 주희는 그런 도덕적 도가 모든 가치 가운데 가장 순수함을 강조하였고, 다른 가치는 그 원형적 사덕四德의 파생에 불과하다고 여겼다. 인의예지는 자연의 성誠인 원형이정처럼 실리實理이기에 그것을 갖춘 인간은 신뢰받을 수 있다. 그 사덕은 자연의 실리가 공평무사하고 곧은 것이기에 인간의 마음도 공평무사하고 곧아야 함을 말해주고 있다. 인의예지의 순수성은 자연의 사심 없는 공공의 선을 마음의 순수성으로 치환시킨 것이다.

토미즘에서도 까라따스는 자연의 보편적인 선을 인식하고 실현시키려는 것을 의미한다. 그래서 까리따스는 지성적 욕구인 의지 안에서 발견된다. 의지는 지성이 파악할 수 있는 보편적 가치로서의 선이기 때문이다. 까리따스의 대상은 감각적 욕망의 어떤 선이 아니라, 지성에 의해서만 파악되는 선인 신神이다. 따라서 까리따스는 감각적 욕망 속에서가 아니라, 지성적 욕망, 즉 의지 속에서 찾아진다.250) 즉 까리따스는 의지가 추구하는 선과 관련 있다. 마찬가지로 주자학에서도 인은 의지와 관련이 있다. 주희는 생의生意를 말하고 있는데, 생의를 통해 우주에 보편적인 선이 가득할 수 있다고 보았다. 주희는 우주에 가득 찬 생의를 인仁으로 파악하였다.251)

토미즘의 까리따스는 자연적 선의 산물이 아니라, 신의 선물로서의 영원한 생명을 의미한다. 까리따스는 성부와 성자의 사랑인 성령에 의해서 불어넣어진 것이다. 주희도 마치 영원한 생명이 신의 선물인 것처럼, 만물이 천지로부터 부여받은 생을 인이라고 말하고 있다. 천지로부터 말하면, 만물은 각각 천지의 마음인 인을 분여받았고, 사람으로부터 말하면, 사람의 마음으로써 이런 사랑에 참여하고 있다. 그런데 오직 성인만이 이 마음을 완전히 인仁한 상태에 두어 천지와 하나가 된다.

> 만물의 마음은 천지의 마음과 같다. 세상 사람의 마음은 모두 성인의 마음과 같다. 천지가 만물을 낳으면, 그 각각의 사물 속에 천지의 마음이 들어 있다. 성인이 천하에 있으면 사람들의 마음마다 성인의 마음이 있다.[252)]

여기서 천지는 만물이 본받아야 할 원형이고, 성인은 사람들이 본받아야 할 모범이다. 만물에 천지의 마음이 깃들어 있고, 사람들의 마음에 성인의 마음이 깃들어 있다. 이 마음이란 결국 인仁을 의미한다. 인仁의 동력의 원인은 천지이고, 성인은 천지를 인격화시킨 것이다. 천지와 만물이, 그리고 성인과 사람들이 같은 마음이라는 것은 우주에 존재하는 모든 것들이 한 가족임을 나타낸다. 이런 가족관계는 인仁이라고 하는 '애지리愛之理'로서 맺어져 있다. 주희는 인을 '사랑의 이치'라고 하였다. 그는 무엇보다도 인을 사랑으로 이해하였고, 사람들이 정자程子의 뜻을 곡해하지 않도록 하기 위해서 인은 무엇보다도 사랑으로써 나타난다는 점을 분명히 하였다.

> 요즈음 학자들 중에는 내(주희)가 사랑으로써 인仁을 말하는데 대해서 옳다고 여기지 않는 이들이 있다.[253)]

> 인은 체이고 사랑은 용이다. 또 사랑의 원리이며, 사랑은 인에

서 나온다. 그러므로 또한 사랑을 떠나서 인을 말할 수 없다.[254]

까리따스의 동력의 원인은 능력이 무한한 신이며[255], 까리따스는 신을 사랑할 때 완전하다. 신은 무한한 사랑이다.[256] 토마스는 "사랑한다는 것은 까리따스인 한에서 까리따스에 일치한다"고 하였다.[257] 신으로부터 주어지는 행복의 기본원리인 까리따스에는 참여하는 모든 사람이 따라야 할 어떤 질서가 있다. 신은 공동선이며 모든 인간 행복의 기본 원리이다. 신이 기본원리가 되는 행복의 질서 안에서, 어떤 사람들은 좀 더 가까이, 어떤 사람들은 좀 더 멀리 있다. 신의 입장에서 볼 때, 우리는 신에게 더 가까운 사람들, 즉 의인들을 더 사랑해야 하며, 인간의 입장에서는 우리에게 더 가까이 있는 사람들, 즉 부모나 형제들을 더 사랑해야 한다. 토마스는 만일 유대관계 중에서 강도를 구분한다면 모든 유대관계 중에서 혈육관계가 가장 굳건하다고 하였다.[258]

주자학에서도 인仁의 실천은 가까이 있는 사람, 즉 부모나 형제로부터 시작하여 멀리 있는 사람으로 나아간다.

> 골육을 나눈 친척은 원래 기를 한 가지로 하는데, 그것은 그저 동류의 사람이라는 것 정도로 말하는 것이 아니다. 그러므로 옛사람은 반드시 어버이를 친히 하는 것에서 미루어 나아가고, 그런 뒤에 백성에게 인정仁政을 펴는 데로 나아간다. 또 그런 뒤에 사물을 사랑하는 데까지 미루어 나아간다. 모두 가까운 것에서 먼 것으로 미루어 나아가고, 쉬운 것에서 어려운 것으로 미루어 나아간다.[259]

주자학과 토미즘은 둘 다 '인'과 '까리따스'의 실천을 혈육에서 가장 가까운 사람들인 부모와 형제로부터 시작해 나갈 것을 말하고 있다. 이때 인과 까리따스가 실천해 나가는 것은 무엇보다도 사랑이다. 왜냐하면 사랑이야말로 모든 존재의 관계를 굳건하게 해주는 우주의 보편적인 이치이기 때문이다.

우주의 보편적 이치이자 사랑으로서, 인과 까리따스는 사랑 안에서 다음과 같은 질서를 따르고 있다. 첫째, 인과 까리따스의 최초의 근원은 천지와 신이다. 둘째, 인과 까리따스에 직접 참여하는 주체는 우리 자신과 이웃이다. 셋째, 우리의 몸도 인과 까리따스에 참여한다. 정명도는 "몸의 텅 빈 곳에 가득 차 있는 것이 측은한 마음"이라고 하였고, 주희는 "이 몸의 껍데기는 텅 비어 있는 몸이라고 할 수 있다. 사람들은 몸에 아픔을 느낄 수 있는 곳이 가득함을 알 수 있다"고 하였다.[260] 왜냐하면 사람의 몸은 하나의 '살아있는 기(生氣)'의 덩어리이기 때문이다. 인간은 몸을 통해 우주 속에 가득 찬 온화한 기운을 느낄 수 있다. 그래서 인간은 이성을 통해 우주의 보편적 이치이자 사랑인 인과 까리따스를 이해하고, 몸을 통해 이 도덕적 실천 이념인 인과 까리따스를 직접 느끼며 실천해 나아간다. 인仁의 완성은 천지만물과 하나가 되는 데 있고, 까리따스의 완성은 신과의 완전한 일치에 있다.[261]

4) 존재Sein와 당위Sollen
: 자연적 좋음에서 도덕적 옳음으로

주자학과 토미즘은 우선적으로 존재하는 자연의 세계를 절대적으로 긍정하고 좋은 것으로 여겼다. 현실의 세계는 이 세계를 빚은 모범적 원인과 일치할 수가 없기 때문에 당위를 요청하게 된다. 그런데 이 당위는 요청되는 어떤 근거를 가지고 있다. 그 근거가 무엇인지를 고찰해보자.

플라톤은 존재를 이데아로 파악함으로써 존재에 당위를 불러들였다. 즉 존재와 당위는 서로 마주하게 되었다. 이것은 존재를 이데아로 이해함으로써, 존재가 모범Vorbild으로서 있게 되기 때문이다. 존재가 모범으로 있는 한, 존재와 현실 사이에는 필연적 간격이 발생한다. 이 간격을 메우려는 노력에서 바로 당위가 등장하게 되는 것이다. 이런 일이 주자학과 토미즘에서도 발생하였다. 두 철학은 당위를 요청함으로써, 존재와 당위의 통합을 꾀했다. 그렇다면 존재를 이데아로 이해함으로써, 당위가 요청된다는 말은 무엇을 의미하는가? 하이데거는 그의 『형이상학입문*Einführung in die Metaphysik*』에서 이 점에 관하여 다음과 같이 말하고 있다.

> 존재 그 자체가 이데아로서 해석되는 그와 같은 특정한 해석과정 중에, 모범적인 것, 당위적인 것과의 관계성을 스스로 불러온다. 존재 그 자체가 그 자신의 이데아적 특징을 중점으로 자신을 고정시키는 그 정도에 맞추어, 같은 정도로 이렇게 손실된 있음 그 자체를 보상하고자 안간힘을 쓰는 것이다. … 존재가 이데아로 규정됨과 동시에 당위가 존재에 대등한 것으로 등장했다. 존재가 이데아로 규정됨에 따라, 언표하는 로고스라는 의미에서의 사유는 하나의 지도적인 역할을 담당하게 된다.262)

여기서 하이데거는 두 가지 통찰을 우리에게 제시한다. 첫 번째는 존재를 이데아로 파악하는 경우, 필연적으로 당위의 문제가 발생한다는 것이다. 두 번째는, 존재가 이데아로 규정됨에 따라, 사유가 하나의 결정적인 역할을 담당하게 된다는 것이다. 그런데 이 두 가지는 주자학과 토미즘에 정확하게 들어맞는 것처럼 보인다.

주자학은 궁극 존재인 태극을 리로서 파악하였고, 토미즘은 플라톤과 아리스토텔레스의 철학을 수용하여, 존재를 이데아 또는 형상으로 해석하였다. 토마스는 신의 정신 안에는 이데아들이 있다고 하였고, 이 이데아들은 형상들이라고 하였다. 그리고 신은 바로 최고의 형상인 것이다. 이 점은 주희가 태극을 최고의 리라고 한 것과 일치한다. 이상의 사실에서 우리는 주자학과 토미즘이 존재를 이데아로 해석하였다고 말할 수 있다. 하이데거의 존재와 당위에 관한 해석을 받아들인다면, 주자학과 토미즘의 철학에서 존재와 당위가 마주하게 되는 것은 필연적이다. 다시 말해 주자학과 토미즘의 철학적 사유는 반드시 당위를 요청하게 된다는 것이다.

문제의 상황이 이런 까닭은 주자학에서 말하는 리상간에서 지선의 본연지리가 사상간에서 각 사물에 내재하게 되면, 이 본연지리는 성으로 탈바꿈하면서 기질지성으로 추락하게 된다. 따라서 이 기질지성에서 다시 본연지성을 회복하기 위한 도덕적 수행의 당위가 요청된다. 그래서 주자학은 당위의 도덕학으로의 길을 걷게 되었다. 그런데 토미즘에서의 상황은 다소 다르다. 토미즘에서는 주자학에서처럼 당위가 강조되지는 않는다.

두 번째로 하이데거가 존재가 이데아로 규정됨에 따라, 사유가 지도적인 역할을 담당하게 된다고 한 말의 뜻이 무엇인가를 고찰해보자. 주자학과 토미즘이 인간의 이성을 절대시한 이성철학임을 상기할 필요가 있다. 하이데거의 말을 신뢰한다면, 주자학과 토미즘은 존재를 이데아로 파악함으로써 당위를 불러옴과 동시에, 이성적으로 언표하는 사유가 지도적인 역할을 담당하는 이성철학의 길을 걸어갔던 것이다. 그렇다면 왜 사유가 지도적인 역할을 담당하게 된다는 것인가? 그것은 인간 이성의 능력이 바로 존재와 현실의 벌어진 간격을, 즉 주자학에서는 본연지성과 기질지성의 불일치를, 토미즘에서는 신의 피조물로서의 모든 존재자들의 차등적 불평등성을, 목격하고 인식하기 때문이다. 이성의 자각 없이는 어떠한 당위의 실행도 발생할 수 없다. 이런 까닭으로 주자학과 토미즘의 철학적 사유는 존재를 인식하는 이성을 인간의 가장 본질적인 능력으로 간주하였고, 존재와 현실의 불일치를 일치시키려는 당위의 노력을 실행하였다. 두 철학은 '인식론-존재론-윤리학'이 서로 긴밀하게 연계되어 있는 철학의 실타래를 엮어나갔다.

두 철학은 무엇보다도 인간을 이성적 존재로 간주하고, 이성을 통하여 세상을 이해하고 설명하려고 하였다. 이성이 마주하는 것은 실재하는 존재자들의 세계이기 때문이다. 주희와 토마스는 이 어떤 것이 있다는 실재의 세계를 경이롭게 여겼다. 그들은 이성을 통해 실재의 세계를, 무엇보다도 눈앞의 실재를 탐구해나갔다. 주자학과 토미즘은 무엇보다도 실재론의 철학이다. 그런데 실재하는 존재자들의 세계는 이성을 통해서 그 의미를 비로소 갖게 되므로, 두 철학은 이성주의의 철학이 된다. 존재자들의 세계는 최고선인 태극과 신으로부터 기원하는 것들이며, 따라서 존재하는 모든 것들은 다 좋은 것들이다. 이것은 주자학과 토미즘이 본연의 자연을 좋은 것으로 여겼다는 것을 의미한다. 이성은 이 세계가 유한하며 필연적으로 상대적 결격을 안고 있음을 통찰하게 되고, 이런 이성의 자각이 세상을 다시 본연의 세계로 회복하겠다는 강력한 의지로 표명된다. 따라서 자연적인 좋음(善)은 당위의 도덕적인 선으로 치환된다. 자연적인 좋음이 도덕적 선으로 치환된다는 것은 무엇을 의미하는가?

인간에게 도덕적 선이 제기되는 것은 단지 도구적인 좋음을 만드는 차원을 벗어나서 그의 마음에서 그 자체의 자연적 좋음을 실현하는 행위가 문제될 때이다. 자연 세계에 있는 모든 존재자들은 각자의 완성을 향해서 움직인다. 그 완성이 곧 좋은 것이다. 다시 말해 좋은 것은 존재의 완성을 의미한다. 도덕적 선은 그 완성을 마음이 실현하는 것과 같다. 인간은 자연적 존재로서 좋은 것을 원하고 찾는다. 그러나 동시에 전체적 좋음에서 멀어지게 하는 특수한 좋음, 즉 악을 탐닉할 수도 있다. 이것이 존재의 전체를 무질서하게 한다. 인간은 좋은 것을 원하면서 동시에 나쁜 것을 원할 수도 있다. 마음이 좋은 것과 나쁜 것을 느낄 때 선·악이 발생한다. 도덕적 선악의 감정은 우리의 의식이 선 속에서의 통일의 필요성을 느끼기에 선에로의 의무감을 낳는다. 즉 도덕적 의무감은 좋은 것을 갈망하는 욕망의 자연적 감정 위에 근거한 이차적 국면에 불과하다. 그것은 존재론적 선에 대한 인간의 갈망을 전제해야만 가능하다. 주자학과 토미즘은 모든 도덕적 행위가 의무감에서 생기는 것은 아니라고 본다. 의무감이 도덕적 행위를 발생시키는 것이 아니라, 도덕적 행위가 도덕적 선의 실현을 위해 의무감을 창출하는 것이다. 즉 의무는 도덕적 선에 종속되며 단지 선을 실현해야 한다는 당위성에만 머문다. 주자학과 토미즘은 오직 선에 대한 관심과 완성을 추구할 뿐이다.

주자학과 토미즘에서 도덕적 선의 욕망은 존재의 욕망에서 비롯한다. 선은 욕망하고픈 것인데, 선을 욕망하는 것은 좋은 것을 욕망하는 것이다. 그런데 존재는 곧 선이므로 대자연의 존재의 세계는 온통 선으로 가득 차 있는 세계이다. 이런 존재의 자연적 좋음이 인간의 의식의 세계로 옮겨질 때, 당위의 도덕적 선으로 탈바꿈한다. 왜냐하면 이성에 의한 '성리'와 '신의 섭리'를 지성적으로 인식하고 거기에 일치시키려는 '진선'에의 욕망을 통해 더 행복해질 수 있다는 신념을 간직하고 있기 때문이다.

제5장

주자학과 토미즘의 철학정신

1. 주자학과 토미즘의 철학적 유사성

주자학과 토미즘은 각각 동·서양의 중세기를 대표하는 철학으로서 상당히 유사한 철학적 사유를 전개하고 있다. 철학적 비교를 통해 고찰한 결과들을 정리하면, 다음과 같다.

1) **유사한 철학적 전제에서 출발한다**.

주자학과 토미즘이 유사한 철학적 사유의 결과를 보이는 것은 두 철학의 철학적 전제가 같은 데서 연유한다. 각각의 철학적 전제는 우주만물의 제일원인이자 제일능동인으로서 '태극'과 '신'을 상정하고 있다는 것이다. 토미즘에서 신은 위격적인 존재로서 우주의 창조자로 명시되고 있어, 주자학에서의 태극과 차이를 보이고 있지만, 태극의 개념에는 상제 개념이 은닉되어 있다. 따라서 태극과 신은 두 철학에서 절대존재이자 최고존재이다. 이런 궁극존재를 인정하고 있기에, 그들을 제일원인으로 하고 있는 우주만물은 유사한 세계구조를 지닐 수밖에 없다. 이 세계는 각각 태극과 신을 정점으로 하는 우주만물의 차등적 위계질서의 구조로서 설명된다.

2) **'심心'과 '이성intellectus'의 관점에서 우주와 모든 존재자들을 설명한다**.

주자학과 토미즘은 인간 이성의 능력을 인간의 가장 본질적인 것으로 여겼다. 인간 이성의 힘으로 우주와 이 우주 속에 존재하는 만물을 설명할 수 있다고 보았다. 주희와 토마스는 이런 이성의 힘을 어디에 사용해야 하는지를 알고 있었다. 그들은 우선 이성의 힘을 실재하는 존재자들의 세계에 적용하였다. 그 까닭은 이성을 소유한 인간은 '신身/육체'와 '심心/영혼'의 합성체이고, 그래서 인간이 맨 먼저 지각하는 것은 실재하는 존재자들의 세계이기 때문이다. 육체적 존재로서 인간은 우선 사물을 감각지각하여 개별자를 파악한다. 그러나 이성의 인식목표는 단순히 실재하는 개별자로서의 사물에 있는 것이 아니다. 인간 이성의 힘은 절대자로부터 비롯한 것이기 때문에, 이성은 은연중에 그 절대자를 느끼며, 뿐만 아니라 우주만물에 내재한 보편자를 감지한다. 인간 이성이 목표로 하는 인식은 개별사물을 통한 보편자이며, 궁극적으로 우주만물의 제일원인인 태극과 신이다. 인간에게 이 모든 인식이 가능한 것은 이성의 탁월한 능력 때문이다. 따라서 두 철학은 이성의 힘에 의해 유한 존재자에서 무한 존재자로 향하는 길을 선택하였다.

3) '리일분수'와 '존재론적 유비'에 의해 모든 존재자들의 다양성과 통일성을 해명한다.

주자학과 토미즘에서 존재는 두 가지로 나누어진다. 그것은 무한 존재와 유한 존재이다. 유한 존재는 모두 무한 존재에서 유래한다. 따라서 유한 존재는 무한 존재의 리理와 존재esse를 분유하고 있다. 이 분유된 존재의 정도는 모든 유한 존재마다 제각기 다르다. 유한한 모든 존재자들은 다양한 존재자들의 세계를 펼쳐나가는데, 이런 존재자들 중에 가장 뛰어난 존재자가 바로 인간이다.

인간이 가장 뛰어난 존재자인 것은 다름 아닌 이성의 능력 때문이다. 그래서 인간은 지상의 모든 존재자들 중에서 태극과 신에게 가장 가까이 있다. 최고 존재인 태극과 신으로부터 멀어져갈수록 그 존재자는 더욱 열등해진다.

주자학과 토미즘은 이런 존재자들의 세계를 차등적 위계질서로 나타내었다. 이 위계질서의 맨 꼭대기에는 태극과 신이 있다. 그리고 아래로 내려갈수록 존재자들은 더욱 열등해지며, 이성의 힘도 약해진다. 맨 아래에 있는 존재자는 전혀 이성이라고 할 만한 것이 없다. 그렇지만 이런 존재자들도 각각 태극의 리와 신의 존재를 분여받았다. 따라서 우주 속에 존재하는 모든 것들은 다 태극과 신의 한 가족이다. 주자학의 '리일분수理一分殊'와 토미즘의 '존재론적 유비'는 각각 태극과 신을 아버지로 하는 이런 우주의 가족관계를 설명하고 있다. 다시 말해 '만물'과 '모든 존재자들'은 각각 태극과 신으로부터 기원하며, 이것은 만물과 모든 존재자들로 향한 분여의 길이다. 각각의 제자리에 위치한 만물과 모든 존재자들은 맡은바 소임을 다하고, 자신의 완성을 위해 다시 태극과 신으로 향한다. 이것은 만물과 모든 존재자들에서 태극과 신으로 향하는 관여의 길이다. 리일분수론과 존재론적 유비론은 이 세계가 다양한 존재자들의 세계이면서 동시에 하나의 통일성을 이루고 있다는 것을 통찰하고 있다.

4) 존재ens, 일자unum, 진리verum, 그리고 선bonum은 서로 치환된다.

주자학과 토미즘에서 '인식론-존재론-윤리학'은 긴밀한 연관관계를 맺고 있다. 이것은 주자학과 토미즘의 전체 철학체계의 구조가 첫째, 이성에 의해 존재를 인식하고, 둘째, 이성과 존재의 일치를 진리로 간주하고, 셋째, 존재는 곧 일자이며, 넷째, 존재하는 모든 것을 좋다고 여기는 것을 기본골격으로 하고 있기 때문이다. 그래서 두 철학체계 안에서 인식론과 존재론, 그리고 윤리학은 서로 유기적인 구조를 이루고 있다. 주자학과 토미즘은 이성의 힘에 의해 무엇보다도 먼저 존재의 세계를 탐구한다. 이성이 의식하는 존재와 실재하는 존재가 일치하면, 그것이 진리verum이다. 또한 "어떤 것이 있다"는 사물의 존재를 좋은 것으로 여긴다. 자연에 존재하는 모든 것은 다 좋은 것(善)이다. 왜냐하면 자연 속에서 각각의 존재자들은 그것이 아무리 보잘것없는 것이라도, 존재하고 있다는 사실 그 자체만으로 현실태로 있는 것이며, 그것이 현실태로 있는 한, 각 사물은 자신의 완전성을 구현하고 있기 때문이다. 그런데 선이란 욕망할 만한 것이고, 선이 욕망하는 것은 각 사물의 완전성을 욕망하는 것이다. 따라서 어떤 사물이 존재하고 있다면, 그 사물의 존재는 곧 선이 된다.

5) 세계는 온통 선의 세계이다. 악은 단지 선의 결핍에 불과하다.

주자학과 토미즘은 근본적으로 이 세계가 선하다고 본다. 이 세계의 선성은 그 근원인 태극과 신에서 유래한다. 태극과 신은 최고선이기 때문이다. '태극'과 '신'이 최고선summum bonum(至善)이기 때문에, '만물'과 '모든 존재자들' 또한 선한 것일 수밖에 없다. 그러므로 세계는 온통 선의 세계이다. 그럼에도 이 세계에는 악이 필연적으로 발생한다. 태극과 신이라는 제일원인으로 말미암아 존재하는 이 세계는 유한하며 상대적인 세계이기 때문이다. 이런 상대적인 세계는 결코 그 절대자와 같을 수 없다. 따라서 이 세계에 존재하는 만물은 상대적인 결격으로서 필연적으로 악을 낳기 마련이다. 악이란 주자학과 토미즘에서 존재자의 결핍을 의미한다. 존재와 선은 서로 치환되기 때문에 존재자의 결핍은 곧 선의 결핍을 의미한다. 존재자의 결핍 또는 선의 결핍으로서 악이 발생하는 까닭은 다음과 같다. 주자학에서 '만물'은 궁극존재로부터 기를 품부받을 때 각각 다르게 품부받는다. 이때 기는 두 가지 악의 원인으로 작용한다. 그것은 기가 질료인과 작용인의 두 의미를 가지고 있기 때문이다. 기는 기器와 같은 의미로 제한성을 지니며, 동시에 기운의 뜻으로서 작용인의 역할을 한다. 따라서 기는 제한을 가하는 작용을 하여 만물의 품부받은 기질에 차이를 빚어낸다. 이런 편벽된 기질의 차이가 악을 낳게 한다. 악이란 그 자체로 존재하는 것이 아니라, 기질의 치우침(偏)·막힘(塞)·무거움(重)·거침(粗)·탁함(濁)·잡박함(駁)에 의해 생겨난다. 토미즘에서도 본질은 질료인과 작용인의 역할을 한다. 본질은 모든 존재자들의 존재를 각기 차등적으로 제한하여 모든 존재자들의 차이를 빚어낸다. 유한한 만물들은 필연적으로 상대적 결핍으로서 악을 낳을 수밖에 없다. 악이란 마땅히 있어야 할 본성natura(性)에 속하는 것이 아니라, 단지 존재자의 결핍 또는 선의 결핍에 불과하므로, 두 철학에서 악은 적극적으로 이 세계에 존재하는 것이 아니라, 선들의 다양한 차등의 질서에서 소극적으로 등장할 뿐이다.

6) '심心/이성intellectus'과 '의意/의지voluntas', 그리고 '정情/감각적 욕망sensitivus appetitus'에 의해 선악을 설명한다.

주자학과 토미즘에서 '심心/이성'과 '의意/의지'는 인간에게 있어서 새의 두 날개와 같은 역할을 한다. 이것들이 이성적 존재로서 인간을 규정한다. 동시에 인간은 몸의 존재이기 때문에 감각지각의 능력도 갖고 있다. 이성은 주로 존재자를 인식하는 역할을 담당하고, 의지와 감각은 둘 다 어떤 것을 욕망한다. 의지는 지성적 욕망에 속하고, 감각은 감각적 욕망에 속한다. 의지는 이성의 명령에 따라 선을 욕망한다. 그러나 감각은 정감passio(情)으로 작용하기 때문에 이성의 통제를 벗어나기도 한다. 그래서 감각은 선으로 향할 수도 있고, 악으로 흐를 수도 있다. 인간은 항상 선하거나 아니면 악하다. 인간이 선한 것은 의지가 이성의 명령을 복종할 때이다. 만약 지성적 욕망인 의지이든, 감각적 욕망인 정감이든 이성의 통제를 벗어나면, 곧 악으로 치닫게 된다. 그러므로 이성은 인식에 있어서 무엇보다 자신의 지성적 능력을 행사하지만, 도덕적 선악에 있어서도 이성은 여전히 가장 중요한 표준이 된다. 이와 같이 주자학과 토미즘은 인간 이성의 관점에서 인식과 존재, 그리고 선을 통찰하고 있다.

7) '경敬'과 '덕virtus'에 의해 도덕적 선의지의 노력을 펼쳐 나간다.

주자학과 토미즘은 이성적 선의지의 노력의 철학이다. 먼저 이성이 인식하고 의지가 이성의 명령에 따라 선을 실천한다. 따라서 도덕적 실천을 위한 원리가 필요한데, 주자학의 '경'과 토미즘의 '덕'이, 이것을 대표한다. 경과 덕은 세 가지 의미를 갖는다. 첫째, 선하다. 둘째, 행위적이다. 셋째, 습관에 의해 형성된다. 따라서 경과 덕은 선한 행위적 습관이다. 이런 습관은 본성에 속하는 것이 아니기 때문에 마음이 방심하면 경과 덕은 감소하거나 상실될 수 있다. 그렇기 때문에 마음은 항상 깨어 있어야 하며, 이 경과 덕을 유지하기 위해 끊임없이 노력해야 한다. 욕망이 지성적 욕망과 감각적 욕망으로 구분되는 것처럼, 경과 덕에 있어서도 이것들은 지성적 덕과 윤리적 덕으로 구분된다. 지성적 덕은 인식하고, 윤리적 덕은 실천한다. 두 철학은 우선적으로는 선지후행先知後行의 길을 가지만, 실제로는 늘 인식과 행위를 동시에 고려하고 있다. 왜냐하면 인식과 행위는 구분될 뿐이지, 서로 분리되어 일어날 수 없기 때문이다. 그래서 주자학과 토미즘은 이성을 맨 앞에 앞세우면서도, 의지가 늘 이성과 함께하고 있다.

8) 우주의 보편적 이치와 사랑인 '인仁'과 '애덕愛德(caritas)'에 의해 우주만물이 한 가족임을 인식하고 사랑을 실천해 나간다.

주자학과 토미즘은 우주만물을 결속하는 힘이 이 세계에 있다고 본다. 그것은 다름 아닌 '인'과 '애덕'이다. 인과 애덕은 각각 '천지(또는 태극)'와 '신'으로부터 '만물'과 '모든 존재자들'에게 분여되는 것이다. 그런 까닭에 주자학에서 '만물'은 천지의 만물을 낳는 마음을 천지와 더불어 가지고 있다. 이것을 주희는 한 마디로 '인仁'이라고 하였고, 이 인은 마음의 덕(心之德)이자 사랑의 이치(愛之理)이다. 한편 토미즘에서도 모든 존재자들은 신의 무한히 충만한 사랑을, 신과 함께 공유한다. 이것을 피조물과 신과의 친교amicitia로서, '애덕caritas'이라고 하였다.

'인'과 '애덕'은 자연의 인간동형론anthropomorphism에 바탕하고 있다. 자연을 원본으로 하여 인간은 그 자연을 모방하고 있다. 자연은 우주의 모범이고, 인간은 이 자연과 닮아서 하나가 되려고 한다. 여기서 말하는 자연은 우주의 근원으로서 태극과 신이다. 인과 애덕은 이러한 태극(또는 천지)과 신의 '마음의 덕'이 인간에게 이성이라는 이름으로 분여된 '마음의 덕'을 의미한다. 이 마음의 덕으로서 인과 애덕은 우주만물을 한 가족으로 결속시킨다. 이때 우주만물을 하나로 결속시키는 이 힘은 곧 사랑이다. 왜냐하면 우주만물의 근원인 태극과 신의 다른 이름은 무한한 사랑이기 때문이다. 우주만물은 사랑으로 결속한 한 가족이며, 그 결속은 인과 애덕을 의미한다. 인간은 인과 애덕이라는 도덕의 실천이념을 가지고 우주에 충만한 사랑을 느끼면서, 동시에 그 사랑을 더욱 완전하게 구현하려고 한다. 이런 인과 애덕의 최종목적은 주자학과 토미즘에서 각각 천인합일과 신인합일이다. 따라서 인과 애덕의 완성은 궁극적으로 천인합일과 신인합일에 있다.

9) **존재를 당위로 치환시켰다**.

주자학과 토미즘은 존재를 이데아로 해석하였다. 구체적으로 말해, 주희는 존재를 '리理'로 간주하였고, 토마스는 존재를 '형상forma'으로 여겼다. 존재를 리와 형상으로 여겼다는 것은 존재를 모범으로 앞세운 것이고, 존재가 모범인 한에 있어서 존재는 필연적으로 당위를 불러오게 된다. 왜냐하면 '모범으로서의 존재'와 '현실 속에서의 존재' 사이에 필연적 간격이 벌어지기 때문이다. 따라서 그 간격을 메우려고 하는 당위가 요청된다. 주자학과 토미즘은 존재하는 것이면 모두 좋은 것으로 여겼는데, 이 자연의 좋음을 모범으로서의 존재와 일치시키려고 하는 당위적 노력에서 '자연의 좋음'을 '도덕적 옳음'으로 치환시켰다. 자연적 좋음과 도덕적 옳음 사이에서 이성은 이 둘을 하나로 이어주는 매개자의 역할을 한다.

2. 실재론적 주지주의

주자학과 토미즘은 의식이 존재를 규정하는 것이 아니라, 존재가 의식을 규정한다고 보고, 관념론Idealism이 아니라, 실재론Realism의 길을 간다. 관념론은 의식이 존재를 구성해 나간다고 생각하는 철학이고, 반면에 실재론은 의식이 존재를 만드는 것이 아니라, 의식이 눈 뜨기 이전부터 존재는 있어왔다고 보는 철학이다.

주자학과 토미즘은 관념론과 같은 의식의 철학이 아니라, 실재론으로서 존재의 철학이다. 실재론에서는 의식이 필연적으로 존재에 종속되어야 한다. 의식은 겸허하게 존재에 귀속하고 종속되어, 그 존재에 동의해야 한다. 따라서 주자학과 토미즘에서 진리란 의식이 존재에 동의하는 것이다. 다시 말해 의식이 실재의 존재론적 의미를 밝히는 것이 바로 진리이다. 그래서 존재론적으로는 의식이 존재에 동의하는 '동의consensus의 철학'이고, 실재론적으로는 의식이 그 존재를 인식하는 '인식cognitio의 철학'이다. 왜냐하면 의식이 실재하는 존재를 인식해야 동의를 할 수 있기 때문이다.

관념론은 의식의 철학이기 때문에 상당히 논리적이며, 종교성을 띠지 않는다. 반면에 실재론은 의식의 실재에 대한 동의이기 때문에, 실재에 귀의하는 종교성을 짙게 풍긴다. 토미즘의 실재론은 일상생활의 경험에서 신의 흔적을 보려고 하는 경험적 실재론이다. 주자학도 하학이상달下學而上達의 방법으로써 천리와 합일하는 경험적 실재론의 길을 간다. 주자학은 토미즘과 같은 종교철학은 아니지만, 그럼에도 토미즘과 비슷한 종교성을 암묵적으로 풍기고 있다.

주자학과 토미즘은 이성주의Rationalism 또는 주지주의Intellectualism의 철학으로서 궁극적인 실재에 대한 귀의와 종속을 중요하게 여긴다. 따라서 종교성을 짙게 풍길 수밖에 없으며, 경배(敬)와 신앙fides의 철학이 된다.

실재하는 존재에 대한 인간의 인식은 중요하다. 왜냐하면 인간이 인식해야만 그 존재에 동의할 수 있기 때문이다. 그런데 주자학과 토미즘에서 존재는 진·선·미로 치환된다. 인간은 왜 존재가 진·선·미인지 그 까닭을 알아야 한다. 이것을 알게 해주는 것은 인간 이성의 능력이다. 이성이 진·선·미를 인식하게 해준다. 따라서 이 이성은 구성적constructive이다. 이성은 스스로의 내용을 혼자서 채워 나가는 것이 아니라, 반드시 바깥에 실재하는 감각적 사물들에 대한 경험을 통해 자기의 내용을 충족시켜 나간다. 그러므로 주자학과 토미즘은 인간 이성을 통하여 이 세계와 인간을 해명하며, 궁극적으로는 신을 알고자 한다. 인간은 무엇보다도 알아야 한다. 그래야 실재하는 모든 존재를 경배하고 사랑하고 복종할 수 있다. 이것은 또한 주자학과 토미즘이 휴머니즘의 철학임을 말한다. 인간 이성이 이 세상의 주인이 되고, 이성이 소유한 세상 안에서 인간의 욕망이 이기심으로 흐르지 않고 이성적 공정함에 의해 서로 상부상조하면서 우주적 선의 실현을 꾀하고자 하는 인간중심적 주지주의 철학인 것이다. 지금까지의 고찰을 통해, 주자학과 토미즘의 철학정신을 한 마디로 '실재론적 주지주의Realistic Intellectualism'라고 정의할 수 있다.

주석

1) 여기서 말하는 주자학과 토미즘은 역사 속에 등장한 주자학과 토미즘의 전체 이론을 말하는 것이 아니라, 주희와 토마스 아퀴나스의 철학에만 국한하여 주자학과 토미즘이라는 용어를 사용하고 있음을 밝혀둔다. 덧붙여 주자학과 토미즘의 비교에 관한 선행연구로는 김형효의 「주자학과 토미즘」(『철학적 사유와 진리에 대하여(1)』, 청계, 2004)이 있음을 부기한다.

2) 北宋時代의 다섯 명의 뛰어난 철학자 周敦頤, 張載, 邵雍, 程顥, 程頤를 말한다.

3) Martin Heidegger, *Einführung in die Metaphysik*, Gesamtausgabe(Band 40), Vittorio Klostermann Frankfurt Am Main, 1983, p. 104. 『형이상학 입문』, 박휘근 옮김(文藝出版社, 1994), 162쪽 참조. “Wenn freilich dagegen versichert wird, in der Geschichte der Philosophie sagten im Grunde alle Denker dasselbe, so ist das wiederum eine befremdliche Zumutung an den Alltagsverstand. Wozu dann noch die vielgestalige und verwickelte Geschichte der abendländischen Philosophie, wenn alle doch dasselbe sagen? Dann genügt eine Philisophie. Alles ist immer schon gesagt. Aber dieses《dasselbe》hat allerdings den unausschöpfbaren Reichtum dessen zur inneren Wahrheit, was jeden Tag so ist, als sei es sein erster Tag.”

4) 『陸象山全集』, 卷36, 年譜.

5) 김형효, 『철학적 사유와 진리에 대하여(1)』(청계, 2003), 11쪽.

6) 『朱子語類』, 卷1, 理氣上. “邵堯夫經世吟云: ‘羲軒, 堯舜, 湯武, 桓文, 皇王帝霸. 父子君臣, 四者之道, 理限于秦, 降及兩漢. 又歷三分, 東西俶擾, 南北紛紜, 五胡十姓, 天紀幾棼. 非唐不濟, 非宋不存, 千世萬世, 中原有人!’ 蓋一治必又一亂, 一亂必又一治. 夷狄只是夷狄, 須是還他中原.”

7) 『朱子語類』, 卷126. “不問大人小兒, 官員村人商賈, 男子婦人, 皆得入其門.”

8) Daniel K. Gardner, 「주희와 12세기 도학의 위기」; 허탁 외 2인 옮김, 『주자어류 3』(청계, 2001), 275~79쪽 참조.

9) 『朱熹集』, 卷39. “非唯敎他人理會不得, 自家亦理會不得也.”

10) 『朱熹集』, 卷60. “其法首以讀書窮理爲大禁, 常欲學者注其心於茫昧不可知之地, 以僥倖一旦恍然獨見, 然後爲得.”

11) 『朱子語類』, 卷10. “今緣文字印木多, 人不著心讀. 漢時諸儒以經相授者, 只是暗誦, 所以記得牢.”

12) Thomas F. O'Meara, 『신학자, 토마스 아퀴나스』, 이재룡 옮김(가톨릭출판사, 2002), 33~34쪽.

13) 요셉 피퍼, 『토마스 아퀴나스: 그는 누구인가』, 신창석 옮김(분도출판사, 1995), 17쪽.

14) 이에 대해서는 F. Van Steenberghen의 『토마스 아퀴나스와 급진적 아리스토텔레스주의』, 이재룡 옮김(성바오로출판사, 2000)을 참조.

15) 요셉 피퍼, 『토마스 아퀴나스: 그는 누구인가』, 신창석 옮김(분도출판사, 1995), 18~22쪽 참조.

16) 이에 대해서는 김형효의 「한국철학을 위한 자유평론」(『정신문화연구』(2003년 여름호 제26권 제2호)을 참조바람. 이 논문은 ‘溫故而知新’의 의미를 잘 밝히고 있다.

17) 물론 어떤 사람은 주희가 道敎와 佛敎를 비판했음을 가지고 반론을 제기할 수도 있을 것이다. 그러나 주희는 儒家를 道家나 佛家와 분별한 것이지, 무조건 배척한 것이 아니다. 朱子學의 정신은 道學에 있고, 진리라면 무엇이든 포용한다. 그 예로 『近思錄』은 周敦頤의 『太極圖說』로 시작하고 있는데, ‘無極而太極’에서 無極은 道家의 용어이다. 그리고 주희의 철학 안에 佛敎의 요소가 녹아 있다.

18) 陳榮捷, 『주자강의』, 표정훈 옮김(푸른역사, 2001), 191~12쪽 참조.

19) Daniel K. Gardner, 「주희와 유학적 전통의 변용」; 허탁 외 2인 옮김, 『주자어류 3』(청계, 2001), 365쪽.

20) 金忠烈, 『中國哲學散稿(Ⅱ)』(온누리, 1988), 284쪽 참조.

21) 야마다 케이지의 다음의 말은 참고할 만하다. “주희의 전 생애에 걸

친 사색의 발걸음을 도식화시켜 말한다면, 그는 먼저 존재론과 인간학에 있어서의 입장을 확립한 후, 자연학 혹은 보다 더 일반적으로 말한다면 氣 이론에 의해 그것을 기초지우고, 풍부하게 만들어간다. 즉 주렴계의 존재론과 정이천의 理 철학에서부터 출발하여 만년에 이르러 장횡거의 氣 철학을 모두 소화하고, 다시 소강절의 우주론적 도식도 받아들여 자연과 인간의 다양한 영역에 걸치는 사상체계를 구축했던 것이다."(최정묵 외 1인, 『주자의 철학사상』(문경출판사, 2002), 78쪽 재인용)

22) S. J., F. Copleston, *A History of Philosophy*, Vol 2, The Newman Press, 1962, pp. 552~56 참조.

23) 보에티우스Boethius는 마리우스 빅토리누스Marius Victorinus로부터 서구의 기독교적 신플라톤주의Neoplatonism를 물려받았다.

24) Anton C. Pegis, *Introduction to Saint Thomas Aquinas*, New York: The Morden Library, 1948, Introduction: p. 30.

25) Mary T. Clark, *An Aquinas Reader*, New York: Fordham University Press, 1972, p. 25 참조.

26) 위의 책, p. 27 참조.

27) 요셉 피퍼, 『토마스 아퀴나스 : 그는 누구인가』, 신창석 옮김(분도출판사, 1995), 79~81쪽 참조.

28) 『朱子年譜』, 卷1, 1面.

29) 『朱子年譜』, 卷1, 2面. "某自五六歲時, 心便煩惱天體是如何, 外面是何物."

30) 黎建球, 『朱熹與多瑪斯形上思想的比較(上冊)』(臺灣商務印書館, 1977), 18面.

31) 아나가끼 료오스께, 『토마스 아퀴나스』, 정종휴 外 1인(새남출판사, 1995), 22~23쪽.

32) 『朱子年譜』, 卷1, 4面.

33) 『朱子語類』, 卷104. "某舊見李先生時, 說得無限道理, 也會去學禪. 李先生云: 汝恁地懸空理會得許多, 面前事却有理會不得, 道亦無玄妙, 只在日用間著實作工夫處理會, 便自見得."

34) 『詩經,』, 「大雅」. "鳶飛戾天, 魚躍于淵."

35) 朴正根,『중국적 사유의 원형』(살림출판사, 2004), 31~54쪽 참조.

36)『易經』,「繫辭傳」. "一陰一陽之謂道, 繼之者善也, 成之者性也."

37)『論語』,「子罕」. "文王旣沒, 文不在玆乎. 天之將喪斯文也. 後死者不得與於斯文也. 天之未喪斯文也, 匡人其如予何."

38) 大濱晧,『朱子の哲學』(東京大學出版會, 1983), 422面 참조.

39)『論語』,「子罕」, "子在川上曰, 逝者如斯夫, 不舍晝夜." 朱子註. "天地之化, 往者過, 來者續, 無一息之停, 乃道體之本然也."

40) Marcy T. Clark, *An Aquinas Reader*, New York: Fordham Univ. Press, 1972, p. 31 참조. "The crucial metaphysical question that today is associated with the name of Hedegger was the question raised by Aquinas: Why is there something rather than nothing? Neither Plato, for whom matter always existed, nor Aristotle, for whom the world of becoming was eternal, answered this question. To give more than a likely account of creation was to exchange myth for metaphysics. This Aquinas did by proposing the distinction between existence and essence to explain the absolute beginning of being and to show the structure that made possible the multiplicity of finite things."

41) E. Gilson, *Le Thomisme*, Paris: Librairie Philosophique J. Vrin, 1965, pp. 99~112 참조.

42) Thomas Aquinas, *Summa Theologiae*(이하 S. T.로 표기), Ⅰa, q. 45, a. 1.(제1부, 제45문, 제1항) "Quod creare est aliquid ex nihilo facere."

43) Thomas Aquinas, S. T., Ⅰa, q. 12, a. 1. "Inest enim homini naturale desiderium cognoscendi causam, cum intuetur effectum; et ex hoc admiratio in hominibus consurigit."

44) F. Van Steenberghen, *Epistemologie*, Universitaires de Louvain, 1956, pp. 75~76 참조.

45) 김형효,『철학적 사유와 진리에 대하여(1)』(청계, 2003), 86~87쪽 참조.

46) F. Van Steenberghen, *Epistemologie*, Universitaires de Louvain, 1956, pp. 78~79. "L'être est la donnée la plus primitive qui soit, il est par excellence le *primum notum*; impossible de l'analyser et de le reduire à quelque chose de plus élémentaire. L'être est strictement *per se notum*,

principe de connaissance et non point connu par autre chose. Rien n'est plus clair, plus simple, plus évident que l'être, saisi dans la toute première expérience ou prise de conscience. Voilà pourquoi, demander quelle est l'*essence* ou la *nature* de l'être est une question dépourvue de sens : *essence* et *nature* sont déjà des *manières d'être*. L'essence de l'être est de n'en pas avoir, en dépassant et en incluant toutes les essence. Impossible, par conséquent, de construire, de déduire, de réduire ou de définir l'être à partire d'autre chose que lui-même."

47) 『朱子語類』, 卷5, 性理2.

48) Thomas Aquinas, S. T., Ⅰa, q. 14, a. 1.

49) 『朱子語類』, 권13, 「學7·力行」. "凡事莫非心之所爲."

50) Thomas Aquinas, S. T., Ⅰa, q. 79, a. 8. 『神學大全(11)』, 정의채 옮김 (바오로딸, 2003), 117~19쪽 참조. "Ratio et intellectus in homine non possunt esse diversae potentiae. Quod manifeste cognoscitur, si utriusque actus consideretur. Intelligere enim est simpliciter veritatem intelligibilem apprehendere. Ratiocinari autem est procedere de uno intellecto ad aliud, ad veritatem intelligibilem cognoscendam. … Homines autem ad intelligibilem veritatem cognoscendam perveniunt, procedendo de uno ad aliud, ut ibidem dicitur, et ideo rationales dicuntur. Patet ergo quod ratiocinari comparatur ad intelligere sicut moveri ad quiescere, vel acquirere ad habere. … Multo ergo magis per eandem potentiam intelligimus et ratiocinamur. Et sic patet quod in homine eadem potentia est ratio et intellectus."

51) 張伯行, 『續近思錄』, 第3卷, 致知. "日用之間, 應事接物, 直是判斷得直截分明, 而推以及人."

52) 張伯行, 『續近思錄』, 第2卷, 論學. "學問之道無他. 莫論事之大小, 理之深淺, 但到目前, 卽與理會到底."

53) 張伯行, 『續近思錄』, 第2卷, 論學. "爲學之要, 惟事事審求其是, 決去其非, 積習之久, 心與理一."

54) Thomas Aquinas, S. T., Ⅰa, q. 14, a. 1. "Unde dicitur quod plante non cognoscunt propter suam materialitatem. Sensus autem cognoscitivus est quia receptivus est specierum sine materia; et intellectus adhuc magis

cognoscitivus, quia est magis separatus a materia et immixtus."

55) 『朱子大全』, 卷59, 答余方叔. "天之生物, 有有血氣知覺者, 人獸是也. 有無血氣知覺, 而但有生氣者, 草木是也. 有生氣已絶, 而但有形質臭味者, 枯槁是也."

56) 『朱子語類』, 卷5, 性理2. "心者, 氣之精爽."

57) 『大學或問』, "以其氣而言之, 則得其正且通者爲人, 得其偏且塞者爲物, 是以或貴或賤, 而不能齊也."

58) Thomas Aquinas, S. T., Ⅰa, q. 75, a. 2 참조.

59) 『朱子語類』, 卷12, 「學·持守」. "心廣大如天地, 虛明如日月."

60) 『孟子集註』, 卷13, 「盡心上」. "心者, 人之神明, 所以具衆理, 而應萬事者也."

61) 『孟子集註』, 卷13, 「盡心上」. "聖人之心, 至虛至明, 渾然之中, 萬理必具, 一有感觸, 則其應甚速, 而無所不通."

62) Aristotle, *De Anima*, Ⅲ, cap. 4.

63) 『朱子語類』, 卷16, 葉賀孫錄. "人心如一個鏡, 先未有一個影象, 有事物來方照見姸醜, 若先有一個影象在裏, 如何照得."

64) 『大學章句』, 「補忘章」. "所謂致知在格物者, 言欲致吾之知, 在卽物而窮其理也. 蓋人心之靈, 莫不有知, 而天下之物, 莫不有理, 惟於理, 有未窮, 故其知有不盡也. 是以大學之敎, 必使學者, 卽凡天下之物, 莫不因其已知之理而益窮之, 以求至乎其極, 至於用力之久而一旦豁然貫通焉, 則衆物之表裏精粗, 無不到, 而吾心之全體大用, 無不明矣, 此謂物格, 此謂知之至也."

65) 『朱子語類』, 卷15, 葉賀孫錄. "格物, 不說窮理, 却言格物, 蓋言理, 則無可捉摸, 物有時而離. 言物, 則理自在, 自是離不得."

66) 『大學章句』, 第1章. "格, 至也. 物, 猶事也. 窮至事物之理, 欲其極處無不到也."

67) 陳來, 『朱子哲學硏究』, 285面 참조.

68) Thomas Aquinas, S. T., Ⅰa, q. 84, a. 6. 『인간의 사고(신학대전 1부 84~88문 발췌)』, 박전규 옮김(서광사, 1984), 32쪽 참조. "Posuit enim cum Platone intellectum differre a sensu. Sed sensum posuit propriam operationem non habere sine communicatione corporis; ita quod sentire non sit actus animae tantum, sed conjuncti. Et similiter posuit de omnibus

operationibus sensitivae partis. Quia igitur non est inconveniens quod sensibliia quae sunt extra animam causent aliquid in conjunctum. … operationes sensitivae partis causentur per impressionem sensibilium in sensum."

69) Thomas Aquinas, S. T., Ⅰa, q. 76, a 1. "sentire non est sine corpore."

70) Thomas Aquinas, S. T., Ⅰa, q. 84, a. 7. 앞의 책, 35~36쪽 참조. "Dicendum quod impossibile est intellectum nostrum, secundum praesentis vitae statum quo passibili corpori conjungitur, aliquid intelligere in actu, nisi convertendo se ad phantasmata. Et hoc duobus indiciis apparet. Primo quidem quia, cum intellectus sit vis quaedam non utens corporali organo, nullo modo impediretur in suo actu per laesionem alicuius corporalis organi, si non requireretur ad eius actum actus alicujus potentiae utentis organo corporali. Utuntur autem organo corporali sensus et imaginatio et aliae vires pertinentes ad partem sensitivam. Unde manifestum est quod ad hoc quod intellectus actu intelligat, non solum accipiendo scientiam de novo, sed etiam utendo scientia iam acquisita, requiritur actus imaginationis et ceterarum virtutum. … Secundo, quia hoc quilibet in seipo experiri potest, quod quando aliquis conatur aliquid intelligere, format aliqua phantasmata sibi per modum exemplorum, in quibus quasi inspiciat quod intelligere studet. Et inde est etiam quod quando alium volumus facere aliquid intelligere, proponimus ei exempla, ex quibus sibi phantasmata formare possit ad intelligendum. … Et ideo necesse est ad hoc quod intellectus actu intelligat suum objectum proprium, quod convertat se ad phantasmata, ut speculectur naturam universalem in particulari existentem."

71) 『朱子語類』, 卷1, 理氣上. "未有天地之先, 畢竟也只是理. 有此理, 便有此天地, 若無此理, 便亦無天地, 無人無物, 都無該載了."

72) 『大學或問』, 卷2. "便於身心性情之德, 人倫日用之常, 以至天地鬼神之變, 鳥獸草木之宜, 自其一物之中, 莫不有見其所當然而不容已與其所以然而不可易者."

73) 『大學或問』, 卷1. "天下之物則必各有所以然之故, 與其所當然之則, 所謂理也."

74) 『朱文公文集』, 卷64, 答或人七. "窮理者, 欲知事物之所以然與其所當然者而已. 知其所以然故志不惑, 知其所當然故行不謬."

75) 『朱子語類』, 卷9, 李季札錄. "一心具萬理. 能存心, 而後可以窮理."

76) 『朱子語類』, 卷9, 陽錄. "心包萬理, 萬理具於一心. 不能存得心, 不能窮得理, 不能盡得心."

77) 『朱子語類』, 卷15. "上而無極太極, 下而至於一草一木一昆蟲之微, 亦各有理. 一書不讀, 則闕了一書道理., 一事不窮, 則闕了一事道理., 一物不格, 則闕了一物道理. 須着逐一件與他理會過."

78) Thomas Aquinas, S. T., Ⅰa, q. 85, a. 3. 앞의 책, 52~53쪽 참조. "Dicendum quod in cognitione nostri intellectus duo oportet considerare. Primo quidem, quod cognitio intellectiva aliquo modo a sensitiva primordium sumit. Et quia sensus est singularium, intellectus autem universalium; necesse est quod cognitio singularium, quoad nos, prior sit quam universalium cognitio. Secundo oportet considerare quod intellectus noster de potentia in actum procedit. Omne autem quod procedit de potentia in actum prius pervenit ad actum incompletum, qui est medius inter potentiam et actum, quam ad actum perfectum. Actus autem perfectus ad quem pervenit intellectus, est scientia completa, per quam distincte et determinate res cognoscuntur. … Est ergo dicendum quod cognitio singularium est prior quoad nos quam cognitio universalium, sicut cognitio sensitiva quam cognitio intellectiva. Sed tam secundum sensum quam secundum intellectum, cognitio magis communis est prior quam cognitio minus communis."

79) Thomas Aquinas, S. T., Ⅰa, q. 85, a. 1. 앞의 책, 43~44쪽 참조. "Objectum cognoscibile proportionatur virtuti cognoscitivae. … Proprium ejus(intellectus humanus) est cognoscere formam in materia quidem corporali individualiter existentem, non tamen prout est in tali materia. Cognoscere vero id quod est in materia individuali, non prout est in tali materia, est abstrahere formam a materia individuali, quam repraesentant phantasmata. Et ideo necesse est dicere quod intellectus noster intelligit materialia abstrahendo a phantasmatibus. Et per materialia sic considerata in immatrialium aliqualem cognitionem devenimus."

80) Thomas Aquinas, S. T., Ⅰa, q. 85, a. 5. 앞의 책, 60쪽 참조. "Dicendum quod intellectus humanus necesse habet intelligere componendo

et dividendo. Cum enim intellectus humanus exeat de potentia in actum, similitudinem quamdam habet cum rebus generabilibus, quae non statim perfectionem suam habent, sed eam successive acquirunt. … Primo apprehendit aliquid de ipsa, puta quidditatem ipsius rei, quae est primum et proprium objectum intellectus. … Secundum hoc, necesse habet unum apprehensum alii componere vel dividere; et ex una compositione vel divisione ad aliam procedere, quod est ratiocinari. … Intellectus humanus cognoscit componendo et dividendo, sicut et ratiocinando."

81) 『大學章句』. "致, 推知也. 知, 猶識也. 推極吾之知識, 欲其所知無不盡也."

82) 陳來, 『朱子哲學硏究』(上海: 華東師範大學出版社, 2000), 287~88面 참조.

83) 『大學章句』, 「補忘章」. "所謂致知在格物者, 言欲致吾之知, 在卽物而窮其理也. 蓋人心之靈, 莫不有知, 而天下之物, 莫不有理."

84) 『朱子語類』, 卷15, 黃義剛錄. "只是推極我所知, 須要就那事物上理會. 致知是自我而言, 格物是就物而言, 若不格物, 何緣得知."

85) 『朱子語類』, 卷18, 沈僩錄. "格物所以致知, 于這一物上窮得一分之理, 卽我之知亦知得一分, 于物之理窮二分, 卽我之知亦知得二分, 于物之理窮得愈多, 則我之知愈廣."

86) 『朱子語類』, 卷78, 「尙書·大禹謨」. "道心, 是知覺得道理底, 人心, 是知覺得聲色臭味底."

87) 앞의 책, 같은 곳. "知覺從耳目之欲上去, 便是人心. 知覺從義理上去, 便是道心."

88) 앞의 책, 같은 곳. "人心道心, 元來只是一箇."

89) Thomas Aquinas, S. T., Ⅰa, q. 79, a. 2 참조.

90) Thomas Aquinas, S. T., Ⅰa, q. 79, a. 3. 『神學大全(11)』, 정의채 옮김, 73쪽 참조. "Sed quia Aristoteles non posuit formas rerum naturalium subsistere sine materia; formae autem in materia existentes non sunt intelligiblies actu: sequebatur quod naturae seu formae rerum sensibilium, quas intelligimus, non essent intelligibiles actu. Nihil autem reducitur de potentia in actum, nisi per aliquod ens actu. Oportebat igitur ponere aliquam virtutem ex parte intellectus, quae faceret intelligibilia in actu, per abstractionem specierum a conditionibus materialibus. Et haec est necessitas ponendi intellectum agentum."

91) 『朱子大全』, 卷58, 答黃道夫. “天地之間, 有理有氣. 理也者, 形而上之道也, 生物之本也. 氣也者, 形而下之器也, 生物之具也. 是以, 人物之生, 必稟此理, 然後有性, 必稟此氣, 然後有形.”

92) Avicenna(980~1037)와 Averroes(1126~1198)를 말한다.

93) Thomas Aquinas, S. T., Ⅰa, q. 79, a. 4. 앞의 책, 81~85쪽 참조. “Intellectus agens de quo Pilosophus loquitur, est aliquid animae. … Supra animam intellectivam humanam necesse est ponere aliquem superiorem intellectum, a quo anima virtutem intelligendi obtineat. Semper enim quod participat aliquid, et quod est mobile, et quod est imperfectum, praeexigit ante se aliquid quod est per essentiam suam tale, et quod est immobile et perfectum. Anima autem humana intellectiva dicitur per participationem intellectualis virtutis, cuius signum est, quod non tota est intellectiva, sed secundum aliquam sui partem. Pertingit etiam ad intelligentiam veritatis cum quodam discursu et motu, arguendo. Habet etiam imperfectam intelligentiam, tum quia non omnia intelligit, tum quia in his quae intelligit, de potentia procedit ad actum. Oportet ergo esse aliquem altiorem intellectum, quo anima iuvetur ad intelligendum.

Posuerunt ergo quidam hunc intellectum secundum substantiam separatum, esse intellectum agentem, qui quasi illustrando phantasmata, facit ea intelligibilia actu. Sed, dato quod sit aliquis talis intellectus agens separatus, nihilominus tamen oportet ponere in ipsa anima humana aliquam virtutem ab illo intellectu superiori participatam, per quam anima humana facit intelligibilia in actu. … Et ideo Aristoteles comparavit intellectum agentem lumini, quod est aliquid receptum in aere. … Sed intellectus separatus, secundum nostrae fidei documenta, est ipse Deus, qui est creator animae, et in quo solo beatificatur. Unde ab ipso anima humana lumen intellectuale participat, secundum illud Psalmi 4, [7], *Signatum est super nos lumen vultus tui, Domine*.”

94) 『朱文公文集』, 「仁說」. “天地以生物爲心者也, 而人物之生, 又各得夫天地之心以爲心者也. 故語心之德, 雖其總攝貫通無所不備, 然一言以蔽之, 則曰仁而已矣. … 故論天地之心者, 則曰乾元·坤元, 則四德之體用不待悉數而足. 論人心之妙者, 則曰 ‘仁, 人之心也’, 則四德之體用亦不待遍擧而該.”

95) 김형효, 『원효에서 다산까지』(청계, 2000), 428쪽 참조. "其發直出於正理而氣不用事則道心."

96) 『大學章句』, 「補忘章」. "蓋人心之靈, 莫不有知, 而天下之物, 莫不有理. … 卽凡天下之物, 莫不因其已知之理而益窮之, 以求至乎其極, 至於用力之久而一旦豁然貫通焉, 則衆物之表裏精粗, 無不到, 而吾心之全體大用, 無不明矣, 此謂物格, 此謂知之至也."

97) 『大學或問』, "惟今日而格一物焉. 明日又格一物焉. 積習旣多, 然後脫然有貫通處耳."

98) 『朱子語類』, 卷18. "天下豈有一理通便解萬理皆通. 也須積累將去."

99) 『朱子語類』, 卷18, 萬人杰錄. "積習旣多, 自當脫然有貫通處. 乃是零零碎碎湊合將來, 不知不覺, 自然醒悟."

100) 『朱子語類』, 卷98, 黃營錄. "先是於見聞上做功夫到, 然後脫然貫通. 蓋尋常見聞, 一事只知得一個道理, 若到貫通, 便都是一理."

101) Thomas Aquinas, S. T., Ⅰa, q. 12, a. 1 참조.

102) Thomas Aquinas, S. T., Ⅰa, q. 88, a. 3. "Unde simplicitur dicendum est quod Deus non est primum quod a nobis cognoscitur; sed magis per creaturas in Dei cognitionem pervenimus, Invisibilia Dei per ea quœ facta sunt, intellecta, conspiciuntur."

103) Leo J. Elders, *Die Metaphysik des Thomas von Aquin in historischer Perspektive*, Ⅰ. Teil, München: Salzburg, 1981, pp. 20~21. 『토마스 아퀴나스의 형이상학』, 박승찬 옮김(가톨릭출판사, 2003), 34쪽 참조. "Thomas betont wiederholt, daß die Metaphysik des *ens* (oder das *ens commune*) zum Gegenstand hat. Das bedeutet, daß sich die Metaphysik nicht mit der einen oder anderen Klasse von Seienden beschäftigt, sondern das betrachtet, was ist. In diesem Punkt korrigiert Thomas Aristoteles, der im Ⅵ. Buch der *Metaphysik* annimmt, daß das nicht-veränderliche, von der Materie getrennt bestehende Seiende durch die Theologie (die "erste Philosophie") betrachtet wird. Thomas bemerkt hier, daß auch die sinnfällig wahrnehmbaren Dinge von der Metaphysik untersucht werden. Er formuliert dann auch wiederholt so: Die Metaphysik hat das Seiende zum Gegenstand."

104) 『朱子語類』, 卷27. "聖人未嘗言理一, 多只言分殊. 蓋能於分殊中, 事事物物, 頭頭項項, 理會得其當然, 然後方知理本一貫. 不知萬殊各有一理, 而徒言理一, 不知理一在何處."

105) James A. Weisheipl, 『토마스 아퀴나스 수사』, 이재룡 옮김(성바오로출판사, 1998), 341쪽.

106) Thomas Aquinas, S. T., Ⅰa, q. 44, a. 1. 『神學大全(6)』, 정의채 옮김(바오로딸, 1999), 53~55쪽 참조. "Necesse est dicere omne quod quocumque modo est, a Deo esse. Si enim aliquid invenitur in aliquo per participationem, necesse est quod causetur in ipso ab eo cui essentialitur convernit; sicut ferrum fit ignitum ab igne. … Deus est ipsum esse per se subsistens. Et iterum ostensum est quod esse subsistens non potest esse nisi unum: sicut si albedo esse subsistens, non posset esse nisi una, cum albedines multiplicentur secundum recipientia. Relinquitur ergo quod omnia alia a Deo non sint suum esse, sed participant esse. Necesse est igitur omnia quae diversificantur secundum diversam participationem essendi, ut sint perfectius vel minus perfecte, causari ab uno primo ente, quod perfectissime est."

107) Thomas Aquinas, S. T., Ⅰa, q. 45, a. 1. 앞의 책, 87쪽 참조. "Non solum oportet considerare emanationem alicuius entis particularis ab aliquo particulari agente, sed etiam emanationem totius entis a causa universali, quae est Deus: et hanc quidem emanationem designamus nomine *creationis*."

108) 周敦頤, 『太極圖說』. "無極而太極. 太極動而生陽, 動極而靜, 靜而生陰, 靜極復動, 一動一靜, 互爲其根. 分陰分陽, 兩儀立焉, 陽變陰合, 而生水火木金土. 五氣順布, 四時行焉."

109) 『太極圖說解』. "太極之有動靜, 是天命之流行也."

110) 張伯行, 『續近思錄』, 第四卷, 存養. "正其衣冠, 尊其瞻視, 潛心以居, 對越上帝."

111) 『朱子語類』, 卷1, 理氣上. "蒼蒼之謂天, 運轉周流不已, 便是那箇. 而今說天有箇人在那裏批判罪惡, 固不可. 說道全無主之者, 又不可."

112) 『朱子語類』, 卷1, 理氣上. "要人自看得分曉, 也有說蒼蒼者, 也有說主宰者, 也有單訓理時."

113) 周敦頤, 『太極圖說』. "五行一陰陽也, 陰陽一太極也, 太極本無極也."

114) 黎建球, 『朱熹與多瑪斯形上思想的比較(上)』(臺灣: 商務印書館), 1977, 101面. “太極是一切天地人物的歸處.”

115) 陳淳, 『北溪字義』. “太極只是以理言也. 理緣何又謂之極. 極, 至也. … 蓋極之爲物, 常在物之中, 四面到此, 都極至, 都去不得. 如屋脊梁謂之屋極者, 亦只是屋之衆材四面湊合, 到此處. … 蓋總天地萬物之理, 到此湊合, 皆極其至, 更無去處. 及散而爲天地, 爲人物. 又皆一一停勻無少虧欠. 所以謂之太極.”

116) 『朱子語類』, 卷1, 理氣上. “伊川說得好, 曰‘理一分殊’. 合天地萬物而言, 只是一箇理, 及在人, 則又各自有一箇理.”

117) 『朱子語類』, 卷94, 潘植錄. “一實萬分, 萬一各正, 便是理一分殊處.”

118) 『通書解』, “二氣五行, 天地所以賦受萬物而生之者也. 自其末以緣本, 則五行之異本二氣之實, 二氣之實又本一理之極, 是合萬物而言之, 爲一太極而一也. 自其本而之末, 則一理之實而萬物分之以爲體, 故萬物之中各有一太極. 而小大之物, 莫不各有一定之分也.”

119) 『太極圖說解』, “蓋合而言之, 萬物統體一太極也. 分而言之, 一物各具一太極也.”

120) 『朱子語類』, 卷4, 性理1. “人物之生, 天賦以此理, 未嘗不同, 但人物之稟受, 自有異耳. 如一江水, 你將杓, 將椀法取, 只得一椀, 至於一桶一缸, 各自隨器量不同, 故理亦隨以異.”

121) G. Phelan, *Saint Thomas and Analogy*(Marquette University Press, 1973), p. 9.

122) 위의 책, 같은 쪽.

123) 장욱, 『토마스 아퀴나스의 철학』(동과서, 2003), 53쪽 참조.

124) Thomas Aquinas, S. T., Ⅰa, q. 13, a. 6.

125) F. Van Steenberghen, *Ontologie*(Louvain: Publications Universitaires de Louvain, 1961), pp. 57~79 참조.

126) Thomas Aquinas, S. T., Ⅰa, q. 7, a. 1. 『神學大全(1)』, 정의채 옮김(바오로딸, 2002), 341~343쪽 참조. “Finitur autem quodammodo et materia per formam, et forma per materiam. Materia quidem per formam, inquantum materia, antequam recipiat formam, est in potentia ad multas formas: sed cum recipit unam, terminatur per illam. Forma vero finitur

per materiam, inquantum forma, in se considerata, communis est ad multa: sed per hoc quod recipitur in materia, fit forma determinate huius rei. Materia autem perficitur per formam per quam finitur."

127) Thomas Aquinas, S. T., Ⅰa, q. 79, a. 8. "Quiescere et moveri non reducuntur ad diversas potentias, sed ad unam et eandem, etiam in naturalibus rebus, quia per eandem naturam aliquid movetur ad locum, et quiescit in loco."

128) 『朱子語類』, 卷94. "太極, 自是涵動靜之理, 却不可以動靜分體用, 蓋靜卽太極之體也, 動卽太極之用也."

129) 『朱子大全』, 卷45, 答楊子直. "謂太極含動靜則可(以本體而言也), 謂太極有動靜則可(以流行而言也). 若謂太極, 便是動靜, 則是形而上下者, 不可分, 而易有太極之言, 亦贅矣."

130) 『朱子語類』, 卷94. "陰靜是太極之本, 然陰靜又自陽動而生."

131) Thomas Aquinas, S. T., Ⅰa, q. 2, a. 3 참조.

132) 『周子全書』, 卷1, 「太極圖說·集說」. 朱子曰: "太極生陰陽, 理生氣也. 陰陽旣生, 則太極在其中, 理復在氣之內也."

133) 『朱子語類』, 卷4, 性理1. "氣雖是理之所生, 然旣生出, 則理管他不得."

134) 陳榮捷, 『朱熹』(臺北: 東大圖書公司印行, 1990), 62面 참조.

135) 『朱子語類』, 卷1, 理氣上.

136) 『朱子語類』, 卷1, 理氣上. "未有天地之先, 畢竟是先有此理."

137) Thomas Aquinas, S. T., Ⅰa, q. 45, a. 2. "In principio creavit Deus caelum et terram."

138) 『朱子全書』, 卷49. "太極者, 如屋之極, 天之有極, 到這理更沒去處, 理之極至者也."

139) Thomas Aquinas, S. T., Ⅰa, q. 2, a. 3 참조.

140) 黎建球, 『朱熹與多瑪斯形上思想的比較』, 101面. "太極是一切天地人物的歸處."

141) Thomas Aquinas, S. T., Ⅰa, q. 3, a. 1 참조.

142) 『朱子大全(上)』, 卷36, 答陸子靜. "不言無極, 則太極同於一物, 而不足爲萬化根本. 不言太極, 則無極淪於空寂, 而不能爲萬化根本."

143) Thomas Aquinas, S. T., Ⅰa, q. 3, a. 2 참조.

144) Thomas Aquinas, S. T., Ⅰa, q. 3, a. 3 참조.

145) Thomas Aquinas, S. T., Ⅰa, q. 3, a. 4 참조.

146) Thomas Aquinas, S. T., Ⅰa, q. 3, a. 7 참조.

147) Thomas Aquinas, S. T., Ⅰa, q. 4, a. 1. 『神學大全(1)』, 정의채 옮김, 245쪽 참조. "Deus autem ponitur primum principium, non materiale, sed in genere causae efficientis: et hoc oportet esse perfectissimum. Sicut enim materia, inquantum huiusmodi, est in potentia; ita agens, in quantum huiusmodi, est in actu. Unde primum principium activum oportet maxime esse in actu: et per consequens maxime esse perfectum."

148) Thomas Aquinas, S. T., Ⅰa, q. 4, a. 3 참조.

149) 黎建球, 『朱熹與多瑪斯形上思想的比較』, 106面 참조.

150) Thomas Aquinas, S. T., Ⅰa, q. 6, a. 2 참조.

151) 黎建球, 『朱熹與多瑪斯形上思想的比較』, 106面 참조.

152) Thomas Aquinas, S. T., Ⅰa, q. 7, a. 1 참조.

153) Thomas Aquinas, S. T., Ⅰa, q. 9, a. 1 참조.

154) Thomas Aquinas, S. T., Ⅰa, q. 11, a .4 참조.

155) 『朱子語類』, 卷100. "太極只是個一而無對者."

156) 토마스가 신의 정신에는 이데아들이 있다고 말하는 것은 신플라톤주의의 영향 때문이다. 토마스는 플라톤의 이데아를 또한 아리스토텔레스의 형상의 의미로 치환시켰다. 이런 까닭에 토미즘에서 이데아와 형상은 같은 의미를 지니게 된다.

157) Thomas Aquinas, S. T., Ⅰa, q. 44, a. 3. 『神學大全(6)』, 정의채 옮김, 69~71쪽 참조. "Deus est prima causa exemplaris omnium rerum. … ad productionem alicuius rei ideo necessarium est exemplar, ut effectus determinatam formam consequatur: artifex enim producit determinatam formam in materia, propter exemplar ad quod inspicit, sive illud sit exemplar ad quod extra intuetur, sive sit exemplar interius mente conceptum. Manifestum est autem quod ea quae naturaliter fiunt, determinatas formas consequuntur. Haec autem formarum determinatio oportet quod reducatur, sicut in primum principium, in divinam

sapientiam, quae ordinem universi excogitavit, qui in rerum distinctione consistit. Et ideo oportet dicere quod in divina sapientia sunt rationes omnium rerum: quas supra diximus *ideas*, id est formas exemplares in mente divina existentes."

158) 『朱子語類』, 卷94. "太極只是個極好至善底道理. 人人有一太極, 物物有一太極. 周子所謂太極, 是天地人物萬善至好底表德."

159) 김형효, 『철학적 사유와 진리에 대하여(1)』, 112~13쪽 참조.

160) Thomas Aquinas, S. T., Ⅰa, q. 1, a. 3. "Omnia communicant in una ratione formali objecti hujus scientiae."

161) 『朱子語類』, 卷6. "自一理散爲萬事, 則燦然有條而不可亂."

162) 『朱文公文集』, 卷58, 答黃道夫. "天地之間有理有氣. 理也者, 形而上之道也, 生物之本也. 氣也者, 形而下之器也, 生物之具也. 是以人物之生必稟此理然后有性, 必稟此氣然后有形."

163) Anthony Kenny, *Aquinas on Mind*, Routledge, 1993, p. 45 참조.

164) Leo J. Elders, *Die Metaphysik des Thomas von Aquin in historischer Perspektive*, Ⅰ. Teil, p. 141. "Das Wesen allein ist selbstverständlich kein Seiendes, da es nicht ist. Aber auch das Sein ist nicht das, was besteht. Wir sprechen daher vom Wesen und vom Sein als von zwei Seinskomponenten, die sich zueinander wie Potenz and Akt verhalten and daher *ein* Seiendes formen können: wie die Materie durch die Form bestimmt wird, so wird das Wesen durch das Sein zur Wirklichkeit gebracht. … aber das Wesen (wenigstens in gewissem Sinn, denn das Sein ist darauf abgestimmt) die Seinsart determiniert, so daß dessen Verwirklichung dann dieses konkrete Mench-sein oder dieses Baum-sein ist."

165) 『朱子語類』, 卷1. "天下未有無理之氣, 亦未有無氣之理."

166) 『朱熹集』(四川教育出版社, 1996), 2243面. "所謂理與氣, 此決是二物. 但在物上看, 則二物渾淪, 不可分開各在一處, 然不害二物之各爲一物也."

167) 『朱子語類』, 卷4, 性理1. "論天地之性, 則專指理言, 論氣質之性, 則以理與氣雜而言之. 未有此氣, 已有此性. 氣有不存, 而性却常在, 雖其方在氣中, 然氣自是氣, 性自是性, 亦不相夾雜, 至論其徧體於物, 無處不在, 則又不論氣之精粗, 莫不有是理."

168) 『朱子語類』, 卷1, 理氣上. "他爲主, 我爲客, 他較長久, 我得之不久耳."

169) Leo J. Elders, *Die Metaphysik des Thomas von Aquin in historischer Perspektive*, Ⅰ. Teil, p. 141. "In Wirklichkeit kann man Sein und Wesen nicht scheiden, denn beide sind stets zusammen: das Sein verwirklicht dises Wesenheit, während dises Wesen das Sein besitzt und es als seine eigene, tiefste Wesensart 'ausübt'. Thomas sagt dann auch ausdrücklich, daß das Sein der *actus essentiae* ist und die Washeit mit dem Sein zusammen geschaffen wird."

170) M. Heidegger, *Die Grundprobleme der Phänomenologie*, 1975(GA 24), p. 130. 『현상학의 근본문제들』, 이기상 옮김(文藝出版社, 1998), 140~41쪽 참조. "Das existere ist ein anderes als die Wesenheit, es hat sein Sein aufgrund des Verursachtseins durch ein anderes. Omne quod est directe in praedicamento substantiae, compositum est saltem ex esse et quod est, jedes ens ist daher als ens creatum ein compositum ex esse et quod est, aus dem Existieren und aus dem Wassein. Dieses compositum ist, was es ist, compositio realis, d. h. entsprechend: die distinctio zwischen essentia und existentia ist eine distinctio realis. Das esse oder existere wird auch im Unterschied von dem quod est oder esse quod als esse quo oder ens quo gefaßt. Die Wirklichkeit eines Wirklichen ist etwas anderes derart, daß sie selbst eine *eigene res* ausmacht."

171) 『朱子語類』, 卷1, 理氣上. "未有天地之先, 畢竟是先有此理, 動而生陽, 亦只是理, 靜而生陰, 亦只是理."

172) 『朱子語類』, 卷1, 理氣上. "有是理, 然後生是氣."

173) 『朱子語類』, 卷1, 理氣上. "理與氣, 本無先後之可言. 但推上去時, 却如理在先, 氣在後相似."

174) *De ente et essentia*, c.5. 『有와 本質에 대하여』, 정의채 옮김(서광사, 1995), 59쪽. "Quidquid enim non est de intellectu essentiae vel quidditatis, hoc est adveniens extra, et faciens compositionem cum essentia; quia nulla essentia sine his quae sunt partes essentiae intelligi potest. Omnis autem essentia vel quidditas intelligi potest sine hoc quod aliquid intelligatur de esse suo facto: possum enim intelligere quid est homo vel phoenix, et tamen ignorare an esse habeant in rerum natura. Ergo patet quod esse est aliud ab essentia vel quidditas: nisi forte sit

aliqua res cujus quidditas sit suum esse; et haec res non potest esse nisi una et prima. … unde oportet quod, in qualibet alia re, praeter eam, sit aliud esse suum, et aliud quidditas vel natura seu forma sua."

175) Thomas Aquinas, S. T., Ⅰa, q. 9, a. 1. 앞의 책, 407~09쪽 참조. "Primo, est esse aliquod primum ens, quod Deum dicimus: et quod huiusmodi primum ens oportet esse purum actum absque permixtione alicuius potentiae, eo quod potentia simplicitur est posterior actu. Omne autem quod quocumque modo mutatur, est aliquo modo in potentia. Ex quo patet quod impossibile est Deum aliquo modo mutari. Secundo, quia omne quod movetur, quantum ad aliquid manet, et quantum ad aliquid transit: sicut quod movetur de albedine in nigredinem, manet secundum substantiam. Et sic in omni eo quod movetur, attenditur aliqua compositio. in Deo nulla est compositio, sed est omnino simplex. Unde manifestum est quod Deus moveri non potest. Tertio, quia omne quod movetur, motu suo aliquid acquirit, et pertingit ad illud ad quod prius non pertingebat. Deus autem, cum sit infinitus, comprehendens in se omnen plenitudinem perfectionis totius esse, non potest aliquid acquirere, nec extendere se in aliquid ad quod prius non pertingebat. Unde nullo modo sibi competit motus."

176) Thomas Aquinas, S. T., Ⅰa, q. 45, a. 5. 『神學大全(6)』, 정의채 옮김, 115쪽. "Satis apparet in primo aspectu, quod creare non potest esse propria actio nisi solius Dei. Oportet enim universaliores effectus in universaliores et priores causas reducere. Interomnes autem effectus, universalissimum est ipsum esse. Unde oportet quod sit proprius effectus primae et universalissimae causae, quae est Deus. … Producere autem esse absolute, non inquantum est hoc vel tale, pertinet ad rationem creationis. Unde manifestum est quod creatio est propria actio ipsius Dei."

177) Thomas Aquinas, S. T., Ⅰa, q. 44, a. 4. "Sed intendit solum communicare suam perfectionem, quae est eius bonitas."

178) 『朱子語類』, 卷94. "太極, 自是涵動靜之理, 却不可以動靜分體用, 蓋靜卽太極之體也, 動卽太極之用也."

179) 『朱子語類』, 卷94. "不是兼動靜, 太極有動靜. 喜怒哀樂未發, 也有箇太極, 喜怒哀樂已發, 也有箇太極. 只是一箇太極, 流行於已發之際, 斂藏於未發之時."

180) 『朱子語類』, 卷94. “陰靜是太極之本.”

181) 『朱子語類』, 卷94. “太極無方所, 無形體, 無形狀, 無地位可頓放. 若以未發時言之, 未發却只是靜, 動靜陰陽, 皆只是形而下者, 然動亦太極之動, 靜亦太極之靜, 但動靜非太極耳.”

182) M. Heidegger, *Die Grundprobleme der Phänomenologie*, 1975(GA 24), p. 117 참조.

183) M. Heidegger, *Die Grundprobleme der Phänomenologie*, 1975(GA 24), p. 119. 『현상학의 근본문제들』, 이기상 옮김, 130~31쪽 참조. “Wir fassen die doppelte Bedeutung des Ausdrucks ens, Seiend, zusammen. Als *Partizip* sagt er aus, daß das Seiende durch eine *Weise des Seins* bestimmt ist. Die partizipiale Bedeutung urgiert das Moment der *existentia*. Dagegen betont die *nominale Bedeutung* das Moment der res bzw. der *essentia*. Ens und res, Seiendes und Sache, bedeuten Verschiedenes und sind doch konvertibel. Jedes Seiende ist ens und res, d. h. es hat Sein, und es hat Sein als das und das. Die res wird genauer gefaßt als essentia realis oder kurz essentia: das sachhaltige Wesen, Washeit, Sachheit(realitas).”

184) 『朱子語類』, 卷94. “太極只是個極好至善底道理. 人人有一太極, 物物有一太極. 周子所謂太極, 是天地人物萬善至好底表德.”

185) 『朱子語類』, 卷96. “理則無對, 又至善也.”

186) Thomas Aquinas, S. T., Ⅰa, q. 6, a. 1. 『神學大全(1)』, 정의채 옮김, 315쪽 참조. “Quod bonum esse praecipue Deo convenit. Bonum enim aliquid est, secundum quod est appetibile. Unumquodque autem appetit suam perfectionem. Perfectio autem et forma effectus est quaedam similitudo agentis: cum omne agens agat sibi simile. Unde ipsum agens est appetibile, et habet rationem boni: hoc enim est quod de ipso appetitur, ut eius similitudo participetur. Cum ergo Deus sit prima causa effectiva omnium, manifestum est quod sibi competit ratio boni et appetibilis.”

187) Thomas Aquinas, S. T., Ⅰa, q. 6, a. 1. “Attribuit bonum Deo sicut primae causae efficienti, dicens quod bonus dicitur Deus, sicut ex quo omnia subsistunt.”

188) Thomas Aquinas, S. T., Ⅰa, q. 6, a. 2. 앞의 책, 321쪽 참조. "Deus est summum bonum simpliciter, et non solum in aliquo genere vel ordine rerum. Sic enim bonum Deo attribuitur, ut dictum est, inquantum omnes perfectiones desideratae effluunt ab eo, sicut a prima causa. … Sic ergo oportet quod, cum bonum sit in Deo sicut in prima causa omnium non univoca, quod sit in eo excellentissimo modo. Et propter hoc dicitur summum bonum."

189) Thomas Aquinas, S. T., Ⅰa, q. 6, a. 3. 앞의 책, 327쪽 참조. "Solus Deo est bonus per suam essentiam. … cuius solius essentia est suum esse. … Ipse etiam ad nihil aliud ordinatur sicut ad finem sed ipse est ultimus finis omnium rerum. Unde manifestum est quod solus Deus habet omnimodam perfectionem secundum suam essentiam. Et ideo ipse solus est bonus per suam essentiam."

190) 『易經』, 「繫辭傳」, 上. "一陰一陽之謂道, 繼之者善也, 成之者性也."

191) 『朱子語類』, 卷74. "一陰一陽之謂道, 太極也. 繼之者善, 生生不已之意, 屬陽. 成之者性, 各正性命之意, 屬陰."

192) 錢穆, 『朱子新學案』, 第1冊, 395面. "天地生生不息, 萬化流行, 只是一個善."

193) Thomas Aquinas, S. T., Ⅰa, q. 6, a. 4. 앞의 책, 335쪽 참조. "A primo igitur per suam essentiam ente et bono unumquodque potest dici bonum et ens inquantum participat ipsum per modum cuiusdam assimilationis. … sicut primo principio exemplari, effectivo et finali totius bonitatis."

194) Thomas Aquinas, S. T., Ⅰa, q. 5, a. 1. 앞의 책, 267~69쪽 참조. "Bonum et ens sunt idem secundum rem: sed differunt secundum rationem tantum. Quod sic patet. Ratio enim boni in hoc consistit, quod aliquid sit appetibile: unde Philosophus, in Ⅰ Eithic., dicit quod bonum est quod omnia appetunt. Manifestum est autem quod unumquodque est appetibile secundum quod est perfectum: nam omnia appetunt suam perfectionem. Intantum est autem perfectum unumquodque, inquantum est actu: unde manifestum est quod intantum est aliquid bonum, inquantum est ens."

195) Thomas Aquinas, S. T., Ⅰa, q. 5, a. 2. 앞의 책, 275쪽 참조. "Ens secundum rationem est prius quam bonum. Ratio enim significata per nomen, est id quod concipit intellectus de re, et significat illud per vocem: illud ergo est prius secundum rationem, quod prius cadit in conceptione intellectus. Primo autem in conceptione intellectus cadit ens: quia secundum hoc unumquodque cognoscibile est, inquantum est actu. Unde ens est proprium obiectum intellectus: et sic est primum intelligibile, sicut sonus est primum audibile. Ita ergo secundum rationem prius est ens quam bonum."

196) 『朱子語類』, 卷74. "一陰一陽, 此是天地之理. 如大哉乾元, 萬物資始, 乃繼之者善也."

197) Thomas Aquinas, S. T., Ⅰa, q. 5, a. 4. "Cum bonum sit quod omnia appetunt, hoc autem habet rationem finis; manifestum est quod bonum rationem finis importat."

198) 『朱子語類』, 卷96. "天下之物未嘗無對. 有陰便有陽, 有仁便有義, 有善便有惡, 有語便有黙, 有動便有靜."

199) 『朱子語類』, 卷4, 性理1. "天命之性, 本未嘗偏. 但氣質所稟, 却有偏處, 氣有昏明厚薄之不同. … 然此理却只是善. 旣是此理, 如何得惡! 所謂惡者, 却是氣也."

200) Thomas Aquinas, S. T., Ⅰa, q. 48, a. 5. 앞의 책, 259~61쪽 참조. "Malum est privatio boni, quod in perfectione et actu consistit principaliter et per se. Actus autem est duplex: primus, et secundus. Actus quidem primus est forma et integritas rei: actus autem secundus est operatio. Contingit ergo malum esse dupliciter. Uno modo, per subtractionem formae, aut alicuius partis, quae requiritur ad integritatem rei: sicut caecitas malum est, et carere membro. Alio modo, per subtractionem debitae operationis; vel quia omnino non est; vel quia debitum modum et ordinem non habet."

201) Thomas Aquinas, S. T., Ⅰa, q.49, a.1. 앞의 책, 275~77쪽. "Aliter causatur malum in actione, et aliter in effectu. In actione quidem causatur malum propter defectum alicuius principiorum actionis, vel principalis agentis, vel instrumentalis. … Malum autem in re aliqua, non tamen in proprio effectu agentis, causatur quandoque ex virtute agentis; quandoque autem ex defectu ipsius, vel materiae."

202) Thomas Aquinas, S. T., Ⅰa, q. 48, a. 1. 앞의 책, 229쪽 참조. “Bonum est omne id quod est appetibile: et sic, cum omnis natura appetat suum esse et suam perfectionem, necesse est dicere quod esse et perfectio cujuscumque naturae rationem habeat bonitatis. Unde non potest esse quod malum significet quoddam esse, aut quandam formam seu naturam.”

203) 『朱子語類』, 卷4. 性理1. “他原頭處都是善, 因氣偏, 這性便偏了. 然此處亦是性. 如人渾身都是惻隱而無羞惡, 都羞惡而無惻隱, 這箇便是惡德. 這箇喚做性邪不是.”

204) 김형효, 『철학적 사유와 진리에 대하여(1)』, 94쪽 참조.

205) 張伯行, 『續近思錄』「致知」, 123面. “格物者, 知之始, 誠意者, 行之始.”

206) 張伯行, 『續近思錄』「致知」, 126面. “致知者, 誠意之本. 謹獨者, 誠意之助.”

207) Thomas Aquinas, S. T., Ⅰa, q. 79, a. 11. 『神學大全(11)』, 정의채 옮김, 141~143쪽 참조. “Intellectus practicus et speculativus non sunt diversae potentiae. … Secundum hoc autem differunt intellectus speculativus et practicus. Nam intellectus speculativus est, qui quod apprehendit, non ordinat ad opus, sed ad solam veritatis considerationem: practicus vero intellectus dicitur, qui hoc quod apprehendit, ordinat ad opus.”

208) 『朱子語類』, 卷15, 大學2. “知與意皆從心出來, 知則主於別識, 意則主於營爲, 知近性近體, 意近情近用.”

209) Thomas Aquinas, S. T., Ⅰa, q. 82, a. 3. "Intellectus est nobilior quam voluntas."

210) Thomas Aquinas, S. T., Ⅰa, q. 82, a. 4. 앞의 책, 221~23쪽 참조. “liquid dicitur movere dupliciter. Uno modo, per modum finis; sicut dicitur quod finis movet efficientem. Et hoc modo intellectus movet voluntatem: quia bonum intellectus est obiectum voluntatis, et movet ipsam ut finis. Alio modo dicitur aliquid movere per modum agentis; sicut alterans movet alteratum, et impellens movet impulsum. Et hoc modo voluntas movet intellectum, et omnes animae vires.”

211) Thomas Aquinas, S. T., Ⅰa, q. 83, a. 1. 앞의 책, 241~43쪽 참조.

"Homo est liberi arbitrii. … Sed homo agit iudicio: quia per vim cognoscitivam iudicat aliquid esse fugiendum vel prosequendum. Sed quia iudicium istud non est ex naturali instinctu in particulari operabili, sed ex collatione quadam rationis; ideo agit libero iudicio, potens in diversa ferri. Ratio enim circa contingentia habet viam ad opposita. … et ideo circa ea iudicium rationis ad diversa se habet, et non est determinatum ad unum. Et pro tanto necesse est quod homo sit liberi arbitrii, ex hoc ipso quod rationalis est."

212) Thomas Aquinas, S. T., Ⅰa, q. 83, a. 3. 앞의 책, 257~59쪽 참조. "Proprium liberi arbitrii est electio: ex hoc enim liberi arbitrii esse dicimur, quod possumus unum recipere, alio recusato, quod est eligere. Et ideo naturam liberi arbitrii ex electione considerare oportet. … Cum bonum, inquantum huiusmodi, sit obiectum appetitus, sequitur quod electio sit principaliter actus appetitivae virtutis. Et sic liberum arbitrium est appetitiva potentia."

213) Thomas Aquinas, S. T., Ⅰa, q. 83, a. 4. 앞의 책, 263~65쪽 참조. "Potentias appetitivas oportet esse proportionatas potentiis apprehensivis. Sicut autem ex parte apprehensionis intellectivae se habent intellectus et ratio, ita ex parte appetitus intellectivi se habent voluntas et liberum arbitrium, quod nihil aliud est quam vis electiva. … Unde manifestum est quod sicut se habet intellectus ad rationem, ita se habet voluntas ad vim electivam, idest ad liberum arbitrium. … Eiusdem potentiae est intelligere et ratiocinari, sicut eiusdem virtutis est quiescere et moveri. Unde etiam eiusdem potentiae est velle et eligere. Et propter hoc voluntas et liberum arbitrium non sunt duae potentiae, sed una."

214) 張伯行, 『續近思錄』, 卷4, 162面. "窮理涵養要當竝進, 皆非稍有所知, 無以致涵養之功, 非深有所存, 無以盡義理之奧. 正當交相爲用而各致其功耳."

215) Thomas Aquinas, S. T., Ⅰa, q. 80, a. 2. 앞의 책, 171쪽 참조. "Necesse est dicere appetitum intellectivum esse aliam potentiam a sensitivo. Potentia enim appetitiva est potentia passiva, quae nata est moveri ab apprehenso: unde appetibile apprehensum est movens non motum, appetitus autem movens motum. … Passiva autem et mobilia

distinguuntur secundum distinctionem activorum et motivorum: quia oportet motivum esse proportionatum mobili, et activum passivo; et ipsa potentia passiva propriam rationem habet ex ordine ad suum activum. Quia igitur est alterius generis apprehensum per intellectum et apprehensum per sensum, consequens est quod appetitus intellectivus sit alia potentia a sensitivo."

216) 『朱子語類』, 卷78, 蕭佐錄. "人只有一個心, 但知覺得道理底是道心, 知覺得聲色臭味的是人心. … 道心人心本只是一個事物, 但所知覺不同."

217) 『中庸』, 「中庸章句序」. "心之虛靈知覺, 一而已矣. 而以爲有人心道心之異者, 則以其或生于形氣之私, 或原于性命之正, 而所以爲知覺者不同, 是以或危殆而不安, 或微妙而難見耳. 然人莫不有是形, 故雖上智不能無人心, 亦莫不有是性, 故雖下愚不能無道心."

218) 『朱子語類』, 卷98, 黃升卿錄. "心統性情, 統猶兼也."

219) 『朱子語類』, 卷98, 黃卓錄. "性是體, 情是用, 性情皆出于心, 故心能統之. 統如統兵之統, 言有以主之也."

220) 『朱子語類』, 卷5, 性理2. "性卽理也. 在心喚做性, 在事喚做理."

221) 『朱子語類』, 卷5, 性理2. "性對情言, 心對性情言. 合如此是性, 動處是情, 主宰是心. 大抵心與性, 似一而二, 似二而一."

222) 『朱子語類』, 卷5, 性理2. "欲是情發出來底. 心如水, 性猶水之靜, 情則水之流, 欲則水之波瀾, 但波瀾有好底, 有不好底. 欲之好底, 如'我欲仁'之類. 不好底則一向奔馳出去, 若波濤翻浪. 大段不好底欲則滅欲天理, 如水之壅決, 無所不害."

223) Thomas Aquinas, S. T., Ⅰa Ⅱae, q. 55, a. 1. ('『神學大全』, 제2부, 제1편, 55문, 1항'을 말함) "Virtus nominat quamdam potentiae perfectionem. Uniuscujusque autem perfectio praecipue consideratur in ordine ad suum finem. Finis autem potentiae actus est. Unde potentia dicitur esse perfecta, secundum quod determinatur ad suum actum. Sunt autem quaedam potentiae, quae secundum seipsas sunt determinatae ad suos actus, sicut potentiae naturales activae. Et ideo hujusmodi potentiae naturales secundum seipsas dicuntur *virtutes*. Potentiae autem rationales, quae sunt propriae hominis, non sunt determinatae ad unum, sed se habent indeterminate ad multa. Determinantur autem ad actus per habitus, sicut

indeterminate ad multa. Determinantur autem ad actus per habitus. Et ideo virtutes humanae habitus sunt."

224) 『朱子語類』, 卷12, 學6. "說堯之德, 都未下別字, 敬是第一箇字. 如今看聖賢千言萬語. 大事小事, 莫不本於敬. 收拾得自家精神在此, 方看得道理盡. 看道理不盡, 只是不曾專一."

225) 『朱子語類』, 卷12, 學6. "自家須用持著, 稍緩則忘了, 所以常要惺惺地. 久之成熟, 可知道 '從心所欲, 不踰矩'."

226) Thomas Aquinas, S. T., Ⅰ aⅡ ae, q. 53, a. 2 참조.

227) 『朱子語類』, 卷12, 學6. "只是習得熟. 熟則自久."

228) E. Gilson, *Le Thomisme*, Paris: Librairie Philsoohique J. Vrin, 1965, p. 322. "Les vertus sont des habitus qui nous disposent d'une manière durable à accomplir de bonnes actions."

229) Thomas Aquinas, S. T., Ⅰ aⅡ ae, q. 55, a. 3. "Virtus importat perfectionem potentiae. Unde virtus cujuslibet rei determinatur ad ultimum in quod res potest. Ultimum autem in quod unaquaeque potentia potest, oportet quod sit bonum, nam omne malum defectum quendam importat. … Et propter hoc oportet quod virtus cujuslibet rei dicatur in ordine ad bonum. Unde virtus humana, quae est habitus operativus, est bonus habitus, et boni operativus."

230) 『朱子語類』, 卷12, 學6, "敬勝百邪."

231) 『朱子語類』, 卷12, 學6, "只是內無妄思, 外無妄動."

232) 『朱子語類』, 卷12, 學6. "敬是個扶策人底物事. 人當放肆怠惰時, 才敬, 便扶策得此心起. 常常會恁地, 雖有些放僻邪侈意思, 也退聽."

233) Thomas Aquinas, S. T., Ⅰ aⅡ ae, q.5 5, a. 4 참조.

234) 『朱子語類』, 卷12, 學6, "人只是要求放心. 何者爲心? 只是箇敬. 人纔敬時, 這心便在身上了."

235) Thomas Aquinas, S. T., Ⅰ aⅡ ae, q. 57, a. 5. "Prudentia est virtus maxime necessaria ad vitam humanam. … Rectitudo electionis duo requirit; scilicet debitum finem, et id quod convenienter ordinatur ad debitum finem. Ad debitum autem finem homo convenienter disponitur per virtutem, quae perficit partem animae appetitivam, cujus objectum est

bonum et finis. Ad id autem quod convenienter in finem debitum ordinatur, oportet quod homo directe disponatur per habitum rationis quia consiliari et eligere, quae sunt eorum quae sunt ad finem, sunt actus rationis. Et ideo necesse est in ratione esse aliquam virtutem intellectualem, per quam perficiatur ratio ad hoc quod convenienter se habeat ad ea quae sunt ad finem. Et haec virtus est prudentia. Unde prudentia est virtus necessaria ad bene vivendum."

236) 『朱子語類』, 卷12, 學6. "敬有死敬, 有活敬. 若只守着主一之敬, 遇事不濟之以義, 辨其是非, 則不活. 若熟後, 敬便有義, 義便有敬. 靜則察其敬與不敬, 動則察其義與不義."

237) Thomas Aquinas, S. T., Ⅰ a Ⅱ ae, q. 58, a. 3. "Virtus humana est quidam habitus perficiens hominem ad bene operandum. Principium autem humanorum actuum in homine non est nisi duplex, scilicet intellectus sive ratio, et appetitus; haec enim sunt duo moventia in homine, ut dicitur in *De Anima*. Unde omnis virtus humana oportet quod sit perfectiva alicujus istorum principiorum. Si quidem igitur sit perfectiva intellectus speculativi vel practici ad bonum hominis actum, erit virtus intellectualis; si autem sit perfectiva appetitivae partis, erit virtus moralis. Unde reliquitur quod omnis virtus humana vel est intellectualis vel moralis."

238) 『孟子』, 「盡心上」. "習矣不察."

239) 『朱子語類』, 卷12, 學6, "'習矣不察', 人多錯看此一語. 人固有事親孝, 事兄弟, 交朋友亦有信, 而終不識其所以然者, '習矣, 而不察也'. 此察字, 非察物之察, 乃識其所以然也. 習是用功夫處, 察是知識處. 今人多於察字用功, 反輕了習字. 才欲作一事, 却又分一心去察一心, 胸中擾擾, 轉覺多事."

240) 張伯行, 『續近思錄』, 第4卷, 「存養」. "潛心以居, 對越上帝."

241) 『朱子全書』·『朱文公文集(肆)』, 3279面. "天地以生物爲心者也, 而人物之生, 又各得夫天地之心以爲心者也. 故語心之德, 雖其總攝貫通無所不備, 然一言以蔽之, 則曰仁而已矣."

242) Thomas Aquinas, S. T., Ⅱ a Ⅱ ae, q. 23, a. 1. (신학대전, 제2부, 제2편, 23문, 1항.) "Cum igitur sit aliqua communicatio hominis ad Deum secundum quod nobis suam beatitudinem communicat, super hac

communicatione oportet aliquam amicitiam fundari. De qua quidem communicatione dicitur Cor., Fidelis Deus per quem vocati estis in societatem Filii ejus. Amor autem super hac communicatione fundatus est caritas. Unde manifestum est quad caritas amicitia quaedam est hominis ad Deum."

243) 김형효, 『物學·心學·實學』(청계, 2003), 449쪽.

244) Thomas Aquinas, S. T., ⅡaⅡae, q. 23, a. 1 참조.

245) Thomas Aquinas, S. T., ⅡaⅡae, q. 23, a. 8 참조.

246) Thomas Aquinas, S. T., ⅡaⅡae, q. 23, a. 3 참조.

247) Thomas Aquinas, S. T., ⅡaⅡae, q. 23, a. 6 참조.

248) 錢穆, 『朱子學提綱』(三聯書店, 2002), 69面.

249) 『朱子全書』·『朱文公文集(肆)』, 3279面. "蓋天地之心, 其德有四, 日元亨利貞, 而元無不統. 其運行焉, 則爲春夏秋冬之序, 而春生之氣無所不通. 故人之爲心, 其德亦有四, 日仁義禮智, 而仁無不包."

250) Thomas Aquinas, S. T., ⅡaⅡae, q. 24, a. 2 참조.

251) 『朱子語類』, 卷6 참조.

252) 『朱子語類』, 卷27. "萬物之心, 便如天地之心. 天下人之心, 便如聖人之心. 天地生萬物, 一箇物裏面, 便有一箇天地之心. 聖人於天下, 一箇人裏面, 便有一箇聖人之心."

253) 『朱子全書』, 卷42, 答吳晦叔. "近年學者, 不肯以愛言仁."

254) 『朱子語類』, 卷20. "仁是體, 愛是用, 又日愛之理, 愛者仁出也. 然亦不可离了愛去說仁."

255) Thomas Aquinas, S. T., ⅡaⅡae, q. 24, a. 7 참조.

256) Thomas Aquinas, S. T., ⅡaⅡae, q. 24, a. 8 참조.

257) Thomas Aquinas, S. T., ⅡaⅡae, q. 27, a. 1. "Amare convenit caritati inquantum est caritas."

258) Thomas Aquinas, S. T., ⅡaⅡae, q. 26, a. 8 참조.

259) 『孟子集註』, 卷1, 「梁惠王(上)」. "骨肉之親, 本同一氣, 又非但若人之同類而已. 故古人必由親親推之, 然後及於仁民, 又推其餘, 然後及於愛物, 皆由近以及遠, 自易以及難."

260) 錢穆, 『朱子學提綱』, 70面. 明道說: "滿腔子是惻隱之心." 朱子說之曰: "此身軀殼謂之腔子, 而今人滿身知痛處可見."

261) Thomas Aquinas, S. T., Ⅱa Ⅱae, q. 24, a. 4 참조.

262) M. Heidegger, *Einführung in die Metaphysik*, 1976(GA40), p. 206. 『형이상학 입문』, 박휘근 옮김, 314~15쪽 참조. "Das Sein selbst bringt, und zwar in der bstimmten Auslegung als Idee, den Bezug zum Vorbild-haften und Gesollten mit sich. In dem Maße, als das Sein selbst sich hinsichtlich seines Ideencharakters verfestigt, in dem gleichen Maße drängt es dazu, die damit geschehende Herabsetzung des Seins wieder wettzumachen. … Das Sollen tritt als Gegensatz zum Sein auf, sobald dieses sich als Idee bestimmt. Mit dieser Bestimmung gelangt das Denken als aussagender Logos in eine maßgebliche Rolle."

참고문헌

Ⅰ. 原典 (Original Texts)

1. 주자학

『朱子大全』, 保景文化社, 1991(影印本).
『朱子全書』, 上海古籍出版社, 2003.
『朱子語類』, (宋) 黎靖德 編, 中華書局, 1986.
『朱子語類(4冊)』, 허탁 외 2인 옮김, 청계출판사, 1998-2001.
『朱子語類(2冊)』, 이주행 외 3인 옮김, 소나무, 2001.
『朱子年譜』, 臺灣商務印書館, 1987.
『朱熹集』, 四川教育出版社, 1996.
『朱文公文集』, 商務印書館, 1980.
『近思錄詳註集評』, 陳榮捷 註解, 臺北: 學生書局, 1983.
『近思錄: *Reflections on Things at Hands*』, Wing-tsit Chan(trans), Columbia Univ Press, 1967.
『四書三經』, 柳正基 監修, 明文堂, 1990.
『四書或問』, 黃珅 交點, 上海古籍出版社, 2001.
朱熹, 『仁說』, 임헌규 옮김, 책세상, 2003.

2. 토미즘

Aquinas, Thomas., *Summa Theologiae*, Blackfriars edition, 1963~1975.

______________, 『神學大全』, 정의채 옮김, 서울: 성바오로출판사, 1985~2004.

______________, 『인간의 사고(神學大全: 제84-88문)』, 박전규 옮김, 서광사, 1984.

______________, *On Being and Essence*, Trans. Armand Maurer, Toronto: The Pontifical Institute of Mediaeval Studies, 1968.

______________, 『有와 本質에 대하여』, 정의채 옮김, 서울: 서광사, 1995.

______________, *Aristotle' De Anima in the Version of William of Moerbeke and the Commentary of St. Thomas Aquinas*, Trans. K. Forster, London: Routledge and Kegan Paul Ltd., 1959.

______________, *Basic Writings of Saint Thomas Aquinas*, Trans. Anton C. Pegis, Toronto: Pontifical Institute of Mediaeval Studies, 1945.

______________, *An Aquinas Reader*, Edit. Mary T. Clark, New York: A Division of Doubleeday & Company, Inc., 1972.

______________, *A Commentary on Aristotle's De Anima*, Translated by Robert Pasnau, Yale University Press, 1999.

______________, *An Introduction to the Metaphysics of St. Thomas Aquinas*, Texts Selected, Translated, and with a Preface by James F. Aderson, Washington, D.C.: Regnery Publishing, Inc., 1997.

Aristotle, 『영혼에 관하여(De Anima)』, 유원기 역주, 궁리출판사, 2001.

Thomas D'Aquin, *L'Étre et L'Essence*, traduction et note par Catherine Capelle, Paris: Librairie Philosophique J. Vrin, 1980.

Ⅱ. 論著 (Secondary Sources)

1. 주자학

1) 韓國

金炯孝, 『철학적 사유와 진리에 대하여(1·2권)』, 청계, 2004.
______, 『物學, 心學, 實學』, 청계, 2003.
______, 『원효에서 다산까지』, 청계, 2000.
______, 「오늘날의 주자학 읽기」, 『주자어류』, 소나무, 2001.
______, 『사유하는 도덕경』, 소나무, 2004.
金炯孝 외, 『율곡의 사상과 그 현대적 의미』, 한국정신문화연구원, 1995.
________, 『퇴계의 사상과 그 현대적 의미』, 한국정신문화연구원, 1997.
기누가와 쓰요시, 『하늘위에는 무엇이 있는가?』, 박배영 옮김, 시공사, 2003.
柳仁熙, 『주자철학과 중국철학』, 범학사, 1980.
미우라 쿠니오, 『인간 주자』, 김영식 외 옮김, 창작과 비평, 1996.
박정근, 『중국적 사유의 원형』, 살림, 2004.
백도근, 『선진유학과 주자철학』, 이문, 1994.
변원종 외 1인, 『주자의 철학사상』, 문경, 2002.
소병선, 「주자학과 토미즘의 윤리학 비교연구」, 『東西哲學硏究』 제33호, 2004. 9.
______, 「주자학과 토미즘의 형이상학적 사유구조와 원리」, 『인문학연구』 제8집, 한국외국어대학교 부속 인문과학연구소, 2003. 12.
손영식, 「성리학의 인식이론과 도통론」, 『동서양의 인식이론』, 성남: 한국정신문화연구원, 1998.
시마다 겐지, 『주자학과 양명학』, 김석근 외 옮김, 까치, 1985.
아나가끼 료오스께, 『토마스 아퀴나스』, 정종휴 외 1인, 새남, 1995.
야마다 케이지, 『주자의 자연학』, 통나무, 1991.

양승무, 『朱子의 格物致知論에 대한 연구』, 『유교사상연구(제2집)』, 서울: 유교학회편, 1987.
오하마 아끼라, 『범주로 보는 주자학』, 이형성 옮김, 예문서원, 1997.
유명종, 『주자의 인간과 사상』, 세종, 2000.
이강대, 『주자학의 인간학적 이해』, 예문서원, 2000.
李光律, 『朱子哲學硏究』, 대구: 中文出版社, 1995.
이기동, 『동양삼국의 주자학』, 정용선 옮김, 성대출판부, 1995.
이용주, 『주희의 문화이데올로기』, 이학사, 2003.
李震, 『중국형이상학』, 최기섭 외 1인, 성바오로출판사, 2001.
임헌규, 『儒家의 心性論 硏究』, 한국학대학원 박사학위논문, 1999.
張君勱, 『한유에서 주희까지』, 김용섭 외 옮김, 형설출판사, 1991.
장승구, 『퇴계의 향내적 철학과 다산의 향외적 철학의 비교』, 한국학대학원 박사학위논문, 1995.
장윤수 편저, 『정주철학원론』, 이론과 실천, 1992.
錢穆, 『주자학의 세계』, 이문, 1989.
정해창 외, 『동서양의 실재관』, 한국정신문화연구원, 1994.
________, 『동서양의 인식이론』, 한국정신문화연구원, 1999.
________, 『形而上에 대한 동서양의 철학적 접근』, 한국정신문화연구원, 1998.
正祖, 『朱書百選』, 朱子思想硏究會 譯, 혜안, 2000.
정상봉, 「주희의 격물치지와 경공부」, 『철학(제61집)』, 한국철학회편, 1999.
陳來, 『송명성리학』, 안재호 옮김, 예문서원, 1997.
____, 『주희의 철학』, 이종란 외 2인 옮김, 예문서원, 2002.
陳榮捷, 『주자강의』, 표정훈 옮김, 푸른역사, 2001.
칭. 줄리아, 『유교와 기독교』, 변선환 옮김, 왜관: 분도출판사, 1994.
최정묵, 『주자의 도덕철학』, 국학자료원, 2001.
최진덕, 『朱子學을 위한 변명』, 청계, 2000.
______, 『인문학, 철학, 유학』, 휴먼필드, 2004.
______, 「理一分殊의 철학적 반성」, 『헤겔연구7』, 한국헤겔학회, 청아, 1997.
______, 「주자의 중화신설과 경의 공부론」, 『철학연구(제51집)』, 2000.

최영찬, 「주자의 리기론」, 『역과 철학』(관중유남상선생퇴임기념논총), 1993.
한형조, 『주희에서 정약용으로』, 세계사, 1996.
______, 『왜 동양철학인가』, 문학동네, 2000.
______, 「주희 형이상학의 구조와 문제」, 『형이상에 대한 동서양의 접근』, 한국정신문화연구원, 1998.
______, 「주자의 형이상학, 그 과학과 신학 사이」, 『이땅에서 철학하기』, 솔, 1999.
홍원식, 『程朱學의 居敬窮理說 研究』, 서울: 고려대박사학위논문, 1991.
侯外廬 외, 『송명리학사(1·2권)』, 박완식 옮김, 이론과 실천, 1993.

2) 中國·日本

姜眞碩, 『朱子體用論研究』, 北京大學, 博士研究生學位論文, 2000.
金春峰, 『朱熹哲學思想』, 臺北: 東大圖書, 1998.
大濱皓, 『朱子の哲學』, 東京: 東京大學出版會, 1983.
牟宗三, 『心體與性體(全三卷)』, 正中書局, 1968.
藩富恩, 徐余慶, 『程顥程頤理學思想研究』, 上海: 復旦大學出版社, 1988.
范壽康, 『朱子及其哲學』, 臺灣: 開明書店, 1964.
東景南, 『朱子大傳』, 福建教育出版社, 1992.
山田慶兒, 『朱子の自然學』, 東京: 岩波書店, 1978.
三浦國雄, 『朱子』, 東京: 講談社, 1979.
徐遠和, 『洛學源流』, 山東: 齊魯書社, 1987.
劉述先, 『朱子哲學思想的發展與完成』, 學生書局, 1984.
黎建球, 『朱熹與多瑪斯形上思想的比較(上·下冊), 臺灣商務印書館, 1977.
友枝龍太郎, 『朱子の思想形性』, 東京: 春秋社, 1979.
張立文, 『朱熹思想研究』, 北京: 中國社會科學出版社, 2001.
張伯行, 『續近思錄』, 上海古籍出版社, 1994.
錢穆, 『朱子新學案』, 三民書局, 1982.
____, 『朱子學提綱』, 三聯書店, 2002.
田浩, 『朱熹的思惟世界』, 臺北: 允晨文化, 1996.

周天令,『朱子道德哲學硏究』, 臺北: 文津出版社, 1999.
陳來,『朱子哲學硏究』, 上海: 華東師範大學出版社, 2000.
____,『宋明理學』, 沈陽: 遼寧教育出版社, 1995.
陳淳,『北溪字義』, 臺灣: 世界書局, 1966.
陳榮捷,『朱子新探索』, 學生書局, 1988.
______,『朱熹』, 東大圖書公司, 1990.
侯外廬 外 二人,『宋明理學史』, 北京: 人民出版社, 1984.

3) 서양

Chan, Wing-tsit(陳榮捷), A Source Book in Chinese Philosophy, New Jersey: Princeton Univ Press, 1963.

____________________, *Chu Hsi and Neo-Confucianism*, Honolulu: Univesity of Hawaii Press, 1986.

____________________, *Chu Hsi: New Studies*, Honolulu: University of Hawaii Press, 1989.

Ching, Julia, *The Religious Thought of Chu Hsi*, Oxford: Oxford University Press, 2000.

Chung, Tsai-chun(鍾彩鈞), *The Development of the Concepts of Heaven and of Man in the Philosophy of Chu Hsi*, 臺北: 中央硏究院 中國文哲硏究所, 1993.

Hsu, Fu-kuan(徐復觀), "A Comparative Study of Chu Hsi and the Ch'eng Brothers", in *Chu Hsi and Neo-Confucianism*, Honolulu: Univ, of Hawaii Press, 1987.

Kim, Yung-sik, *The Natural Philosophy of Chu Hsi(1130-1200)*, Philadelphia: American Philosophical Society, 2000.

Needham, Joseph, *Science and Civilization in China*, Vol. 2, Cambridge: Cambridge University Press, 1956.

Tillman, W. F., *Confucian Discourse and Chu Hsi's Ascendancy*, UH Press, 1992.

Tomoeda, Ryutaro(友枝龍太郎), "The System of Chu Hsi's Philosophy", in *Chu Hsi and Neo-Confucianism*, Honolulu: Univ of Hawaii Press, 1987.

Yu, Ying-shih(余英時), "Morality and Knowlwdge in Chu Hsi's Philsophical System", in *Chu Hsi and Neo-Confucianism*, Honolulu: Univ of Hawaii Press, 1987.

2. 토미즘

1) 서양

Amstrong. R., *Primary and Secondary Precepts in Thomistic Natural Law Teaching*, Hauge: Martinus Nijihoff, 1960.

Blanchette. Olivia., *The Perfection of the Universe according to Aquinas*, Pennsilvania State Univ Press, 1992.

Bobik. J., *Aquinas On Being and Essence*, Notre Dame: University of Notre Dame Press, 1965.

________, *Aquinas on Matter and Form and the Elements*, Notre Dame: University of Notre Dame Press, 1998.

Bourke. Vernon J., *Ethics*, New York: The Macmillan Company, 1941.

Brennan. Robert, *Thomistic Psychology*, New York: The Macmillan Company, 1941.

Caputo. John D., *Heidegger and Aquinas*, New York: Fordam University Press, 1982.

Chenu. M-D., *Toward Understanding Saint Thomas Aquinas*, Chicago: Henry Regnary Co., 1951.

Clark. Mary. T., *An Aquinas Reader*, New York: Fordham University Press, 1972.

Copleston. F. C., *History of Philosophy*, Vol. 2, The Newman Press, 1962.

Cunningham. Francis A., *Essence and Existence in Thomism*, Lanham: University Press of America, 1988.

De Wulf. Maurice., *Initiation a La Philosophie Thomiste*, Louvain: E. Nauwelaerts, Éditeur, 1949.

Doig. James, *Aquinas on Metaphysics*, The Hauge: Martinus Nijhoff, 1972.

Elders. Leo J., *Die Metaphysik des Thomas von Aquin in historischer Perspektive*, I. Teil, Salzburg/München, 1981.

Garriogou-Lagarange. R., *God: His Existence and His nature*, St. Louis: Herder book Co., 1948.

Gilson. Etienne, *Being and Some Philosophers*, Toronto: PIMS, 1949.

____________, *Element of Christian Philosophy*, New York: Doubleday, 1960.

____________, *L'Esprit de La Philosophie Médiévale*, Paris: Librairie Philosophique J. Vrin, 1978.

____________, *Le Thomisme*, Paris: Librairie Philosophique J. Vrin, 1965.

____________, *The Christian Philosophy of St. Thomas Aquinas*, New York: Random House, 1956.

____________, *The Unity of Philosophical Experience*, New York: Charles Scribner's sons, 1950.

____________, *Thomistic Realism and Critique of Knowledge*, Trans, Mark A. Wauck, Sanfrancisco: Ignatius Press, 1986.

______________, *Wisdom and Love in Saint Thomas Aquinas*, Milwakee: Marquette Univ Press, 1951.

Grenier, H., *Thomistic Philosophy*, 2 Vol, Charlottetown: St. Dustan's University, 1948.

Hamlyn, D. W., *History of Western Philosophy*, Pelican Books, 1988.

Heidegger, M., *Einführung in die Metaphysik*, Gesamtausgabe(Band 40), Vittorio Klostermann Frankfurt Am Main, 1983.

____________, *Die Grundprobleme der Phänomenologie*(Band 24), Vittorio Klostermann Frankfurt Am Main, 1975.

Henle. Robert J., *Method in Metaphysics*, Milwakee: Marquette Univ Press,

1980.

Hoenen. Peter, *Reality and Judgement according to St. Thomas Aquinas*, Chicago: Henry Regnery Company, 1952.

Jenkins. John. I., *Knowledge and Faith in Thomas Aquinas*, New York: Cambrige University Press, 1993.

Kenny. Anthoy, *The Metaphysics of Mind*, Oxford: Routlege & Kegan, 1989.

____________, *Aquinas on Being*, Oxford: Oxford University Press, 2002.

____________, *Aquinas on Mind*, London and New York: Routlege, 1993.

Kretzman. N & Stump, E.(ed), *The Cambridge Companion to Aquinas,* New York: Cambridge University Press, 1993.

Maritain. Jacque, *A Preface to Metaphysics*, New York: Mentor Omega Books, 1963.

____________, *An Introduction to Philosophy*, New York: Sheed and Ward, 1962.

____________, *Existence and Existent*, New York: Doubleday & Company, 1956.

McInerny. Ralph M., *The Logic of Analogy*, The Hauge: Martinus Nijhoff, 1971.

O'Mera. Thomas F., *Thomas Aquinas Theologian*, Notre Dame: University of Notre Dame, 1997.

Owens. Joseph, *An Interpretation of Existence*, Milwakee: The Bruce Publishing Company, 1968.

____________, *St. Thomas Aquinas on the Existence of God*, New York: State of New York Press, 1980.

____________, *St. Thomas Aquinas and Future of Metaphysics*, Milwakee: Markette University Press, 1957.

Pegis. Anton. C., *Introduction to Saint Thomas Aquinas*, New York: The Modern Library, 1948.

____________, *A Gilson Reader*, New York: Doubleday & Company, Inc., 1957.

Phelan. Gerald B., *Saint Thomas and Analogy*, Milwakee: Marqutte Univ Press, 1973.

Steiner. Rudolf., *Die Philosophie des Thomas von Aquino*, Verlag der Rudolf Steiner-Nachlassverwaltung Dornach, Schweiz, 1958.

Van Steenberghen. C. F., *Épistémologie*, Louvain: Publications Universitaires de Louvain, 1956.

__________________, *Ontologie*, Louvain: Publications Universitaires de Louvain, 1961.

Wippel. John. F., *The Metaphysical Thought of Thomas Aquinas*, Washington D.C. : The Catholic University of America Press, 2000.

2) 한국·중국

로버트 오도넬, 『쉽게 쓴 토마스 아퀴나스 철학』, 이재룡 옮김, 가톨릭대학교출판부, 2000.

반 스텐베르겐. 페르낭, 『토마스 아퀴나스와 급진적 아리스토텔레스주의』, 이재룡 옮김, 성바오로출판사, 2000.

엘더스. 레오, 『토마스 아퀴나스의 형이상학』, 박승찬 옮김, 가톨릭출판사, 2003.

와이스헤이플. 제임스 A., 『성 토마스 아퀴나스 수사』, 이재룡 옮김, 성바오로출판사, 1988.

오미어러. 토마스 F., 『신학자, 토마스 아퀴나스』, 이재룡 옮김, 가톨릭출판사, 2002.

요셉 드 프리스, 『스콜라 철학의 기본개념』, 신창석 옮김, 분도출판사, 2000.

이나가끼 료오스께, 『토마스 아퀴나스』, 정종휴 외 1인 옮김, 새남, 1995.

______________, 『신앙과 이성』, 박영도 옮김, 서광사, 1980.

잠보니. 쥬세뻬, 『토마스 아퀴나스의 인식론』, 이재룡 옮김, 가톨릭대학교출판부, 1996.

질송. 에티엔느, 『존재란 무엇인가』, 정은해 옮김, 서광사, 1992.

_____________, 『존재와 사유』, 박영도 옮김, 대구: 이문출판사, 1985.

_____________, 『중세철학사』, 김기찬 옮김, 현대지성사, 1999.

G. 달 사쏘 - R. 꼬지. 편찬, 『신학대전 요약』, 이재룡 외 2인 옮김, 가톨릭대학교출판부, 1993.

G. K. 체스터튼, 『聖 토마스論』, 朴甲成 譯, 靑蘿出版社, 1962.

코플스톤. F. C., 『중세철학사』, 박영도 옮김, 서광사, 1988.

케니. 앤소니, 『아퀴나스의 심리철학』, 이재룡 옮김, 서울: 가톨릭대학교출판부, 1999.

___________, 『토마스 아퀴나스』, 강영계·김익현 옮김, 서울: 서광사, 1984.

피퍼. 요셉, 『토마스 아퀴나스 : 그는 누구인가』, 신창석 옮김, 왜관: 분도출판사, 1995.

_________,『중세 스콜라 철학』, 김진태 옮김, 서울: 가톨릭대학교출판부, 2003.

黎建球, 『朱熹與多瑪斯形上思想的比較(上·下冊)』, 臺灣商務印書館, 1977.

이경재, 「토마스 아퀴나스 형이상학의 실존 원리」, 서울: 연세대학교박사학위논문, 2000.

장욱, 「기독교 신학적 인간관」, 『철학적 인간학』, 성남: 한국정신문화연구원, 1985.

____, 「성 토마스 아퀴나스에 있어서 존재와 진리」, 『인문과학』제58집, 연세대학교, 1987.

____, 『중세철학의 정신』, 서울: 동과서, 2002.

____, 『토마스 아퀴나스의 철학』, 서울: 동과서, 2003.

____, 『그리스도의 사상과 철학』, 서울: 동과서, 2004.

정의채, 『형이상학』, 서울: 열린, 2000.

_____, 『존재의 근거문제』, 열린, 2000(증보판).

침머만. 알버트, 『토마스 읽기』, 김율 옮김, 성바오로출판사, 2004.

하이데거. 마르틴, 『현상학의 근본문제들』, 이기상 옮김, 문예출판사, 1994.

______________, 『형이상학 입문』, 박휘근 옮김, 문예출판사, 1994.

찾아보기

(ㅇ)

(ㅈ)